MITOS E VERDADES SOBRE O ESG

MITOS E VERDADES SOBRE O ESG

Planeta ESTRATÉGIA

GIULIANA MORRONE

Copyright © Giuliana Morrone, 2024
Copyright © Editora Planeta do Brasil, 2024
Todos os direitos reservados.

Preparação: Caroline Silva
Revisão: Fernanda Guerriero Antunes e Ana Maria Fiorini
Projeto gráfico e diagramação: Gisele Baptista de Oliveira
Ilustrações de miolo: Bia Lombardi
Capa: André Stefanini

DADOS INTERNACIONAIS DE CATALOGAÇÃO NA PUBLICAÇÃO (CIP)
ANGÉLICA ILACQUA CRB-8/7057

Morrone, Giuliana
    Mitos e verdades sobre o ESG / Giuliana Morrone. – São Paulo : Planeta do Brasil, 2024.
    288 p. : il.

    ISBN 978-85-422-2862-5

    1. Negócios 2. Administração de empresas I. Título

24-3732   CDD 658.9

Índice para catálogo sistemático:
1. Negócios

 Ao escolher este livro, você está apoiando o manejo responsável das florestas do mundo

2024
Todos os direitos desta edição reservados à
Editora Planeta do Brasil Ltda.
Rua Bela Cintra, 986, 4º andar – Consolação
São Paulo – SP – 01415-002
www.planetadelivros.com.br
faleconosco@editoraplaneta.com.br

Ao meu filho, Filippo, que me fez ver além da superfície.
À Angela Donaggio, que me deu a mão.
. . .

11	Prefácio, por Alexandre Di Miceli da Silveira
17	Vamos por partes
22	A partida
26	Um olhar de dentro para fora
30	Segue o seu caminho, SEG
32	Outros riscos e oportunidades
35	O sexo é forte, o gênero é complexo
39	Imperfeições, deslizes, recuos e avanços
44	A lojinha de ESG
46	Esperança e decepção
53	Um olhar de fora para dentro
58	*Walk the talk:* fale sobre a caminhada
61	*Cap and trade:* limites de emissões e troca por créditos de carbono
66	G E S (ESG reorganizado)
71	E eu com isto?
73	Lideranças
77	Do princípio: por que aderir ao ESG

83	Pacto Global da ONU
95	Integração ESG
98	Descarbonização
101	O Cerrado, um país
104	O que, quando, como, por que ESG?
108	Investimentos ESG
113	Ferramentas e padrões
126	Cooperativismo e ESG
128	A nova indústria
134	*Sir, I'm following you*
145	O lado B: *B corporations*
150	Mercado de crédito de carbono
160	Linguagem E S G
173	Limites planetários
182	Desenvolvimento sustentável e o cisne verde
190	Mammy
201	Tokenismo
203	Tóxico
208	Grupos de afinidade

- **213** Política, economia e sustentabilidade. Dá para misturar?
- **215** Política e sustentabilidade, é claro que dá para misturar
- **217** Lei Geral de Proteção de Dados (LGPD)
- **219** Bem antes do ESG...
- **223** A grande crise
- **229** Dois brasileiros e uma cidade pouco inteligente
- **236** Desenvolvimento sustentável
- **243** A roda
- **247** Do berço ao berço
- **256** Passaporte
- **262** Inovação e disrupção digital
- **266** Governança corporativa
- **269** A lavanderia
- **275** *Compliance*
- **282** A nós, consumidores
- **283** Sem fim
- **285** Posfácio, por Angela Donaggio

::: Prefácio

Você está prestes a ler um texto leve e fluido, e ao mesmo tempo abrangente e profundo, sobre um tema essencial para todos nós: os impactos humanos e ecológicos de empresas que precisam ser bem governadas para que se tornem parte da solução dos enormes desafios que enfrentamos em nossa sociedade e no planeta.

Giuliana Morrone ocupa uma posição privilegiada para falar sobre esse assunto por três razões principais. A primeira é a visão que ela tem do todo. Não é possível falar de ESG de maneira fragmentada, como se o acrônimo fosse a mera soma de práticas ambientais, humanas e de governança adotadas pelas empresas.

O ESG requer um olhar integrado, inserindo o mundo empresarial em um contexto político, social e histórico mais amplo. Com sua longa trajetória interagindo com lideranças de todos os setores no Brasil e no exterior, cobrindo os mais variados temas – como eleições presidenciais, escândalos de corrupção, tragédias ambientais, movimentos sociais etc. –, Giuliana tem a vivência, o olhar ampliado e a capacidade de conectar os pontinhos entre diferentes campos essenciais para abordar o ESG sob uma perspectiva sistêmica.

Aqui, vale uma digressão fundamental. O pano de fundo dos debates sobre ESG é a grande transição pela qual estamos passando, e que continuará a ocorrer ao longo das próximas décadas, entre duas grandes visões de mundo: de uma visão mecanicista, fragmentada e exclusivamente racionalista – a era das máquinas – para uma visão sistêmica, integrada e baseada em uma compreensão mais profunda do ser humano – a era dos sistemas.

A era das máquinas se baseava na ideia, formulada por Isaac Newton, de que o universo seria um grande relógio composto de relações previsíveis e regulares de causa e efeito. Um relógio que cedo ou tarde seria integralmente decifrado pela racionalidade humana utilizando o pensamento analítico – método reducionista caracterizado pela separação em partes, análise de cada parte e reagregação ao todo.

Essa forma de ver o mundo gerou duas implicações cruciais. No sentido macro, estabelecia que as relações de causa e efeito deveriam ter uma causa final, identificada por Newton como Deus. No sentido micro, estabelecia que todos os fenômenos seriam resultado de uma causa inicial. Deu-se início, então, à busca pelo menor componente possível nos mais variados campos: o átomo na física, o DNA na biologia, o fonema na linguística etc. Identificar esses "blocos de construção" seria supostamente a chave para compreender e controlar o mundo, algo que o tempo mostrou ser apenas uma quimera.

A visão mecanicista de mundo também chegou ao ambiente empresarial. Assim como o universo seria uma máquina de Deus, nosso papel também seria construir máquinas para emular Sua obra. As empresas passaram a ser vistas não apenas como máquinas, mas também como máquinas de alguém: instrumentos com o único propósito de atender aos desejos de seus proprietários.

No sentido micro, assim como ocorreu nas ciências, procurou-se reduzir o trabalho à menor unidade possível. Isto é, à atividade que poderia ser realizada apenas por uma pessoa de forma repetitiva e controlável (ou por uma máquina, quando possível). O trabalho foi empobrecido, gerando alienação, desmotivação, estresse e infelicidade. Ao final, todas as atividades seriam reagregadas de maneira sequencial, criando a famosa linha de montagem. Não por acaso, essa ideia passou a ser chamada de "administração científica".

O resultado dessa mentalidade industrial foi a criação de empresas ecologicamente inconscientes e desumanas por concepção – paradoxalmente, dentro de estruturas burocráticas altamente ineficientes.

Ao longo dos anos, a realidade se impôs. No âmbito externo, descobriu-se que as empresas não fazem parte apenas do mercado. O mercado está dentro da sociedade e a sociedade está dentro do planeta. Todos precisam ser sustentáveis. Não é o que vem acontecendo. Seis dos nove limites planetários estabelecidos pelos cientistas como parâmetros para assegurar nossa sobrevivência coletiva já foram ultrapassados, incluindo a integridade da biosfera, as mudanças climáticas e o uso de água doce.

No âmbito interno, descobriu-se que as empresas são compostas de seres humanos que vão muito além de um par de braços. Seres humanos que precisam trabalhar com dignidade – livres de assédios de toda sorte – e com elevada saúde mental, sentimento de pertencimento e segurança psicológica, de modo a poderem manifestar sua singularidade em um ambiente de elevada pluralidade.

É por isso que, para avançar de forma genuína rumo ao ESG, o primeiro passo é evoluir da mentalidade mecanicista para a mentalidade sistêmica: em vez de uma grande máquina, a empresa precisa passar a ser vista como uma comunidade humana composta de pessoas com sonhos e necessidades próprias. Uma comunidade que faz parte de um sistema mais amplo – a sociedade –, que, por sua vez, faz parte de um sistema ainda maior – o planeta.

A necessidade de harmonizar as necessidades e os propósitos de indivíduos, grupos, empresas, sociedade e planeta de maneira saudável e sustentável é a essência do ESG. Por isso, o acrônimo se refere muito mais a uma mudança de modelo mental das lideranças do que a um conjunto de indicadores a serem consolidados e reportados de maneira mecânica e fragmentada a fim de atender a exigências externas.

O ESG se tornará uma consequência natural, em particular, nas empresas cujas lideranças conseguirem evoluir seus modelos mentais para uma perspectiva sistêmica: da quantidade para a qualidade; do crescimento para o desenvolvimento; da visão fragmentada para a visão integrada; do antropocêntrico para o ecocêntrico; da competição para a cooperação; da hierarquia para as redes; do curto prazo para o longo prazo; e do complicado para o complexo.

A segunda razão que diferencia positivamente Giuliana Morrone na elaboração deste livro foi o fato de ela ter mergulhado no ESG com uma mentalidade aberta, curiosa, fresca: aquilo que os filósofos orientais chamariam de "mente de iniciante". A meu ver, essa é uma grande vantagem em relação aos denominados especialistas.

Por quê? Porque os especialistas com frequência tendem a abordar seus temas com uma visão estreita, fragmentada e presa a compromissos intelectuais assumidos em posicionamentos anteriores ao longo de suas trajetórias. Como diz o adágio: no mundo acadêmico, as pessoas passam a saber cada vez mais sobre cada vez menos, até o ponto em que sabem praticamente tudo sobre praticamente nada.

A terceira razão que torna Giuliana particularmente bem posicionada para tratar desse assunto é que ela construiu uma reputação de décadas no jornalismo, caracterizada pelo cumprimento da ética jornalística de busca pela verdade sobre os fatos – o que inclui a apuração precisa das informações e sua correta divulgação.

Saber a verdade sobre qualquer tema é cada vez mais difícil atualmente. Vivemos em um mundo abarrotado de informações, a maioria irrelevantes ou equivocadas. Um mundo em que as pessoas estão presas a câmaras de eco que reforçam seus pontos de vista e as levam a uma visão cada vez mais extremista e dogmática sobre os mais variados assuntos.

Não é diferente no caso do ESG. Como Giuliana descreve, o tema se tornou cada vez mais ideologizado nos últimos anos, a ponto de alguns o considerarem uma pauta própria de pessoas com determinada orientação política. Por isso, é mais importante do que nunca sabermos o que é fato ou fake sobre ESG.

Como Giuliana nos mostra por meio de histórias fascinantes (muitas delas, pitorescas!), existem muitas empresas fake em ESG. Ao mesmo tempo, felizmente é fake que ESG não se tornou um fato genuíno para um número crescente de empresas mais conscientes de seu papel na sociedade.

Para concluir, vale uma mensagem importante. Falar sobre ESG é, em última instância, falar sobre ética. Isto é, sobre interdependência e integralidade. Como dizia o mestre budista Thich Nhat Hanh, nós não somos, nós intersomos. Quando desenvolvemos uma percepção ampliada do "eu" nos âmbitos pessoal e organizacional, passamos a ver a proteção e o bem-estar da natureza e de todos os *stakeholders* como a proteção e o bem-estar de nós mesmos, de nossas empresas, de nosso planeta e das gerações futuras.

Boa leitura!

PROF. DR. ALEXANDRE DI MICELI DA SILVEIRA, fundador da Virtuous Company, palestrante internacional, consultor, professor, pesquisador e escritor dedicado integralmente a governança corporativa, liderança e ética desde 2000. Doutor e mestre em Administração de Empresas pela FEA-USP, com pós-doutorados pelas Universidades de Louvain (Bélgica) e Cornell (Estados Unidos) e temporada de estudos na Universidade de Harvard em 2015, o Prof. Di Miceli é autor dos principais livros-texto sobre ética empresarial e governança no Brasil. É criador do Programa Lideranças Virtuosas, um programa de desenvolvimento pessoal e profissional com metodologia única no país para lideranças de vanguarda.

::: Vamos por partes

Foi a conclusão que tirei, depois de três anos imersa no universo da sustentabilidade. Vamos por partes, e vamos com franqueza, pela rota da verdade.

Desde quando comecei a estudar sustentabilidade no mundo dos negócios, o que mais encontrei foram contradições, desinformação, equívocos, impropriedades e, sem mais, muita enrolação.

Do *greenwashing* ao *greenhushing*. Da maquiagem para parecer sustentável à ocultação de ações sustentáveis para evitar cobranças e mensuração de resultados.

Da promessa de boas intenções aos eufemismos climáticos: transição, gradação, trajetória, propostas de adaptação. Em relatórios de sustentabilidade, o horroroso gerúndio climático: estamos planejando, nossa jornada está se iniciando para a mudança, estamos aderindo, estamos aprimorando...

O tempo ainda no futuro: nossos compromissos ESG serão impulsionados. Faremos, mudaremos...

A verdade é que não há mais tempo para o futuro. Vivemos um momento decisivo, extremamente desafiador, em que temos que reaprender a consumir, a produzir, a gerar riqueza em novos modelos que levem em conta a finitude dos recursos naturais, o estresse climático, as pessoas e o planeta.

Outra verdade é que o Brasil tem capital ecológico para ser a maior potência mundial em sustentabilidade. É tudo grandioso. Tem a maior biodiversidade do mundo: 70% das espécies vegetais e animais estão aqui. São 115 mil espécies animais, 48 mil espécies vegetais, um litoral escandalosamente belo, rico e único.¹ É uma opulência: temos a Floresta Amazônica – a maior floresta tropical do mundo –, o Pantanal – a maior planície inundável – e o Cerrado, com sua delicadeza e robustez.

Mas, cá entre nós, valorizamos o que temos? Sabemos enaltecer tantas virtudes?

A diversidade é a marca do nosso povo. Sabemos valorizar e respeitar nossa pluralidade?

A questão não é apenas de estima (no caso, baixa): é preciso também não deixar passar esse expresso superveloz de oportunidades e que pode levar o Brasil – e todos nós – a um posto de liderança mundial sustentável.

Essa oportunidade não se abre somente para o país; ela afeta diretamente os brasileiros.

O inverso já conhecemos. Quantos bondes, trens e aviões a jato perdemos na nossa história por falta de ação – ou por ações equivocadas – e por esse apego ao atraso?

A evolução e o progresso dependem de sustentabilidade.

O número de desastres naturais entre 2010 e 2014 foi equivalente ao número de desastres entre 1980 e 1991, um período quase três vezes mais longo.² Entre os desastres, enchentes, secas, incêndios e nevascas que afetaram pessoas e o planeta. Reduziram a qualidade de vida, ameaçaram ou comprometeram a infraestrutura de cidades, agravaram desigualdades sociais.

Há mais de um século, a ciência entendeu por que as emissões de gases de efeito estufa provocam desequilíbrio climático. Há quase trinta anos, o Painel Intergovernamental sobre Mudança do Clima, o IPCC, com representantes de 195 países-membros, concluiu que as provas

---

1 MEGADIVERSE Brazil: giving biodiversity an online boost. *UN Environment Programme*. 28 fev. 2019. Disponível em: https://www.unep.org/news-and-stories/story/megadiverse-brazil-giving-biodiversity-online-boost. Acesso em: 20 fev. 2024.

2 FREM, Joe *et al.* Thriving amid turbulence: Imagining the cities of the future. *McKinsey & Company*. 11 out. 2018. Disponível em: https://www.mckinsey.com/industries/public-sector/our-insights/thriving-amid-turbulence-imagining-the-cities-of-the-future#/. Acesso em: 20 fev. 2024.

indicam uma influência do ser humano no clima global.[3] É consenso: 99,9% das publicações científicas confirmam que as nossas ações são responsáveis pelas mudanças climáticas.[4]

A geleira se desmanchando no ártico deixou de ser a imagem clássica do desequilíbrio climático. As mudanças climáticas foram parar na boca do povo, estão na vida de todos nós.

Nunca tivemos um ano tão quente. Nunca choveu tanto. A seca nunca foi tão forte. Incêndios florestais nunca foram tão intensos. Ciclone no Brasil.

Dados coletados pela NASA mostram como o aquecimento da Terra aumentou de forma expressiva nas últimas décadas.[5]

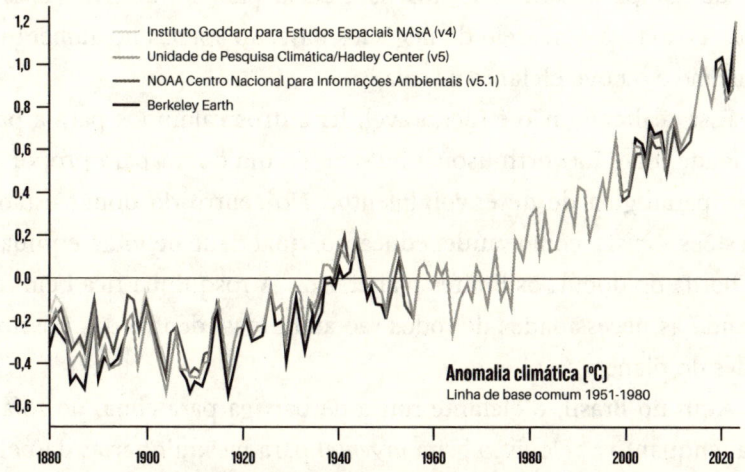

Fonte: adaptado de Scientific Consensus. *NASA*. Disponível em: https://climate.nasa.gov/scientific-consensus/. Acesso em: 29 maio 2024.

---

[3] WORKING Group I: The Scientific Basis. *The Intergovernmental Panel on Climate Change.* Disponível em: https://archive.ipcc.ch/ipccreports/tar/wg1/440.htm. Acesso em: 20 fev. 2024.

[4] LYNAS, Mark *et al.* Greater than 99% consensus on human caused climate change in the peer-reviewed scientific literature. *Environ. Res. Lett*, n. 16, 2021. Disponível em: https://iopscience.iop.org/article/10.1088/1748-9326/ac2966/pdf. Acesso em: 20 fev. 2024.

[5] SCIENTIFIC Consensus: Earth's Climate Is Warming. *NASA.* Disponível em: https://climate.nasa.gov/scientific-consensus/. Acesso em: 20 fev. 2024.

Já faz algum tempo que o World Resources Institute (WRI) publicou um artigo que mostrou a urgência de uma mudança no modelo de negócios e de consumo. O título foi uma provocação: "O elefante na sala de reuniões".[6] No artigo, de 2017, os pesquisadores Eliot Metzger, Samantha Putt del Pino e Lindsey Longendyke já alertavam para o fato de que os recursos do planeta são finitos e estão chegando ao limite, e de que é preciso mudar o padrão de consumo e os modelos de negócios baseados em comprar mais e consumir mais.

No texto, os pesquisadores lembraram que quinze anos atrás as mudanças climáticas ainda eram o elefante na sala de empresas, mas que esse tempo passou. No mundo corporativo, é unanimidade a adoção de compromissos baseados na ciência para reduzir os gases de efeito estufa. Já o modelo de negócios baseado apenas no aumento do consumo é o novo elefante na sala.

Essa realidade não é inexorável, há outros caminhos para a prosperidade. Kate Raworth usou a imagem de um donut para propor um novo paradigma de desenvolvimento.[7] No centro do donut estão as questões sociais, como saúde, educação, qualidade de vida, equidade. Na borda do donut, os limites planetários. A rosquinha fica bem-feita quando as necessidades de todos são atendidas, dentro das possibilidades do planeta.

Aqui no Brasil, o elefante ronca de barriga para cima, no sofá da sala, enquanto a televisão grita *urgente!* para mesquinharias da política partidária, querelas do poder. A verdadeira urgência é a climática, social, e ela exige coerência de todos.

Com a pressão de organismos internacionais, da ciência e de lideranças políticas, as empresas passaram a se posicionar para mudar

---

6 METZGER, Eliot *et al*. Consumo descontrolado: o "elefante na sala de reuniões". *WRI Brasil*. 18 abr. 2017. Disponível em: https://www.wribrasil.org.br/noticias/consumo-descontrolado-o-elefante-na-sala-de-reunioes. Acesso em: 20 fev. 2024.

7 RAWORTH, Kate. *Doughnut economics:* seven ways to think like a 21st-century economist. Londres: Random House Business Books, 2017.

negócios, buscar vantagens e não correr o risco de perder receitas. Mas será que realmente mudaram?

É fato que, a cada ano, metas e regras são criadas e aperfeiçoadas por governos e entidades reguladoras, mas ainda há muitas brechas. É uma peneira de furos largos. A sensação ainda é a de estarmos andamos de lado.

Andar para a frente exige compromisso e ação de todas as partes: consumidores, fornecedores, concorrentes, empresários, acionistas, governos e empresas públicas e privadas. Vamos por partes, vamos juntos.

::: A partida

Este livro é um projeto antigo. A ideia surgiu quando me mudei para Nova York e descobri um novo mundo, próspero, inclusivo, consciente e virtuoso.

Mas vamos com calma.

Aprendi cedo a contar com o dia seguinte: um futuro alegre, seguro e promissor. Eu tinha 3 anos e gostava da hora de dormir. Fazia um frio danado. Eram os primeiros anos de Brasília, na década de 1970. O vento zunia, sem encontrar obstáculos. A cidade se resumia a poucos bairros espalhados no Cerrado. Meu pai me enrolava no cobertor, como se fosse um casulo.

C'era una vez uma principessa.

Princesa, pai. Prin-ce-sa!

Brinzeza, ele repetia com sorriso quadrado, ainda aprendendo português.

Eu mal mexia os olhos para não sair do casulo e acabava caindo no sono, embalada pelo sotaque macarrônico do papai. Deixava para ouvir o final feliz na noite seguinte.

Naquela época, nos Estados Unidos, Milton Friedman publicou um artigo no jornal *The New York Times* em que dizia que o único propósito de uma empresa era dar lucro para os acionistas. Passaram-se mais de 53 anos e, felizmente, a triste ideia de Friedman envelheceu mal.[8]

---

8 FRIEDMAN, Milton. The social responsibility of business is to increase its profits. *The New York Times*, 13 set. 1970. Disponível em: https://www.nytimes.com/1970/09/13/archives/a-friedman-doctrine-the-social-responsibility-of-business-is-to.html. Acesso em: 19 jun. 2024.

Hoje tenho a consciência de que uma empresa deve ter como propósito gerar riqueza para todos: acionistas, clientes, fornecedores, vizinhos, concorrentes e planeta. Contudo, sei também que, definitivamente, estamos longe disso.

E por falar em Nova York, foi lá que conheci um mesquinho, malfadado e excludente mundo dos negócios. Eu estava lá na pior crise econômica das últimas décadas, que quebrou não só Wall Street, mas mercados do mundo inteiro, e acendeu o farol para práticas corporativas espúrias, viscosas, movidas apenas pelo lucro dos acionistas.

O crédito fácil levou a um aumento na procura por imóveis, que provocou a alta dos preços para novos compradores, que, por sua vez, assumiram financiamentos com juros progressivos de casas hipotecadas: o ciclo perfeito para formar uma enorme bolha, uma bolha imobiliária.

A bolha estourou, e a consequência foram calotes nos financiamentos, devoluções dos imóveis hipotecados e desvalorização abrupta dos preços. Investimentos monumentais estavam lastreados nessas hipotecas. Estava tudo podre. "O dinheiro sumiu do mercado", eu dizia de olhos arregalados nas minhas reportagens, gravadas na gelada Broad Street, que faz esquina com a Wall Street. Bancos quebraram e governos tiveram que injetar muito dinheiro público, 3,5 trilhões de dólares[9] em outras instituições financeiras para evitar uma catástrofe ainda maior. A ajuda, na época, foi equivalente a cinco vezes o orçamento do Programa de Seguridade Social dos Estados Unidos. Dinheiro de contribuintes que salvou os bancos e ajudou a frear quebradeira em dominó. Eu morava no Battery Park, no sul de Manhattan. Nos dias de fúria e queda de gigantes de Wall Street, eu saía de casa e esbarrava em centenas de demitidos, carregando caixas de papelão com seus pertences que, até então, ficavam na mesa do escritório: porta-retratos com fotos dos filhos, documentos pessoais, pacotes de biscoito antes guardados nas gavetas.

---

9 IGAN, Deniz O. *et al. The Long Shadow of the Global Financial Crisis:* Public Interventions in the Financial Sector. [s.l.] International Monetary Fund, 2019.

Um dos gigantes financeiros que quebraram nessa época foi o Lehman Brothers. Christine Lagarde, atual presidente do Banco Central Europeu, avaliou o que contribuiu para a crise: "o setor financeiro ainda coloca o lucro à frente da prudência de longo prazo, o curto prazo acima da sustentabilidade".[10] E destacou que bancos com mais mulheres em Conselhos de Administração sofreram menos na crise. "Se fosse Lehman Sisters, o mundo poderia estar bem diferente."

Eu trabalhava como correspondente internacional, cobrindo a crise financeira global mais grave do século e outras que vieram depois. Vi Bernard Madoff, protegido por um elegante sobretudo preto Armani, entrar na Corte Federal de Manhattan. Do lado de fora, vítimas de Madoff me contaram como entregaram todas as suas economias, acreditando no sonho de uma aposentadoria decente. Caíram num esquema de pirâmide. Madoff pegava dinheiro de novos investidores para pagar dividendos antigos. No processo, antes de ser condenado a 150 anos de prisão, ele contou como sustentou o esquema criminoso, que envolvia bancos e fundos: "fundos e bancos mantinham uma cegueira deliberada. Se você está fazendo algo errado, não queremos nem saber".[11]

"Quando crises surgem, nós, humanos, temos por natureza uma preferência poderosa pelo lado bom."[12]

---

10 LAGARDE, Christine. Dez anos depois da quebra do Lehman Brothers – lições e desafios. *Nações Unidas Brasil*. 19 set. 2018. Disponível em: https://brasil.un.org/pt-br/81027-artigo-dez-anos-depois-da-quebra-do-lehman-brothers-—-licoes-e-desafios. Acesso em: 20 fev. 2024.

11 HENRIQUES, Diana B. From Prison, Madoff Says Banks "Had to Know" of Fraud. *The New York Times*. 15 fev. 2011. Disponível em: https://www.nytimes.com/2011/02/16/business/madoff-prison-interview.html. Acesso em: 20 fev. 2024.

12 BREGMAN, Rutger. *Humanidade*: uma história otimista do homem. São Paulo: Planeta, 2021.

Foi em Nova York que conheci teorias e modelos econômicos que tratavam de sustentabilidade empresarial. Tudo era novo para mim.

Um capitalismo de impacto e consciência de John Mackey e Raj Sisodia; um novo tripé econômico que integra pessoas, planeta e lucro, de John Elkington; um novo capitalismo, um capitalismo de *stakeholders*, de Robert Edward Freeman. As *B corps* – corporações voltadas para beneficiar a todos – e tantas outras que são variações de um ponto em comum: uma nova forma de empresas e negócios se relacionarem com as pessoas, com a sociedade e com o planeta, tendo como foco o lucro, sim, caro Milton Friedman, mas com um propósito maior, buscando benefícios para pessoas, para a sociedade e para o planeta. Talvez a origem de tudo remonte ao início do século XX, com a Teoria Publicista de Rathenau, ainda na República de Weimar. Já naquela época, Rathenau propôs que empresas conciliassem a questão privada com a função social para a comunidade.

::: Um olhar de
dentro para fora

Um detalhe – que é essencial – me fascinou desde o início, porque partia do princípio de que é preciso fazer o que é certo por ser o certo, e agir corretamente para gerar resultados externos positivos: criar valor de longo prazo, numa existência útil para a sociedade – Por que a empresa existe? Por que a empresa é necessária? Que tipo de contribuição ela oferece? Se fechar, vai fazer falta?

A estratégia passava por cuidar do ambiente e das pessoas, com uma governança competente. No fim da linha, havia lucro – muito lucro, inclusive –, mas com ética, benefícios e consequências positivas para todos. Ética num sentido amplo, envolvente.

No início, eu tinha uma visão romântica. Conheci um mercado no Brooklyn, em Nova York, que seguia os princípios de algo que já era emblemático no Brasil: o cooperativismo. Alguns tentam enquadrar ou limitar o cooperativismo ao ESG. Na minha opinião, cooperativismo é muito mais, porque o que o move é a cooperação, e não a competição. É um modelo que promove alto impacto social, tem na essência o objetivo de beneficiar a todos.

Eu nem sabia do que se tratava, mas aquele mercadinho era um claro exemplo também de economia circular. Na economia circular, os objetivos são eliminar resíduos e poluição, fazer produtos e materiais circular e auxiliar a regeneração da natureza.[13]

No mercado, não havia funcionários. Os clientes se dividiam para realizar tarefas que mudavam a cada semana: limpar banheiros, cuidar do caixa, repor mercadorias – grãos, frutas, verduras, castanhas, tudo orgânico. Nada de embalagem, nem mesmo biodegradável, muito menos as de uso único. Quem quisesse comprar na cooperativa teria que levar suas próprias embalagens reutilizáveis: potes de vidro para acomodar grãos, café e aveia e sacos de tecido de diferentes tamanhos para frutas, verduras e produtos de limpeza. Os grãos ficavam em grandes cilindros com um design que encaixava nos potes individuais dos clientes.

Resíduos de alimentos eram aproveitados na composteira e viravam adubo. Era um ciclo perfeito de aproveitamento máximo de produtos e preservação da natureza. Os produtos eram ofertados conforme a estação do ano, e havia um motivo para isso: privilegiar produtores locais e produção orgânica, respeitando os ciclos da natureza.

Todos os que faziam parte da cooperativa, direta ou indiretamente, aprendiam sobre economia circular. E o melhor: a iniciativa gerava riquezas para todos! No fim do ano, as "sobras no exercício" – valores excedentes – retornavam para a associação.

O mercado tinha aquele jeitão hippie e – mero acaso – ficava a duas horas de onde foi celebrado o Festival de Woodstock, que foi um marco, um momento de contestações de valores hegemônicos da década de 1960. Aprendi no FoodCoop os preceitos valiosos do cooperativismo que veria depois, comumente, aqui no Brasil. Foi também em Nova York que conheci o capitalismo consciente. O mercado tinha aquele jeitão hippie e – mero acaso – ficava a duas horas de onde foi celebrado o Festival de Woodstock. Aprendi no FoodCoop os preceitos

---

13 MOORE, McKenna. Whole Foods' CEO on how business can be better than just "a bunch of selfish greedy bastards". *Fortune*. 6 out. 2020. Disponível em: https://fortune.com/2020/10/06/whole-foods-ceo-john-mackey-conscious-capitalism/. Acesso em: 7 fev. 2021.

valiosos do Cooperativismo. Foi também em Nova York que conheci o Capitalismo Consciente. Afinal, vivi por quatro anos em cima de um Whole Foods. O prédio onde eu morava em Tribeca tinha no térreo uma filial do supermercado orgânico que foi símbolo do capitalismo que beneficia todas as partes interessadas, e não apenas os acionistas. Todos devem sair ganhando: clientes, fornecedores, concorrentes, gestores, parceiros comerciais, governo... Ali, no dia a dia, comprando mexilhões, produtos de limpeza ou frutas, eu via esse esforço ser traduzido em resultados positivos para funcionários, para fornecedores e para mim, que não saía de lá.

Dez anos depois da publicação do livro *Capitalismo consciente*, me pego folheando as páginas escritas por Raj Sisodia e John Mackey. Sou do tipo que sublinha, que faz anotações até em livro digital. Reli a introdução, que fala de um mercadinho de orgânicos em Austin, precursor do Whole Foods. Um dia, o mercado foi invadido pelas águas de uma forte enchente e salvo pelos clientes, pelos fornecedores e pela comunidade que tinha alguma relação com aquele negócio. Ao passar os dedos pelo livro digital, vi sublinhadas as palavras que conduziram a história do Whole Foods: negócio com alto propósito, liderança consciente, integração dos interesses de todos os interessados no negócio, cultura e gestão consciente, mundo mais bonito.

Até que, um dia, o Whole Foods se tornou o "Jeff Bezos Food". A venda da empresa para a big tech Amazon levou para consumidores algumas poucas novas tecnologias, como a do *walk-out*, em que o cliente pega as mercadorias, câmeras instaladas no supermercado captam o que está sendo comprado e o pagamento é automaticamente debitado na conta do cliente da Amazon. É muito moderno, mas o que acontece com o benefício para todos, um dos pilares da estrutura do capitalismo consciente? Após a chegada do novo patrão, funcionários relataram ter sofrido algumas perdas, como cortes em planos de saúde para trabalhadores que cumprem meia jornada.

John Mackey, fundador do Whole Foods, respondeu ao CEO da Fortune Media se achava que a Amazon era uma empresa consciente:

"A primeira coisa que você aprende, como um líder consciente, é a não perder tempo julgando a consciência dos outros".[14]

Eu julguei, e a minha visão romântica passou a ter ciclos alternados de encantamento e desilusão. O encontro com a imperfeição.

Eu me voltei para Wall Street, para as iniciativas de criação de métricas e índices de sustentabilidade. Foi naquele cenário que surgiu, ainda em 2003, o ESG (Environmental, Social and Governance), sigla para Ambiental, Social e Governança.

James Gifford era um jovem bicho-grilo de cabelos nos ombros e sonhos nas alturas que queria mudar o mundo. Economista australiano que amava florestas, ativista, ele se perguntava: "como as finanças podem promover o bem para o mundo?". Ele escreveu uma tese de mestrado que relacionou sustentabilidade ao mercado financeiro. A vida é cheia de oportunidades, e foi assim que ele foi parar na ONU, como estagiário, e trabalhou no desenvolvimento dos Princípios de Investimentos Responsáveis (PRI).[15]

Kofi Annan, então secretário-geral da ONU, e sua equipe posaram para a foto na Bolsa de Valores de Nova York ao lançar os PRI em 2006. Donos de ativos, fundos de pensão e gestores de ativos comprometeram-se com a condução de investimentos de forma responsável, levando em consideração a relevância das questões ESG para as finanças.

---

14 MURRAY, Alan. Is Jeff Bezos a Conscious Capitalist? *LinkedIn*. 6 out. 2020. Disponível em: https://www.linkedin.com/pulse/jeff-bezos-conscious-capitalist-alan-murray/. Acesso em: 20 fev. 2024.

15 ABOUT the PRI. *Principles for Responsible Investment*. Disponível em: https://www.unpri.org/about-us/about-the-pri. Acesso em: 20 fev. 2024.

::: Segue o seu caminho, SEG

Gifford foi um dos pais do ESG e ajudou na escolha dessa sigla para nomear metas ambientais, sociais e de governança no mundo dos negócios. A ideia inicial era começar pelo S, de Social. Em português, cairia bem: a sigla SEG remete a seguir, caminhar, acompanhar, perseguir – verbos que têm tudo a ver com a jornada financeira que considera questões ambientais, sociais e de governança. Ocorre que em inglês SEG tinha uma boa sonoridade, e ficaram com a sigla ESG.

O tempo passou, Gifford trabalhou em um banco na Suíça e defendeu que atravessamos eras, num progresso em direção ao impacto positivo do sistema financeiro na sociedade. Na concepção de Gifford, a primeira era foi a do Socially Responsible Investment (SRI). Os investimentos sociais responsáveis surgiram com a proposta de considerar empresas que promovem desenvolvimento sustentável, justiça social e energia limpa e repelir empresas que promovem atividades ou produzem itens maléficos para a natureza e para as pessoas, como cigarro, álcool e combustíveis fósseis. A segunda era é a atual, a do ESG, e estamos caminhando para a Era do Impacto.

Tomara que chegue logo. Gifford, otimista, acredita que estamos migrando da fase de considerar questões ambientais, sociais e de governança para a fase de agir, fazendo investimentos de impacto. Será que o mercado financeiro entende que a crise climática representa riscos para os negócios? A crise climática gera uma crise social, com a migração forçada de milhões de pessoas que abandonam terras antes férteis e que estão se tornando desérticas devido ao aquecimento global. Ambiental, social e governança estão intrinsicamente juntos nesse caso.

::: Outros riscos e oportunidades

Abro o computador. Agora, para desabafar. O almoço com um executivo em São Paulo foi tão monocórdico quanto alguns outros: nosso DNA – tem sempre essa história de DNA –, temos que performar mais agressivamente, blá-blá-blá. Mudei de assunto e comentei que as empresas estão mudando, que há esforços para levar mais diversidade para cargos de direção. No cafezinho, a indigestão. "Daqui a pouco, só vai ter mulher e viado em Conselhos de Administração. Kkkkkk."

O meu desejo é que esse comentário não reflita o pensamento de executivos brasileiros, mas a realidade dos números mostra que a pluralidade em cargos de direção ainda é um enorme desafio num universo de homens brancos heteronormativos cisgênero e sem deficiência.

O problema não está somente aqui. Foi marcante a escolha da Real Academia Sueca de Ciências em 2023, que deu o prêmio Nobel de Economia para Claudia Goldin, professora de Harvard.

Goldin fez um profundo estudo sobre mulheres e relações no trabalho. Analisou duzentos anos de dados históricos dos Estados Unidos e demonstrou que a participação de mulheres no mercado de trabalho não segue uma trajetória linear de crescimento ao longo dos anos: o crescimento é em curva, fazendo uma letra U. Quando observamos o gráfico, nós nos damos conta de como isso é simples e genial.

Com a Revolução Industrial, caiu a participação de mulheres casadas na força de trabalho. Antes, na sociedade voltada para a agricultura, a participação feminina era maior. Já no século XX, com o crescimento do setor de serviços, mais mulheres entraram no mercado de trabalho.

Algo semelhante se deu nas duas Grandes Guerras Mundiais. Homens iam para a guerra; mulheres, para as fábricas. Com o fim das guerras, homens queriam retomar seus trabalhos. Para as mulheres, reacendia o mito da mulher "dona de casa".

Goldin concluiu que esse padrão se deu em razão da versatilidade do papel das mulheres na sociedade e nas relações familiares. O estudo verificou que, em muitos países, a evolução do nível de escolaridade de mulheres superou a de homens no século XX, além de constatar o impacto da descoberta da pílula anticoncepcional para maior participação de mulheres em áreas dominadas por homens. Os estudos de Goldin também comprovaram as disparidades salariais entre homens e mulheres num mesmo cargo e como essas diferenças se agravam, principalmente, depois do nascimento do primeiro filho.

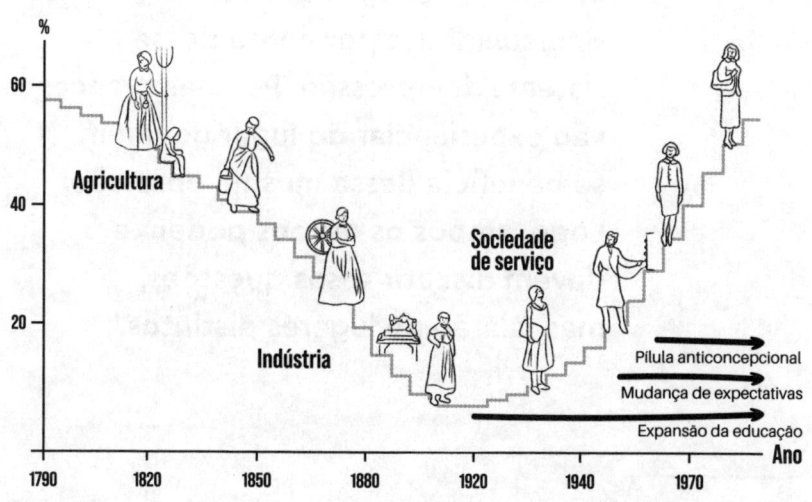

Fonte: Johan Jarnestad/Academia Real Sueca de Ciências.

Goldin não incluiu em suas pesquisas o impacto da pandemia de covid-19, que intensificou uma recente mudança na sociedade, desafiando as relações de trabalho e levando mais e mais trabalhadores ao home office. No caso das trabalhadoras, o home office se sobrepôs ao trabalho do cuidado, não remunerado, que ficou acumulado com as funções laborais. Para as mulheres, prevaleceu uma dupla (ou tripla) jornada dentro de casa, cuidando dos filhos e dos pais, resolvendo problemas domésticos e das empresas que as contrataram.

Na realidade brasileira, o racismo estrutural, escamoteado em costumes, hábitos, falas, gírias, e a tendência de tornar invisível o trabalho doméstico realizado por mulheres, corroboram os estudos de Goldin. Quando as mulheres brancas começaram a ter acesso ao mercado de trabalho, foi em virtude de as negras estarem fazendo serviço doméstico – que continua mal-remunerado e estereotipado.

> "Numa sociedade como a brasileira, de herança escravocrata, pessoas negras vão experienciar racismo do lugar de quem é objeto dessa opressão, do lugar que restringe oportunidades por conta desse sistema de opressão. Pessoas brancas vão experienciar do lugar de quem se beneficia dessa mesma opressão. Logo, ambos os grupos podem e devem discutir essas questões, mas falarão de lugares distintos."[16]

---

16 RIBEIRO, Djamila. *Lugar de fala*. Feminismos plurais. São Paulo: Jandaíra, 2020. p. 85.

::: O sexo é
forte, o gênero
é complexo

Jamais me esquecerei da família G. Eu a encontrei na Floresta de Gombe, na Tanzânia. Foi sintonia total. Todos os representantes da família têm nomes que começam com a letra G: Gremlin, Gaia, Goblin, Goodali. Eu, Giuliana, me senti em casa. Fiquei num canto, observando os hábitos daquela turma animada.

Gremlin, a *mamma*, a matriarca, a velha sensata, acalentava os netos, aconselhava, ajudava uma filha, adulava a outra, tudo ao mesmo tempo e sem perder a calma. Ela tinha que ser estudada. E foi. Desde filhote, sempre esteve sob a observação de pesquisadores, na Floresta de Gombe.

Foi ali que a espetacular Jane Goodall, uma jovem de 26 anos, ainda na década de 1960, provou que chimpanzés eram capazes de fabricar ferramentas, como nós, humanos. Um galho fininho servia de canudo para recolher cupins, fonte de proteína, nos cupinzeiros. Tão bom quanto a pedra lascada, usada por nossos ancestrais para cortar alimentos.

Jane Goodall dedicou a vida à observação dessas incríveis criaturas que têm mais de 98% do DNA exatamente igual ao nosso e, junto à equipe do Instituto Jane Goodall, continua suas pesquisas em Gombe.[17] Ela conseguiu identificar a estrutura complexa da sociedade dos chimpanzés, as batalhas por poder, as divisões de tarefas e a distribuição de papéis entre eles. Nessa sociedade, a chamada fêmea alfa não conquista a liderança por agressão ou violência, mas por sua personalidade e por suas relações e conexões com outros chimpanzés. É o caso de Gremlin.

Somos primatas. É o que somos. A observação de outros primatas, sem preconceitos, julgamentos e vieses, pode nos ajudar a entender questões de sexo e de gênero. Em *Diferentes*,[18] o primatologista e psicólogo holandês Frans de Waal reforça que diferenças de gênero não são nem melhores, nem piores. São apenas diferenças.

Em décadas de pesquisa, observando bonobos e chimpanzés, Frans de Waal concluiu que somos primatas com uma característica particular: somos os únicos a ter rótulos e preconceitos contra questões ligadas à diversidade de gênero. Os outros primatas não demonstram esse tipo de intolerância. Eu entendo quem tem ídolos, quem é fã. Esse era meu caso em relação a de Waal. Eu conheci o trabalho dele com *Chimpanzee Politics*,[19] livro em que o primatologista mostrou que chimpanzés eram animais políticos, vivendo em sociedades complexas, com alianças, adversidades, conciliações. Foi de Wall que popularizou a expressão "macho alfa". Houve quem distorcesse o conceito, classificando de alfa o estereotipado chefão, que derrotava os outros, um briguento, um machão. Com seus estudos e observação de chimpanzés, de Wall mostrou o contrário. Entre primatas, o macho alfa é uma liderança empática, carismática, não necessariamente o mais forte; é um diplomata, um cara da paz.

---

17 COHEN-BROWN, Brittany. From top to bottom, chimpanzee social hierarchy is amazing! *Jane Goodall's*. 10 jul. 2018. Disponível em: https://news.janegoodall.org/2018/07/10/top-bottom-chimpanzee-social-hierarchy-amazing/. Acesso em: 4 mar. 2024.

18 DE WAAL, Frans. *Diferentes*: o que os primatas nos ensinam sobre gênero. Rio de Janeiro: Zahar, 2023.

19 DE WALL, Frans. *Chimpanzee Politics*: Power and Sex among Apes. Baltimore: Johns Hopkins University Press, 2007.

Em 2023, fui convidada para assistir a uma participação de Frans de Wall num encontro com lideranças corporativas. Eu me preparei, reli livros, entrevistas. Como fã e jornalista, formulei perguntas que faria para ele, mas recebi a notícia de que o encontro seria adiado por um problema dele de saúde. De Wall morreu de câncer em março de 2024.

Nós, humanos, temos costas eretas, cérebro desenvolvido e braços mais curtos. E o que nos torna ainda mais especiais é exatamente a diversidade. O intrigante é que alguns ou muitos de nós ainda não sabem valorizar a riqueza dessa diversidade que se manifesta não somente em questões de gênero. Há pluralidade de raça, cultura, cognição e etnia.

Nas empresas e na sociedade, existem pressões externas e internas por mudança, mas os desafios ainda são tremendos. O Fórum Econômico Mundial estima que serão necessários 135 anos para fechar o vale profundo da desigualdade que separa homens de mulheres.[20]

Em organizações, é comum a diversidade de vitrine. Na fachada, no site da empresa, na relação com o público externo: lá estão funcionários de diferentes grupos de nossa sociedade. Nesse caso, a diversidade é uma estratégia, mas não faz parte de verdade da cultura da empresa. O resultado decepcionante pode ser visto na composição da direção, na ocupação dos altos cargos da empresa. Ali, de forma recorrente, a maioria continua sendo de homens brancos.[21]

Além da diversidade de gênero, a inclusão e o pertencimento devem alcançar pessoas de todos os chamados grupos minorizados.

---

20 BATEMAN, Kayleigh. 15 strategies helping to close the gender gap around the world. *World Economic Forum*. 3 mar. 2022. Disponível em: https://www.weforum.org/agenda/2022/03/gender-gap-strategies-parity-diversity/. Acesso em: 4 mar. 2024.

21 DA SILVEIRA, Alexandre D. M. *et al*. Women's Participation in Senior Management Positions: Gender Social Relations, Law and Corporate Governance. *SSRN Electronic Journal*, 13 out. 2014. Disponível em: https://papers.ssrn.com/sol3/papers.cfm?abstract_id=2508929. Acesso em: 19 jun. 2024.

Pessoas diferentes – e que pensam de forma diferente – levam novas soluções para as empresas.

Mudanças concretas ocorrem somente se houver compreensão por parte da alta gestão e das lideranças do que é igualdade de gênero e de quais impactos ela provoca nos grupos, nas organizações e na sociedade.

Exemplo concreto? Empresas que têm mais mulheres em Conselhos de Administração mudam a dinâmica: em vez de buscar mais fusões e aquisições, se concentram na criação de valor interno, como pesquisas e desenvolvimento.[22]

Precisamos de mais exemplos positivos.

---

22 DA SILVEIRA, Alexandre D. M. *et al*. Women's Participation in Senior Management Positions: Gender Social Relations, Law and Corporate Governance. *SSRN Electronic Journal*, 13 out. 2014. Disponível em: https://papers.ssrn.com/sol3/papers.cfm?abstract_id=2508929. Acesso em: 19 jun. 2024.

::: Imperfeições, deslizes, recuos e avanços

Eu me achava diferente. Cara de rica, nome de rica. Filha de imigrante europeu e de brasileira, professora do ensino público. Estudante de escola pública durante boa parte da vida estudantil, mas a imagem da elite no Brasil. Nunca fui barrada em loja de shopping pela cor da minha pele, nunca revistaram minha bolsa na saída do supermercado. Quem sou eu para falar de questões de diversidade no ambiente de trabalho?

Minha estrada é longa e coincide com os avanços das organizações em diversidade e inclusão. Quando olho para trás, essa estrada some no horizonte. Muito tempo. Muito chão. No primeiro dia em que pisei numa redação de jornal, ganhei um arranjo de rosas com uma cantada cafona, escrita num cartão. Eu tinha meus 20 anos, e o cartão levava a assinatura de um chefete. Ignorei. No dia seguinte, ele reclamou por eu não ter agradecido pelas flores. Ignorei de novo.

Eu certamente vivi na geração mais politicamente incorreta dos últimos tempos. Basta rever programas humorísticos da década de 1990. Eram um show de horror misógino, homofóbico, gordofóbico, racista. O negro era o cachaceiro. A mulher, no meio de um grupo de homens, tinha que ser a gostosa. O homem era o macho dominante. E todo mundo ria.

Passei boa parte de minha vida profissional desviando do machismo, de preconceitos, do assédio... era o normal. Era uma corrida de obstáculos e barreiras. Do meu jeito, aprendi a saltar. Eu via os entraves, mas tinha a ilusão ou a ignorância de achar que estavam sendo superados, acreditando que nossa sociedade estava cada vez mais consciente de que somos iguais, de que somos gente, e acreditando que preconceito, discriminação e exclusão estavam ficando no passado.

Era um comportamento que se repetia até mesmo entre mulheres e entre as poucas mulheres que conseguiram alcançar um lugar de liderança. Um padrão que me lembra o da "síndrome da ponte levadiça" (*drawbridge syndrome*). A síndrome se refere a imigrantes que não querem que seus conterrâneos tenham as mesmas oportunidades. Mudam de país, passam por muitas provações, vencem e aí elevam a ponte, para que outros não passem por ela, por um receio inconsciente de perderem o que conquistaram. É como a síndrome da abelha-rainha, quando uma única mulher, cercada por homens, adota o mesmo padrão preponderante para que o sistema não mude. É como se seguisse o script: eu sou a única, eu sou a abelha-rainha e devo permanecer solitária, nesse lugar. Um olhar consciente sobre igualdade de gênero ajuda a curar essa síndrome.

É senso comum a importância da diversidade também nas organizações, mas as empresas ainda têm dificuldade de avaliar os riscos e oportunidades que se dão com a inclusão.

Em relação a questões de gênero, nós, mulheres, somos muitas, somos maioria. O número de mulheres no Brasil é superior ao de homens. De acordo com a Pesquisa Nacional por Amostra de Domicílios Contínua (PNAD), a população brasileira em 2022 era formada por 51,1% de mulheres e 48,9% de homens.

No entanto, somos poucas. Entre titulares de conselhos e diretorias de empresas de capital aberto, apenas 9% são mulheres. Contando suplentes, chega-se a 15%, segundo levantamento do Instituto Brasileiro de Governança Corporativa (IBGC).

O que é ainda padrão é a diversidade de fachada. Aumenta-se o número de contratações, levando-se em conta grupos sociais tidos como minorizados, mas não há uma efetiva preocupação nem meta de buscar impacto na comunidade e na sociedade.

Em 2021, ainda em meio às mazelas da covid-19, participei de um projeto voluntário para inserir no mercado jovens profissionais egressos de universidades públicas e que tivessem sido alunos beneficiados pelo sistema de cotas raciais. A Universidade de Brasília (UnB) foi pioneira na adoção desse sistema. Na época, foi duramente criticada por aqueles que diziam que o certo seria adotar cotas para baixa renda. Uma ginástica da elite para suavizar a realidade racista no país.

O programa de mentoria selecionava mentores que tivessem larga experiência, tempo e disposição para orientar e ajudar formandos a se inserir no mercado de trabalho. As mentoradas eram preferencialmente mulheres negras, LGBTQIAP+ e pioneiras, na família, em ter uma vida universitária.

O que víamos na prática era que, ao longo do curso, alunos cotistas relatavam momentos de segregação, isolamento na própria universidade e, depois de formados, dificuldades tremendas para encontrar uma colocação profissional.

Uma mentorada mandou mensagem e marcou a primeira reunião por videoconferência comigo. Conexão feita, a imagem dela apareceu no meu laptop. Uma jovem, não tão jovem assim, já com 26 anos, negra, grávida de quatro meses, recém-graduada. Fez o curso de Comunicação Social e queria trabalhar com cinema. Estava morando num cômodo da casa da mãe na periferia de Brasília, mas, por algum motivo, me disse que teria que se mudar em breve e não teria com quem dividir os cuidados com a bebê, quando esta nascesse. Estava sem nenhum amparo social, sem plano de saúde, sem assistência médica, sem renda, com pouco suporte familiar.

Meu otimismo foi destruído pela realidade dos fatos. Liguei para quem conhecia e não conhecia. Embora eu tivesse muitos contatos, de pessoas e empresas com boa vontade, fracassei miseravelmente na minha meta de ajudá-la a encontrar um caminho profissional. O teto não era de vidro, era de concreto. Intransponível.

Quando comecei meus estudos em sustentabilidade no mundo dos negócios, decidi também buscar informações e ouvir a perspectiva de quem tem o chamado lugar de fala, de quem sofreu na pele e na alma consequências do preconceito, do racismo, do capacitismo, da misoginia, da homofobia, da transfobia ou da gordofobia.

Num curso de formação de lideranças femininas ministrado por Angela Donaggio, consultora em ética e diversidade e ex-pesquisadora em Harvard, fui presenteada com muita informação baseada em números e estudos que mostram a profundidade do fosso que existe em questões de gênero no mercado de trabalho e na nossa sociedade e como as mulheres que mais precisam – mães com filhos pequenos, chefes de família, de baixa renda – são as que mais esbarram em lacunas ainda maiores. Donaggio lembra que o Japão já ultrapassou o Brasil no quesito diversidade de gênero nos Conselhos de Administração.

Sou parte da sociedade e posso contribuir tentando mudar o que está errado: os vieses cognitivos, a valorização histórica do masculino e da branquitude, o modelo convencional de tentar encaixar pessoas em estereótipos, a visão obscurantista que ignora a singularidade de indivíduos em companhias. E é preciso repetir e seguir o mantra: não basta não ser racista, temos que ser antirracistas.

Se os avanços e recuos na governança e na área ambiental já me preocupavam, na área social essa percepção foi ainda mais impactante. Quando comecei a analisar casos conhecidos de gestão de crise, esbarrei em empresas com supostos compromissos firmes e inabaláveis com a promoção da diversidade e da inclusão, mas de onde eclodiram casos de racismo e misoginia, assédio moral e sexual. E outros casos graves, quando terceirizaram serviços de outras empresas e se viram envolvidas em denúncias de trabalho análogo ao escravo, com jornadas intermináveis em condições insalubres, sem condições mínimas de saúde e segurança.

O Tribunal Superior do Trabalho entende por escravidão contemporânea o trabalho forçado, isto é, quando trabalhadores são forçados a trabalhar mediante ameaça física e/ou psicológica e/ou sob isolamento geográfico, com jornadas excessivas que colocam em risco a integridade física, em condições degradantes, sem EPIs (equipamentos de proteção individual), alimentação digna, água potável e instalações sanitárias.

Não faltam leis, um arcabouço normativo para combater o trabalho análogo à escravidão. E não há cabimento em responsabilizar terceiros. Empresas devem saber com quem trabalham e como trabalham.

- Ética empresarial e práticas sustentáveis são cada vez mais valorizadas.

- Relações trabalhistas abusivas não existem mais no país.

::: A lojinha de ESG

Algumas empresas, por pressão externa, interna, ou simplesmente por marketing, caem na tentação de abrir uma "lojinha" de ESG, um departamento segmentado, isolado, em que o responsável não reporta a ninguém com poder de decisão na empresa. Há também os departamentos e chefias tirados da cartola para atenuar problemas estruturais, problemas de cultura da empresa. É como se tentassem apagar com borracha ações de lideranças abusivas, assédios de toda ordem, sem mudar a organização. Nesse espírito, em alguns casos, entra o gestor executivo de felicidade. Sem mudanças sistêmicas, o gestor de felicidade não consegue ir além de medidas atenuantes, superficiais; não há felicidade possível no trabalho, com ou sem gestor executivo, se a cultura da empresa for tóxica.

Minha irmã Carla Morrone é psicóloga, com mestrado em Psicologia Organizacional pela UnB, pesquisou prazer e sofrimento no trabalho e é uma das autoras do livro *Psicodinâmica e Clínica do Trabalho*. Nele, há catorze anos, Carla e a pesquisadora Ana Magnólia Mendes já alertavam para a necessidade de mudanças sistêmicas nas empresas:

> Um dos fatores que explicam o percurso do sofrimento é o modo perverso de funcionamento das organizações de trabalho. A falta de reconhecimento, a indiferença, as deformações dos relacionamentos nas relações socioprofis-

sionais são características organizacionais extremamente prejudiciais.[23]

Essa questão é ainda mais proeminente em relação às mulheres no ambiente de trabalho. A desigualdade de gênero no trabalho leva mulheres a considerarem deixar a empresa onde estão empregadas.[24]

Minha irmã chegou a trabalhar em uma organização extremamente tóxica, com uma rotina de abuso psicológico, bullying, assédio moral. Era um problema estrutural da organização, disfuncional, tanto que os bons acabaram saindo. Minha irmã se especializou em psicologia infantil e hoje se esmera em dar suporte para assegurar a saúde mental de crianças e adolescentes.

---

23 MENDES, Ana Magnólia *et al.* (Orgs.). *Psicodinâmica e clínica do trabalho*: temas, interfaces e casos brasileiros. Curitiba: Juruá, 2010. p. 40.

24 CAVAZOTTE, Flávia de Souza C. N. *et al.* Desigualdade de gênero no trabalho: reflexos nas atitudes das mulheres e em sua intenção de deixar a empresa. *RAUSP – Revista de Administração*, São Paulo, v. 45, n. 1, p. 70-83, jan./fev./mar. 2010.

::: Esperança e decepção

Posso dizer, sem nenhum orgulho, que cobri a maioria dos casos federais de corrupção no Brasil. Não foram poucos. Fardas do Exército, compradas na China, superfaturadas. Além de caríssimas, não cabiam nos nossos bravos recrutas, porque tinham modelagem para o padrão chinês. Kits de escova de dente superfaturados. O estranho caso das bolsas de carteiro que foram compradas com sobrepreço. Eram outros tempos, não existia WhatsApp, internet era para poucos. A missão dos carteiros era imprescindível: levar cartas, contas, documentos que, naquela época, eram entregues exclusivamente pelo serviço dos Correios. Chovia e as cartas ficavam encharcadas, porque as bolsas, além de caríssimas, não eram impermeáveis.

Foram tantos casos, antes dos escândalos mais recentes, do Mensalão, do Petrolão, das rachadinhas e das bizarras joias das Arábias. Em um determinado momento, ainda no governo Collor, empresários fizeram fila no prédio da Polícia Federal para dizer o que sabiam, colaborar com investigadores e se livrar de possíveis punições.

A má governança, infelizmente, faz parte da história empresarial no Brasil. Recentemente, depois de o país ter sido virado de cabeça para baixo pelo escândalo de corrupção na Petrobras, a estatal propôs mudar seu estatuto social (indo contra o que estabelece a Lei de Estatais) para permitir a participação de políticos na administração da empresa.

Na iniciativa privada, os maus exemplos se renovam. O maior escândalo contábil dos últimos tempos se deu com as Americanas, num esquema fraudulento para engordar o resultado da empresa e reduzir artificialmente sua dívida financeira bruta. A fraude contábil foi um caso clássico de *governancewashing*, em que a governança não é levada a sério.

Será que empresas entendem que a má governança representa riscos para os negócios?

Ainda na pandemia, fiz MBA em ESG Management e cursos de liderança corporativa, entupi minha biblioteca de livros de economia, administração e sustentabilidade, mas o projeto deste livro ficou encalhado por anos. Eu escrevia uma página sobre algo que me enchia os olhos em relação à sustentabilidade no mundo dos negócios e logo em seguida me desapontava com notícias de fraudes, maquiagem, reducionismos. A página seguinte ficava meses em branco. Então, eu descobria um avanço, uma experiência inovadora de uma empresa, políticas públicas mais conscientes dos limites do nosso planeta, ensaiava um novo capítulo e empacava de novo, diante de algum escândalo que atingia os esforços de sustentabilidade nos negócios.

A verdade é que, quando o bicho pega, quando o calo aperta, em momentos de crise, a ética e as metas em ESG podem acabar ficando de lado. Ou, se é que pode ser pior, num quadro de estabilidade, o ESG pode ser usado apenas como peça de marketing, como conversa para boi dormir no pasto com muito gás metano e pouca captura de CO_2.

Existe um vocabulário particular para definir as enganações em ESG:

- *Greenwashing:* maquiagem para aparentar que a empresa tem compromissos ambientais.
- *Diversitywashing:* contratação de algumas pessoas de grupos minorizados para dar uma falsa impressão de que está havendo uma mudança na cultura da empresa.
- *Socialwashing:* comunicar medidas supostamente com benefício social, mas sem nenhum impacto.
- *Pinkwashing:* ações relacionadas à comunidade LGBTQIAP+.

- **Greencrowding:** pegar carona num grupo, num setor que promove ações sustentáveis, sem de fato agir como o grupo.
- **Greenlabelling:** comunicar em embalagens e etiquetas medidas ambientais que na verdade não são cumpridas.
- **Governancewashing:** governança como peça de marketing.
- **Greenrinsing:** empresa muda as metas ESG antes de atingi-las.
- **Greenhushing:** empresas escondem as metas que se propuseram a cumprir, com receio de serem fiscalizadas pelo público e acusadas de *greenwashing*. Na dúvida, acreditam ser melhor não prometer nada e fazer às escondidas.
- **Wokewashing:** empresas se apropriam da linguagem de grupos minoritários e de causas sociais, sem promover mudanças efetivas para esses grupos.
- **Shamprograms:** programas de *compliance* de fachada, ineficazes e que servem para a empresa se defender em ações e mitigações.

O ânimo para escrever o livro voltou – quem diria – quando fui demitida da Rede Globo.

> "But I believe, I believe
> This evenin' my change is come
> Yeah, I tell you that
> My change is come"
> — ARETHA FRANKLIN[25]

Eu não tinha me dado conta, mas estava pronta para começar uma nova jornada. Naquele dia 4 de abril de 2023, fui demitida, depois de 23 anos na empresa onde trabalhava.

---

25 *A Change Is Gonna Come*. Interpretada por: Aretha Franklin. Composta por: Sam Cooke. Fonte: Rhino Atlantic.

Foram muitas demissões, no que a imprensa chamou de Dias de Fúria. Do alto dos meus 56 anos, fui parar na capa de sites e jornais, em manchetes que acusavam a empresa de fraudar compromissos assumidos em ESG e praticar etarismo. É fato que não cozinho mais na primeira fervura, mas o que aconteceu não foi etarismo. Outros, mais antigos, ficaram. Entendi que meu salário para o cargo que ocupava naquele momento tinha se tornado um incômodo para a realidade financeira da empresa.

Foram 22 anos de parceria. Meu lugar era no jornalismo. Cobri política, os altos e baixos de rigorosamente todos os governos desde o fim da Ditadura Militar, fui correspondente nos Estados Unidos, repórter, apresentadora. Meu negócio sempre foi notícia. Também acompanhei e cobri casos que denunciaram racismo, tragédias ambientais, eventos climáticos extremos, falta de políticas públicas, avanços de líderes mundiais para reduzir emissões de gases de efeito estufa, assuntos que estão na raiz do ESG. Eu amo o jornalismo e sou do tempo em que o chavão era: jornalistas são os olhos da sociedade.

O olhar continua atento. Quero usar minha visão para contribuir para um mundo mais sustentável. O mundo está mudando e levando as empresas a mudarem também. E para melhor! Ainda me lembro do susto de uma colega, correspondente americana, que acabara de deixar o escritório em Israel e se mudar para o Rio de Janeiro. Missão: acompanhar assuntos relativos ao Brasil e a todos os países da América Latina. Antes, ela cobria o Oriente Médio. Eram temas recorrentes a opressão masculina, a perseguição a mulheres, a obrigação de que elas cobrissem todo o corpo e o rosto. Instalada no apart-hotel no Rio de Janeiro, ligou a TV na hora do almoço e lá estava uma negra hipersexualizada, sambando totalmente nua. Foi batizada pela empresa de Globeleza.

A partir de 2017, a Globeleza começou a aparecer vestida e dançando outros ritmos além do samba. Ficou evidente o compromisso da empresa em refutar qualquer imagem que pudesse ser associada à exploração de mulheres e ao racismo e em promover a diversidade.

Os esforços têm sido visíveis e exemplares. A diversidade faz parte da cultura da Globo e tomara que, cada vez mais, represente também mais inclusão, para que pessoas diferentes tenham oportunidades de desenvolvimento e ascensão profissional, inclusive para cargos de direção.

Essa meta foi reforçada no comunicado interno financeiro da empresa relativo ao ano de 2022, que também revelou um problema. Transparente, o comunicado informava que o EBITDA da empresa – lucro antes de juros, impostos, depreciação e amortização – tinha sido negativo por mais um ano consecutivo, um indicativo de vulnerabilidade na saúde financeira. Foi um recorte da realidade, em um ano difícil.

Eu fui a última demitida naquele dia, em três dias sucessivos de demissões. Recebi a notícia da demissão por videoconferência. Meus editores estavam visivelmente esgotados. Comentei com eles: não queria estar na pele de vocês. Ninguém gosta de demitir e de se desfazer das equipes que montou. Executivo não é vilão. Eles foram minhas lideranças por muito tempo.

Acompanho há algum tempo demissões em massa de empresas de tecnologia, montadoras, do setor financeiro. É bem verdade que em empresas de capital aberto as ações sobem quando ocorrem demissões coletivas de funcionários. O mercado interpreta errado e as entende como remédio para quem está com a saúde financeira ruim. Mas isso é assunto para mais tarde, neste livro.

Aqueles dias de crise ofuscaram os esforços comunicados pela empresa em sua jornada ESG. Seu primeiro relatório de sustentabilidade já destacava:

> [...] 1) produzir e distribuir conteúdo em sintonia com a sociedade, contribuindo para o desenvolvimento social e ambiental; 2) promover a inclusão e a diversidade nos conteúdos e nas equipes; 3) investir no desenvolvimento contínuo e no bem-estar dos colaboradores, buscando ser, cada dia mais, uma empresa à qual todos se orgulhem de pertencer; 4) valorizar e proteger a biodiversidade, promover a consciência ambiental e respeitar os limites naturais do planeta; 5) promover

uma governança transparente e responsável; 6) apoiar ativamente a educação como vetor de transformação do Brasil.[26]

Desejo que a saúde financeira da empresa já esteja recuperada, com lucro e, cada vez mais, com o fortalecimento da agenda sustentável.

Neste livro, procuro mostrar os conceitos em torno e dentro da estrutura ESG. Não espere de mim o hermetismo do economês. Não faltam bons livros que mergulham a fundo no tema. Aqui, quero trazê-lo para a superfície, para todos. Inspirei-me em exemplos reais de situações que vi ou estudei.

Yuval Harari tentou nos convencer de que vivemos em uma grande fantasia coletiva, formada por países, religiões, ideologias, governos, uma total ficção, e de que o mundo real é o mundo da biosfera, de todas as partes do planeta onde existe ou pode existir vida. Em alguns momentos deste livro, usei meu mundo imaginário para explicar o que as empresas podem fazer para proteger a biosfera e quais estratégias os investidores usam para perceber as externalidades negativas, as bombas-relógio de empresas em que pretendem investir: bombas sociais e climáticas.

No meu universo ficcional, uso fatos, mesclados com fantasia; não dou nomes e não cito pessoas e empresas, porque meu objetivo não é fazer denúncia, mas, sim, explorar exatamente o que é fato e o que é fake no ESG.

Há muitos esforços, muitos avanços e inovação, mas também muitos desafios e atalhos que levam a lugar nenhum. E ainda um artificialismo, uma dificuldade em estabelecer o que é material e o que de fato importa em performance ESG.

A verdade é que nada é simples, tudo é processo. Estamos apenas no começo, em um período ainda pouco natural, em que muitas métricas são criadas e poucas são cumpridas. As metas ESG ainda estão

---

26 GLOBO tem receita líquida de R$15,168 bilhões em 2022 com crescimento em publicidade e streaming. *Portal Poder 360*. 27 mar. 2022. Disponível em: https://static.poder360.com.br/2023/03/Comunicado-Globo-2022.pdf. Acesso em: 20 fev. 2024.

dissociadas de relatórios financeiros. É preciso entender o que é o quê em ESG e introjetar os conceitos na essência dos negócios. É o começo do começo. Oxalá tenhamos coragem e determinação para enfrentar essa travessia que levará a um amadurecimento e a uma nova compreensão de que o mundo dos negócios faz parte do nosso mundo e, portanto, não há outra possibilidade a não ser respeitá-lo.

O fato é que estamos destruindo o planeta. Não há mais dúvidas das consequências climáticas provocadas pela ação humana. E aqui não são responsáveis apenas as pessoas, com seus padrões de consumo e atos individuais, mas também as empresas, principalmente pelas emissões de gases de efeito estufa, e governos, por ausência, falha, debilidade na aplicação de políticas públicas.

Os desafios são gigantescos. Como alimentar os mais de 8 bilhões de pessoas que já habitam a Terra, e que serão quase 10 bilhões em 2050, sem degradar ainda mais florestas, áreas verdes e reservas ambientais?

É também verdade que a solução está em encarar a realidade e buscar adaptação às mudanças climáticas, com obsessão pela redução de gases de efeito estufa. O crescimento econômico e o crescimento de empresas devem estar atrelados a medidas que evitem aumentar ainda mais a temperatura da Terra. É urgente a necessidade de se criar um modo de desenvolvimento que proteja e recupere o planeta e que também seja resiliente às mudanças climáticas.

::: Um olhar de fora para dentro

E
S
G

Na versão clássica, ESG é uma estrutura com indicadores e metas ambientais, sociais e de governança que ajudam empresas a avaliar riscos externos que podem atingir o negócio. ESG projeta a longevidade das empresas. O foco é a empresa. É diferente de sustentabilidade. Nas ações de sustentabilidade, o foco são as pessoas e o planeta.

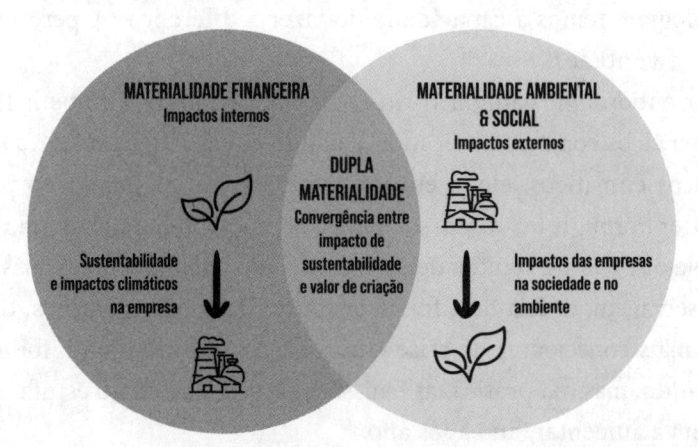

MATERIALIDADE FINANCEIRA
Impactos internos

Sustentabilidade e impactos climáticos na empresa

DUPLA MATERIALIDADE
Convergência entre impacto de sustentabilidade e valor de criação

MATERIALIDADE AMBIENTAL & SOCIAL
Impactos externos

Impactos das empresas na sociedade e no ambiente

Fonte: adaptada de What is Double Materiality in ESG? - Expert Talks - Océane Rabillon. 2021. Vídeo (6min1s). Publicado pelo canal Enablon. Disponível em: https://www.youtube.com/watch?v=LwesU1ELhWc). Acesso em: 29 maio 2024.

A melhor estratégia: quando essas duas estruturas se completam, temos o melhor cenário. É quando se dá a convergência de criação de valor e impacto sustentável. É o que se chama de dupla materialidade.

ESG chegou tarde. A ciência já concluiu e alertou que não teremos futuro se mantivermos o atual modelo de exploração de recursos naturais finitos e desrespeito às pessoas, aos animais, às plantas e à biosfera.

Eventos extremos escancaram a crise climática. Tempestade no deserto de Black Rock em Nevada, nos Estados Unidos, enchentes na Somália, incêndios no Havaí, ciclone no Sul do Brasil, gelo derretendo no Ártico. Não faltam sinais para quem está à frente de empresas, governos e instituições de que é preciso agir.

Ambientalistas e cientistas têm sido aguerridos em chamar a atenção para as graves consequências para o planeta, para a vida das pessoas e para a performance das empresas se continuarmos com o mesmo padrão de emissões de gases de efeito estufa, exploração de recursos naturais como se fossem infinitos, uso abusivo de plástico e de combustíveis fósseis e descarte de resíduos sem controle. Em 2021, na COP26, em Glasgow, o naturalista britânico e documentarista *Sir* David Attenborough convocou líderes mundiais a reescreverem a história: "As gerações futuras não nos perdoarão se não agirmos sobre as mudanças climáticas. Nós temos a ciência, temos a tecnologia e temos a capacidade de fazer a diferença. A pergunta é: temos a vontade?".

Attenborough ganhou o título de *sir* da rainha Elizabeth II por seus serviços como comunicador. Quando ainda ninguém falava sobre os riscos climáticos, ele já era uma voz potente na defesa do planeta. Attenborough fez discursos para lideranças mundiais mesmo após completar 90 anos, muitos deles trabalhando como documentarista da vida selvagem. A fala dele foi ao encontro das novas gerações, que já estão mais conscientes da crise climática. *Sir* Attenborough foi muito aplaudido, mas, na prática, as emissões de gases de efeito estufa continuaram a aumentar, ano após ano.

Com foco em Wall Street, eu me encantei pelas cartas da BlackRock, a maior gestora de fundos de investimentos, com *assets* em torno de 8 trilhões de dólares. Ainda em 2018, Larry Fink, CEO da BlackRock, destacou os fatores sociais, ambientais e de governança que levaria em conta na avaliação de investimentos. Começava a popularização do termo ESG. Eu lia as cartas desse CEO como uma adolescente apaixonada. As cartas dele falavam da gravidade da crise climática, da necessidade imperiosa de buscar fontes de energia limpa, da urgência da adoção de uma economia sustentável, com redução da emissão de gases de efeito estufa. Elas acenavam para um futuro com mais consciência e – por que não? – com mais esperança.

Contudo, ESG leva solavancos a cada nova crise global, quando as metas vão para o fundo da gaveta.

Eis que veio a guerra entre a Rússia e a Ucrânia. Europeus correram o risco de não ter combustível da Rússia para alimentar aquecedores no inverno, surgiram restrições no fornecimento de gás natural. Fundos ESG, que prezam por investimento sustentável, tiveram desempenho medíocre comparados aos que apostavam em empresas de petróleo.

Nesse cenário, em diferentes momentos Larry Fink mandou mensagens aparentemente contraditórias. Ele disse que adotar políticas climáticas não é sobre estar acordado para a realidade, mas, sim, sobre pensar no lucro de empresas; também sugeriu vida longa para empresas tradicionais de combustíveis fósseis e chegou a falar que a BlackRock não era fiscal ambiental.[27] A pressão aumentou e a BlackRock passou a ser criticada e até boicotada por políticos republicanos com investimentos em estados produtores de petróleo.

ESG é a mãe!

---

27 KOLLEWE, Julia. BlackRock's Larry Fink: climate policies are about profits, not being 'woke'. *The Guardian*. 18 jan. 2022. Disponível em: https://www.theguardian.com/environment/2022/jan/18/blackrock-larry-fink-climate-policies-profits-woke. Acesso em: 21 fev. 2024.

Nos Estados Unidos, dependendo de onde você estiver, é preciso ter cuidado com o que fala. ESG virou palavrão. A politização contaminou metas e parâmetros e acendeu e destruiu paixões. Fink cedeu e disse que não usaria mais o termo ESG, em decorrência da polarização. Vitória do capitalismo selvagem? Poucos notaram que Fink disse acreditar em capitalismo consciencioso, que defende a descarbonização e questões sociais e de governança. Em outras palavras, ESG, mas sem pronunciar as letras ESG.

ESG foi o tema mais procurado em artigos acadêmicos de economia e finanças nos últimos três anos.[28] A pedido do *Financial Times*, a Social Science Research Network (SSRN) analisou do que tratavam esses artigos. Os dois mais lidos questionavam a eficácia, a eficiência e a necessidade do ESG. Outros dois da lista, também muito procurados, o defendiam.

O mais lido, de Bradford Cornell e Aswath Damodaran, pesquisadores da Universidade de Nova York, foi intitulado assim: "Faz o bem ou soa bem?".[29] Escrito em 2020, o artigo questiona o ESG: "Esse fazer o bem é adocicado com a promessa de que faria bem também para os *shareholders*".

Também foi bastante procurado um artigo de 2023 de Philipp Krueger e outros autores que reuniu dados e mostrou um efeito significativo e positivo do ESG no mercado de ações.[30]

---

[28] JACK, Andrew. Business school sustainability research: What is read most? *Financial Times*. 5 jul. 2023. Disponível em: https://www.ft.com/content/2e41801e-ccd7-49dc-861d-d03d9ed8fdaa. Acesso em: 21 fev. 2024.

[29] CORNELL, Bradfort; DAMODARAN, Aswath. Valuing ESG: Doing Good or Sounding Good? *NYU Stern School of Business*. 19 mar. 2020. Disponível em: https://ssrn.com/abstract=3557432. Acesso em: 21 fev. 2024.

[30] KRUEGER, Philipp *et al*. The Effects of Mandatory ESG Disclosure Around the World. *European Corporate Governance Institute – Finance Working Paper*, n. 754/2021; *Swiss Finance Institute Research Paper*, n. 21-44, 12 jan. 2024. Disponível em: https://ssrn.com/abstract=3832745 ou http://dx.doi.org/10.2139/ssrn.3832745. Acesso em: 21 fev. 2024.

A polarização em torno do ESG não se limitou aos diretórios e discursos político-partidários. Foi disseminada também em instituições acadêmicas conceituadas. Dependendo do artigo, é possível desmantelar ou enaltecer o ESG.

A análise da SSRN é um indicativo não só do interesse pelo tema, mas também de seu impacto fora do mundo acadêmico. Teóricos estudam e dissertam sobre o que o mercado vivencia.

::: *Walk the talk:* fale sobre a caminhada

A COMUNICAÇÃO SOBRE ESG

Desde o tempo das cavernas, um dos marcadores de nossa evolução é exatamente nossa capacidade de comunicação. Há pelo menos um milhão e meio de anos, descobrimos o fogo. É o que dizem os arqueólogos. E ali, em volta da fogueira, aprendemos a conversar, a trocar ideias, a nos comunicarmos. Será que aprendemos mesmo?

O aprendizado continua. No caso de empresas, as dificuldades eventualmente remontam à Pré-História. E, no caso de ESG, as distorções são particularmente maiores.

Em ESG, o começo de tudo é determinar o que é material, o que é relevante para a empresa e quais são os riscos e oportunidades nas áreas social, ambiental e de governança que podem atingir o negócio. Além disso, é fundamental identificar como a empresa impacta a sociedade e o meio ambiente. É essencial também que as empresas cumpram o que prometem. A expressão em inglês *walk the talk* é ilustrativa: caminhe de acordo com o que você fala. Faça na prática o que promete no discurso.

É preciso agir sobre as ações propostas e comunicá-las adequadamente, mostrando o que está sendo feito e o que ainda há por fazer. A boa comunicação tem sido um desafio. As fake news, que se tornaram comuns na política, têm outro nome no ESG: *washing*. São várias as categorias de *washing*: *socialwashing, governancewashing, greenwashing*, entre muitas outras.

FALANDO ABOBRINHA: *GREENWASHING*

É relevante um fabricante de produtos de higiene destacar que é livre de gases CFC, prejudiciais para a camada de ozônio, mas cuja produção foi banida desde 1987? É relevante uma empresa de mídia comunicar que é carbono zero? Esse é um negócio que usa pouco ou quase nada de combustíveis fósseis. E uma empresa de telemarketing que comunica o fato de não degradar áreas ambientais? Se é para provocar impacto, que seja positivo, que seja de verdade, comunicando ações que realmente tenham impacto dentro do negócio e fora dele.

Foi passando o dedo sobre a tela do celular que dei de cara com um anúncio no Instagram: "Compre créditos de carbono, ganhe dinheiro e proteja o planeta. Compre NOW, ou se arrependa depois". A foto no fundo do anúncio era de umas palmeiras fininhas. Será que o pessoal do marketing acertou? A impressão que dava era de que as plantinhas não absorviam muito CO_2.

É por volta dos 9 ou 10 anos que a gente aprende o que é a fotossíntese. O desenho da árvore bem frondosa e as setinhas para o alto e para baixo ajudam a explicar o processo que ocorre nas plantas. A planta absorve gás carbônico do ar. A luz solar, com o CO_2 e a clorofila – um elemento químico das plantas –, se torna o alimento, glicose. Ao mesmo tempo, a planta libera oxigênio pelas folhas. Basta plantar árvores e nossos problemas acabaram.

Não é bem assim. Não é nada assim. Com o mercado de crédito de carbono, é um pouco mais complicado.

O mercado de crédito de carbono é um sistema feito para compensar emissões de carbono, o dióxido de carbono e outros gases de efeito estufa. O CO_2 e outros gases estão presentes na atmosfera. O papel deles é impedir que fiquemos congelados. Eles absorvem a radiação solar, dificultando que o calor vá para o espaço. O problema é que as ações do ser humano, desde a Revolução Industrial, estão provocando emissões exageradas desses gases e provocando o aumento da temperatura da Terra.

A empresa que não consegue cumprir a meta de redução de gases de efeito estufa compensa as emissões comprando créditos de carbono emitidos por outras empresas que conseguiram reduzir suas emissões.

O Congresso analisou um projeto para o mercado regulado de carbono em que o governo pode fixar metas de emissão. Por meio dele, os créditos de carbono serão negociados na Bolsa de Valores.

As regras do mercado regulado de carbono valem para empresas que emitem acima de 10 mil toneladas de gases de efeito estufa. Essas empresas terão de, anualmente, apresentar ao órgão gestor do Sistema Brasileiro de Comércio de Emissões de Gases de Efeito Estufa (SBCE) um plano de monitoramento e um relatório de emissões e remoções de gases de efeito estufa. Já as instalações que emitem mais de 25 mil toneladas de gases de efeitos estufa por ano, além de atender a todos os regramentos anteriores, vão receber uma cota que estabelecerá um limite para emissão de GEE (gases de efeito estufa) na sua linha de produção. Se, ao final do período medido, a instalação extrapolar esse limite, deverá buscar uma cota excedente de outra instalação que tenha emitido uma quantidade menor que a sua cota de GEE e/ou adquirir créditos de carbono reconhecidos no SBCE.

O Ministério da Fazenda, com auxílio de outras pastas do governo federal, elaborou um projeto focado principalmente na indústria. A proposta exclui o agronegócio do mercado de carbono. Em nenhum mercado internacional a regulação atinge diretamente o agro. A principal dificuldade é mensurar as emissões de carbono diante das particularidades do negócio: secas, geadas, fatores climáticos que afetam a produção e questões regionais. Como atribuir a mesma métrica para produtores do Sul do país e do Centro-Oeste, por exemplo?

A regulação do mercado do carbono faz parte dos esforços para aproximar o país de outras nações que já adotaram esse sistema e atrair investimentos estrangeiros. Dependendo da regulamentação, numa perspectiva otimista, o mercado regulado de carbono deve estar em vigor em 2027.

::: *Cap and trade:* limites de emissões e troca por créditos de carbono

Uma tonelada de dióxido de carbono tem o valor de um crédito de carbono. Pessoas e empresas compensam suas emissões de gases de efeito estufa investindo em um projeto de redução de gases poluentes.

Exemplo: uma empresa emite gases de efeito estufa além do que deveria. Para compensar, compra créditos de carbono que são usados em projetos de mitigação de emissões ou captura de carbono. Pode ser um projeto de reflorestamento, um programa de biocombustíveis ou de energias renováveis, um projeto de reúso de resíduos.

Créditos de carbono são uma artimanha para não investir em práticas sustentáveis?

Não deveriam ser. Eles devem ser usados para complementar ações sustentáveis, quando a empresa não tem opção a não ser usar combustíveis fósseis e emitir gases de efeito estufa.

CASTELO DE AREIA

Ah, a força do futebol. É torcida, é paixão, é um negócio de cifras bilionárias. Na Europa, o modelo *multi-club ownership* é cada vez mais comum. Esse modelo permite a aquisição ou controle de vários clubes por uma pessoa física ou jurídica. No Brasil, é o chamado conglomerado de clubes, uma nova forma de investimento, em que o futebol se torna uma oportunidade de diversificação do portfólio de investidores. O business do futebol também precisa crescer e amadurecer em questões sociais e de governança.

O silêncio de agentes envolvidos no setor gritou diante de escândalos com duas estrelas do futebol. Os direitos das mulheres e crimes contra mulheres ganharam visibilidade no mundo e particularmente aqui, no país do futebol, por causa de dois jogadores brasileiros. Daniel Alves e Robinho foram condenados por estupro na Europa. As condenações, a reação de apoio que tiveram de parceiros, amigos antigos do futebol, as tentativas de escaparem da punição contribuíram para jogar luz sobre os atrasos e o machismo ainda presentes no futebol e em nossa sociedade.

Os problemas ocorrem também em questões ambientais. A FIFA foi acusada por autoridades suíças de fazer *greenwashing* ao anunciar que alcançaria a neutralidade do carbono na Copa do Mundo do Catar, comprometendo-se a compensar 3,6 milhões de toneladas de carbono, produzidas, por exemplo, pelas viagens de avião dos torcedores. Mas a Copa representou muito mais em emissões. Uma infraestrutura gigantesca foi erguida com materiais que emitem muito CO_2, como concreto e cimento. E haja energia elétrica para os aparelhos de ar-condicionado que refrescaram os torcedores.

As críticas à FIFA partiram de cientistas de instituições acadêmicas, como os da Universidade de Lancaster, na Inglaterra. Eles avaliaram que a pegada de carbono da Copa do Mundo do Catar foi pelo menos dez vezes maior.

Existem padrões internacionais para verificar se houve de fato a compensação, mas são muitos os casos de fraude, de contas que não fecham, de exploração de comunidades em áreas de floresta pelos chamados cowboys de carbono, que empurram contratos cheios de letrinhas miúdas e desvantagens para a exploração de terras.

Por aqui, já existe o mercado voluntário. Empresas se empenham em reduzir emissões, pois querem mostrar que estão alinhadas com as metas de proteção do planeta. Para o mercado voluntário, foram estabelecidos os Princípios Fundamentais do Carbono (CCP, sigla para Core Carbon Principles), que são dez no total:[31]

a) Governança
1. **Governança eficaz:** o programa de credenciamento de carbono deverá ter uma governança eficaz para garantir a transparência, a prestação de contas, a melhoria contínua e a qualidade geral dos créditos de carbono.
2. **Seguimento:** o programa de credenciamento de carbono deverá operar ou fazer uso de um registro para identificar, registrar e rastrear de maneira única as atividades de mitigação e os créditos de carbono emitidos para garantir que os créditos possam ser identificados de maneira segura e inequívoca.
3. **Transparência:** o programa de credenciamento de carbono deverá fornecer informação completa e transparente sobre todas as atividades de mitigação credenciadas.
4. **Auditoria:** validação e verificação robustas por parte de terceiros independentes.

b) Impacto das emissões
5. **Adicionalidade:** as reduções ou remoções de emissões de gases de efeito estufa (GEE) derivadas da atividade de mitigação deverão ser adicionais, ou seja, não haveriam sido produzidas em ausência do incentivo criado pelos ingressos procedentes dos créditos de carbono.

---

[31] THE CORE Carbon Principles: Building integrity and Transparency in the Voluntary Carbon Market. *The Integrity Council for the Voluntary Carbon Market.* 2022. Disponível em: https://icvcm.org/core-carbon-principles/. Acesso em: 6 ago. 2024.

6. **Permanência:** as reduções ou remoções de emissões de GEE derivadas da atividade de mitigação deverão ser permanentes ou, quando existir risco de reversão, serão estabelecidas medidas para enfrentar tais riscos e compensar as reversões.
7. **Quantificação robusta** das reduções e remoções de emissões.
8. **Não dupla contagem:** as reduções ou remoções de emissões de GEE da atividade de mitigação não devem ser contadas duas vezes.

c) Desenvolvimento sustentável

9. **Benefícios e salvaguardas** do desenvolvimento sustentável.
10. **Contribuição na transição para a meta de zero emissão:** os créditos de carbono precisam estar compatíveis com a meta de atingir a neutralidade de carbono em 2050.

Há uma nova onda sustentável de projetos no Brasil que "sequestram" os gases de efeito estufa, como grandes áreas reflorestadas que cumprem a missão de absorver quantidade semelhante de CO_2 e outros gases que foram emitidos por determinada empresa. São projetos que preservam áreas que estão conservadas e restauram outras, degradadas – na maioria, usadas para pastagem de baixa produtividade. No lugar do pasto, estão surgindo novas florestas, com espécies nativas, respeitando o bioma de cada região.

Um crédito equivale a uma tonelada de carbono não emitida na atmosfera.

É consenso que plantar árvores é excelente e que o reflorestamento é essencial, mas é preciso fazer mais para que sejam cumpridas as metas de redução de gases de efeito estufa.

FANTASMAS E COWBOYS DO CARBONO

O mercado voluntário de carbono já existe há décadas, mas em 2023 ocorreu escândalo na Europa: a suspeita de que 90% dos créditos de carbono aprovados por uma certificadora eram fantasmas,[32] isto é, não representaram nenhuma redução nos gases de efeito estufa.

Outro escândalo, mais antigo, é a ação dos "cowboys do carbono", principalmente na Colômbia. São especuladores que vão a comunidades locais e empurram goela abaixo contratos sem regras claras. Os cowboys fazem a negociação entre a indústria e povos da Amazônia para vender créditos de carbono de determinadas áreas, por até cem anos.

👍
- ESG é o *business case* da sustentabilidade.
- Práticas ESG exigem métricas ou ferramentas para a sustentabilidade.
- ESG é considerar riscos, preços e oportunidades na tomada de decisões.

👎
- ESG é construir um plano de boas intenções.
- ESG é abraçar árvore.
- ESG é apenas contratar pessoas de grupo minorizados.

---

[32] GREENFIELD, Patrick. Revealed: more than 90% of rainforest carbon offsets by biggest certifier are worthless, analysis shows. *The Guardian*, 18 jan. 2023. Disponível em: https://www.theguardian.com/environment/2023/jan/18/revealed-forest-carbon-offsets-biggest-provider-worthless-verra-aoe. Acesso em: 19 jun. 2024.

::: G E S (ESG reorganizado)

A pirâmide dourada surgiu no horizonte, uma das imagens mais belas do planeta. Ele não a viu. Eram as primeiras horas do dia no acampamento base avançado do Everest. Não queria perder a live com os funcionários da empresa.

"Para o cume!", gritou, balançando as bochechas vermelhas para os trabalhadores que assistiam à transmissão ao vivo na filial do sul do país.

Os equipamentos foram comprados on-line. Quem escolheu tudo, sob orientação de um vendedor especializado, foi uma das secretárias. Calças de isolamento térmico, jaquetas com membrana de teflon expandido, macacão de pena de ganso para suportar temperaturas de até -50 °C, protetor de nariz, parca para 8 mil metros de altitude, luvas... Ela também providenciou o pagamento para a expedição mais cara de montanhismo: 194.500 dólares. Sinal de 20 mil dólares não reembolsável.

O CEO vestiu o macacão XXL apertado. Saiu da barraca laranja, tropeçando nas cordas, com o celular na mão.

"Aqui estou, no acampamento avançado do Everest, exausto, desidratado, mas pronto para avançar em direção ao cume. Estou fazendo isso por vocês, para dar o exemplo. Trabalhem com coragem. Deixem os acionistas felizes e garantam o emprego de vocês. Se tudo der certo, quando eu voltar, vou sortear uma passagem para Nova York, e o sorteado vai ganhar quatro dias de férias."

Os xerpas o apelidaram de Santa Klaus. Acordava distribuindo dólares. Dava gorjetas extras para tudo: café, ajuda para calçar as botas de montanha e, com foco na meta, suborno para questões mais difíceis. Conseguiu, por exemplo, uma tenda exclusiva para usar como banheiro.

Desde o início da expedição, jogou claro. Chegaria ao topo do Everest de qualquer maneira, carregado, se fosse o caso.

Era o caso.

O acampamento base avançado do Everest fica a 6.400 metros de altitude. Pode ser bem desafiador para quem não tem experiência em escalada e montanhismo. A chave é a preparação física e a aclimatação. É preciso ter tempo e paciência para passar dias e dias se adaptando ao aumento de altitude e, consequentemente, à diminuição de oxigênio no ar. Até o acampamento base, em geral, são dezesseis dias de caminhada, período necessário para que o corpo se acostume com as particularidades da montanha.

Mas ele tinha mais o que fazer. Pegou atalhos, ou melhor, pegou helicóptero para encurtar distâncias.

"É o cume!"

A notícia correu a empresa. Funcionários foram avisados pelo e-mail corporativo. Nosso CEO no topo do mundo. Gratidão, humildade que nos torna imbatíveis.

Lá estava a foto dele, com rosto queimado, máscara de oxigênio na boca, segurando a bandeira da empresa. Duas outras pessoas apareciam ao fundo.

O cume, o topo do Everest: 8.848 metros.

De volta ao trabalho.

Novas metas, rotina antiga; o Everest virou troféu.

O sorteio foi na abertura do expediente. O premiado, um funcionário do setor de montagem. Ele teria o resto do ano para trabalhar e se preparar para a viagem de quatro dias de férias a Nova York. No hall de entrada da fábrica, a foto dele, segurando o voucher com a imagem da Estátua da Liberdade, ficou ao lado da foto ampliada do CEO no Everest.

O desafio, agora, era aumentar a produtividade. Lucro, lucro, lucro. Para o cume!

A VERDADE PREVALECERÁ

Foi por acaso que um técnico do chão de fábrica da empresa descobriu tudo. Não teve muitas oportunidades na vida, mas também não tinha do que reclamar. Começou a trabalhar na empresa aos 19 anos e ali ficou. A família mora em outra cidade, e os encontros com filhos e mulher são uma vez por mês. Seu maior talento nunca foi aproveitado no trabalho, que se resumia a apertar botões de máquinas: tinha uma habilidade incrível para reconhecer lugares e pessoas, uma capacidade única de memorizar fisionomias.

Era intervalo para almoço. Vinte minutos de folga. O e-mail com a foto triunfal do CEO piscou no celular.

"Nosso CEO no topo do mundo. Gratidão, humildade que nos torna imbatíveis."

Ainda no refeitório, começou a fazer buscas na internet de fotos do cume do Everest. Queria ver quão alto o chefe chegara e quantos tinham conseguido o mesmo feito.

A foto do CEO! Essa foto! Faltou oxigênio com a descoberta.

As duas pessoas que aparecem na foto de 2021 são as mesmas da foto do CEO. No mesmo lugar, na mesma pose. No entanto, esse que está em primeiro plano na foto velha não é o CEO.

A descoberta da fraude virou gritaria no refeitório e a notícia viralizou em minutos. Os mercados desabaram e houve repercussão também no Dow Jones e em bolsas europeias. O CEO foi imediatamente desligado da empresa. Mais tarde, soube também que perdeu o Certificado de Cume do Everest. Foi cancelado.

A avalanche se deu em consequência da revelação de que ele se valera do Photoshop para simular sua chegada ao cume do Everest. Os dois alpinistas que apareciam em segundo plano confirmaram que a foto era deles e que havia sido publicada anos antes em redes sociais. Investigadores chineses descobriram que o executivo usara helicóptero até onde era possível e depois subornara xerpas para ser carregado até perto do cume. O Photoshop se encarregou do resto.

A FRAUDE E A ILUSTRAÇÃO

Ah, se é para usar a imaginação, me deixe! Além da paixão por sustentabilidade, sou aficionada por montanhismo. Coleciono histórias sobre as aventuras, as loucuras de pessoas que se superaram para chegar ao cume. A história do Photoshop no Everest é real e, de vez em quando, é citada com desdém em rodas de montanhistas. Mudei a profissão do fraudador, acrescentei nuances.

Pintei um CEO caricato e fanfarrão para entrar no ponto principal do ESG: o ponto G. Não adianta falar em ESG sem dar prioridade à governança.

Não é de hoje que lideranças corporativas competentes e inovadoras vêm mudando a percepção do que é ser uma boa liderança. Executivos gananciosos que trabalham movidos a bônus estão sendo provocados a fazer muito mais, a cumprir metas sustentáveis. E há exemplos excelentes e excepcionais de lideranças que fazem história com uma relação respeitosa com suas equipes.

Toda organização tem regras. E essas regras devem ser seguidas para garantir um crescimento da empresa que seja saudável para ela e para quem tiver alguma ligação com ela, direta ou indireta.

A definição da boa governança corporativa vem evoluindo. O primeiro Código de Governança Corporativa, de 1999, falava em maximizar o valor para o acionista. Em 2023, o IBGC atualizou o conceito: "sistema formado por princípios, regras, estruturas e processos pelo qual as organizações são dirigidas e monitoradas, com vistas à geração de valor sustentável para ela, seus sócios e a população. Esse sistema baliza a atuação dos agentes de governança e demais indivíduos de uma empresa ou entidade, na busca pelo equilíbrio entre os interesses de todas as partes, contribuindo positivamente para a comunidade do entorno na qual está inserida, a sociedade em geral e o meio ambiente".

É um conceito muito mais próximo da sustentabilidade. Antes, a governança corporativa era definida como "o sistema pelo qual as empresas e demais organizações são dirigidas, monitoradas e incentivadas, envolvendo os relacionamentos entre sócios, conselhos de administração, diretoria, órgãos de fiscalização e controle e demais partes interessadas".

Em 2023, o IBGC divulgou o novo Código das Melhores Práticas de Governança Corporativa, mais alinhado com o alto propósito.[33] Ele destaca cinco princípios:

1. Integridade
2. Transparência
3. Equidade
4. Responsabilização (*accountability*)
5. Sustentabilidade (antes chamada de responsabilidade corporativa)

Como conciliar ESG com política de bônus, em que a performance financeira tem que brilhar no curto prazo?

Como desapegar do modelo antigo do "comando e controle", em que os comandos partem de cima, sem ouvir a base, os funcionários?

O que esperar de empresas que exibem ESG, mas permitem que mulheres sejam demitidas assim que voltam da licença-maternidade?

Como mudar a cultura nas empresas e consolidar um *compliance* independente?

Conselhos de Administração algum dia darão prioridade a outros temas, além de números?

---

33 GOVERNANÇA corporativa. *Instituto Brasileiro de Governança Corporativa*. Disponível em: https://www.ibgc.org.br/conhecimento/governanca-corporativa. Acesso em: 21 fev. 2024.

::: E eu com isto?

Talvez seja mais fácil ou menos difícil para grandes empresas encararem o desafio de incorporar metas sociais, ambientais e de governança na estratégia de negócios. Mas e para pequenas empresas?

Pequenas e médias empresas respondem por 90% dos negócios globais, dois terços dos empregos no mundo, sustentam 2 bilhões de pessoas e são fundamentais para a cadeia de suprimentos.[34]

A questão é: onde buscar recursos financeiros para alinhar metas de sustentabilidade com a realidade mensal de boletos, encargos trabalhistas, de luta pela sobrevivência?

Há outras perguntas a serem feitas:

Como fazer? Com que ajuda? Com que tempo?

Para o pequeno empreendedor, partir para uma jornada solitária de ESG pode ser extenuante, e a lista de prioridades, interminável:

E

Reduzir emissões de gases de efeito estufa; reduzir uso de recursos naturais; proteger o meio ambiente; minimizar geração de resíduos.

---

34 OJIAMBO, Sanda. Small businesses are key to a more sustainable and inclusive world. Here's why. *World Economic Forum*. 8 mar. 2023. Disponível em: https://www.weforum.org/agenda/2023/03/small-businesses-sustainable-inclusive-world/. Acesso em: 19 jun. 2024.

S
Ética; direitos humanos; integridade com colaboradores, clientes, fornecedores e comunidade que também geram impacto positivo.
G
Ética; transparência; integridade.

Com uma miríade de possibilidades, as respostas passam por uma consultoria individualizada que possa ajudar na elaboração de uma estratégia específica para determinada empresa. Aqui no Brasil, o Sebrae tem as ferramentas para uma análise de materialidade, que considere o que é importante para determinada pequena empresa e para suas partes interessadas, fornecedores, clientes, comunidade local.

O ponto de partida deve ser entender o que o ESG pode oferecer para pequenos negócios:

- Redução de custos
- Aumento de receita
- Redução de riscos
- Aumento da produtividade de funcionários

E o ponto de chegada deve ser a criação de valor para o pequeno negócio e a compreensão de que todos temos a ver com isto, todos devemos cuidar de pessoas e do planeta para conseguirmos prosperidade.

::: Lideranças

Nada é por acaso, e foi assim que conheci Alexandre Di Miceli e Angela Donaggio.

Angela foi minha professora de Governança e Ética Corporativa ainda nos tempos sombrios da pandemia. Naquela luta de fones de ouvido e conexões de internet nem sempre estáveis, Angela me guiou com lanterna, mantendo o foco na importância da ética corporativa para que sejam evitados casos como os que cobri ou acompanhei de fraudes financeiras, evasão fiscal, crimes ambientais e ataques contra direitos humanos.

Angela me mostrou também que é possível um mundo corporativo inclusivo, feminino, trans, masculino, feminista, homo, amarelo, hétero, cis, pardo, preto, branco... um mundo humano.

Alexandre Di Miceli já era referência bibliográfica. Eu recorria aos livros escritos por ele quando queria entender ou me aprofundar em algum tema ligado à Governança Corporativa. E foi Di Miceli, como professor, quem virou a chave do meu modo de ver o futuro e me fez encontrar otimismo, confiança e fé nas pessoas e em corporações.

Em todos os artigos e livros de Di Miceli, o que se depreende é que ele realmente acredita na bondade e na generosidade das pessoas e, no mundo dos negócios, também das altas lideranças. Di Miceli garimpa experiências positivas e inovadoras na forma de conduzir negócios e compartilha o que sabe, como professor, pesquisador e articulista voltado para governança corporativa. Não faltam exemplos negativos e sombrios a serem explorados, mas ele escolhe sempre o lado bom da força.

Angela e Alexandre seguem a missão de formar o que chamam de lideranças virtuosas.

> **virtuoso**
> vir·tu·o·so
> adj
> 1. Que tem o hábito de praticar o bem; que tem virtudes.
> 2. Cuja inspiração é pautada pela virtude.
> 3. Cheio de energia.
> 4. Que produz o efeito desejado.
> 5. De grande beleza.
> sm
> Aquele que possui e pratica virtudes.[35]

Em textos elaborados por Di Miceli, sempre aparecem palavras preciosas: propósito, humildade, imperfeição, respeito, ética, disciplina...

> **"Precisamos sair do paradigma da empresa como grande máquina, que precisa maximizar o resultado, para uma empresa como uma comunidade humana, uma comunidade vibrante não uma máquina perfeita."**
> — ALEXANDRE DI MICELI

Há ainda uma outra palavra essencial, mas essa fica para mais tarde.

---

[35] VIRTUOSO. *In*: MICHAELIS, Dicionário Brasileiro da Língua Portuguesa. Disponível em: https://michaelis.uol.com.br/moderno-portugues/busca/portugues-brasileiro/virtuoso/. Acesso em: 21 fev. 2024.

> "Empresas são organizações humanas, feitas por pessoas que trabalham juntas com um propósito em comum. Quando esse propósito está alinhado com a busca individual por sentido, um tipo de mágica aparece e resulta em performance notável."[36]

O professor Di Miceli me apresentou o mundo de Hubert Joly, um francês que fez história empresarial nos Estados Unidos ao salvar uma empresa da falência com autenticidade e humildade. Um executivo que botou o crachá de CEO em treinamento, mostrou vulnerabilidade, se juntou aos funcionários da base e os ouviu. Foi o ponto de partida para reestruturar a empresa. Joly desconstruiu muitas fantasias de que CEOs são donos da razão, de que bônus são motor de desempenho, de que demissão é sempre solução.

Di Miceli me fez conhecer também muitos outros bons exemplos do mundo corporativo, gente grande, executivos de muito sucesso, criados em Wall Street, em grandes organizações americanas. Edward Hess, Marcus Buckingham e tantos outros que estão virando para baixo a cabeça de executivos que realmente desejam sucesso. Em comum, defendem liderança respeitosa, que escuta funcionários da base e, a partir do que é dito, toma decisões e cria condições para que a base possa trabalhar com mais produtividade. Defendem autonomia de equipes, simplicidade de lideranças, coerência e autenticidade.

> "Ser liderança é ser exemplo para as pessoas."
> — ALEXANDRE DI MICELI

---

[36] JOLY, Hubert; LAMBERT, Caroline. *O coração do negócio*: princípios de liderança para uma nova era do capitalismo. Rio de Janeiro: Sextante, 2022.

Quanto à outra palavra essencial, eu a trago agora. A palavra que será tendência e hype no mundo dos negócios é AMOR.

CEO de uma empresa de chocolates orgânicos, o ítalo-baiano Estevan Sartoreli fala de amor quando fala da marca. Ele é a cara da liderança moderna. Antiquado no jeito de se vestir, Estevan traz uma mensagem inovadora, em que exibe com orgulho o modelo de negócios, moldado para beneficiar a todos, melhorar a renda dos produtores de cacau, manter a saúde de clientes – com pouco açúcar e muito cacau –, preservar a floresta e incentivar concorrentes a seguir uma jornada parecida.

Amor é alteridade. Se há amor, existe o outro. No mundo de negócios, quando se fala de amor, o outro aparece. No caso, planeta, pessoas, nós.

Empresas são como pessoas e feitas de pessoas. E se o mundo pede pessoas mais éticas, com mais empatia, mais conscientes das suas relações com o outro, com o ambiente e com o que consomem, o mesmo vale para as empresas.

::: Do princípio: por que aderir ao ESG

- **Por mudança de paradigma:** a empresa entende a importância de considerar riscos e oportunidades, levando em conta questões ambientais, sociais e de governança. Acredita na potência do ESG e toma iniciativas próprias para que seja fortalecido.
- **Para não ficar para trás:** concorrentes ganham vantagem competitiva e avaliam riscos e oportunidades ao aderir e divulgar metas e ações de acordo com o arcabouço do ESG.
- **Porque não aderir não é uma opção.**

NO COMEÇO, OS PRINCÍPIOS DO ESG

O planeta está em constante mudança há 4,5 bilhões de anos, mas o agente atual da mudança somos nós. A ciência já provou que a ação do ser humano é responsável por desencadear essas mudanças, gerando um efeito cascata: aumento de CO_2 e outros gases na estratosfera, destruindo parte da camada de ozônio, que tem a função de filtrar raios solares. Essa destruição tem intensificado o efeito estufa, provocando descongelamento de geleiras, aumento do nível dos mares e perda da biodiversidade. O outro problema é que a fonte de recursos naturais da Terra não é infinita.

Eram os idos da década de 1970. O planeta já dava sinais de esgotamento, com chuva ácida e marés oleosas, resultado de derramamento de petróleo. Até então, porém, a percepção do mundo sobre as fontes naturais era de que a torneira poderia ficar aberta para sempre. Poucos ligavam para a questão ambiental.

Aqui no Brasil, a classe média aspirava a carrões que faziam infames 7 km por litro de gasolina. Na época, por aqui, pouco se falava sobre desmatamento e ação nociva do garimpo ilegal. Radiação solar era para aumentar o bronzeado. Jovens se untavam até com óleo de aviação e urucum para ter sempre a cor do verão.

Na praia, nas cidades, no nosso modo de vida, ignorávamos as questões ambientais. Assim como na economia, na política desenvolvimentista com aumento de capital estrangeiro, no crescimento baseado na exploração do meio ambiente.

A primeira reunião promovida pela ONU em que líderes mundiais enfrentaram a questão ambiental e a ação nociva do ser humano no planeta foi em 1972, em Estocolmo, na Suécia. Naquela época, já se compreendia que era preciso fazer algo para proteger a Terra. Aqui no Brasil, a conversa era outra. Desenvolvimento como propaganda para ratificar o regime militar.

Uma delegação brasileira foi para a Suécia e defendeu progresso e desenvolvimento, sem medir consequências. "Desenvolver primeiro e pagar os custos da poluição mais tarde", declarou na época o então ministro do Interior, Costa Cavalcanti.

Era a linha do milagre econômico de Delfim Netto: crescer primeiro, dividir o bolo depois. Os países desenvolvidos que se virassem para promover o que mais tarde ganharia o nome de desenvolvimento sustentável.

Acima da linha do equador, as preocupações começavam a se voltar para os direitos humanos e para o meio ambiente, no rescaldo da Guerra do Vietnã e do peso e ameaça da Guerra Fria – tanto que um dos princípios da Carta de Estocolmo foi sobre armas nucleares. Mas já havia também uma percepção de que os recursos naturais eram finitos e que, se não mudássemos nosso modo de desenvolvimento, eles se esgotariam. Da queda de braço entre países em desenvolvimento e desenvolvidos, um secretário datilografou a carta de 26 princípios.[37]

O DESPERTAR
O que veio a seguir foi uma série de luzes de alerta e ações.

RELATÓRIO BRUNDTLAND: NOSSO FUTURO COMUM (1987)
O relatório trouxe pela primeira vez o conceito de desenvolvimento sustentável. Gro Brundtland, primeira-ministra da Noruega, cunhou a definição: "**Desenvolvimento sustentável significa suprir as necessidades do presente sem afetar a habilidade das gerações futuras de suprirem as próprias necessidades**". O relatório demonstrou a contradição entre desenvolvimento sustentável e os padrões de produção e consumo e trouxe metas e medidas para sanar essa incompatibilidade. Entre elas, apontou a necessidade de uso de novos materiais de construção e de energia limpa, reciclagem de materiais e consumo racional de água e alimentos.

QUANDO OS CABELUDOS ENTRARAM NA SALA
Ainda na década de 1960, ganhou força o SRI. Investimentos com responsabilidade social excluíam empresas de tabaco, bebidas alcoólicas e armas. O SRI evoluiu e passou a rejeitar também empresas que agredissem direitos humanos. Ganhar dinheiro à custa de violência contra indivíduos era, no discurso e na prática, inaceitável. Empresas da África do Sul que corroboravam o *apartheid* foram boicotadas por investidores internacionais.

No SRI, a avaliação é subjetiva: investidores escolhem para seu portfólio empresas de acordo com seus princípios e que tragam resultados positivos para o ambiente e para a sociedade.

---

[37] DECLARAÇÃO de Estocolmo. *Portal IPHAN*. Jun. 1972. Disponível em: http://portal.iphan.gov.br/uploads/ckfinder/arquivos/Declaracao%20de%20Estocolmo%201972.pdf. Acesso em: 21 fev. 2024.

RIO-92

Eu era foca no jornalismo quando fui enviada ao Rio de Janeiro para cobrir a Conferência das Nações Unidas para o Meio Ambiente, a Rio-92. Minha missão era acompanhar as ações do governo brasileiro e o então presidente da República, que enfrentava na época forte pressão política, com uma enxurrada de denúncias.

O presidente era Fernando Collor, condenado seis meses depois num processo político de impeachment e, muitos anos mais tarde, em 2023, como senador, num processo judicial por corrupção e lavagem de dinheiro.

Eram tempos bicudos no Rio de Janeiro, com ondas de sequestro, arrastões, chacinas. Matava-se por nada. Ainda se mata. Uma geleia geral de crime e contravenção, com tráfico de drogas, milícias, jogo do bicho. Fazia parte da rotina de jornalistas comunitários subir morros para acompanhar operações policiais. As reportagens mostravam imagens de homens sem camisa e de chinelo, transitando com fuzis "exclusivos das Forças Armadas". O tiroteio varava a madrugada. Sempre aparecia um (ou vários) AK-47 e eu me perguntava: como isso foi parar no morro? Perguntávamos também à polícia, sem resposta.

Além da escalada da violência, com números de guerra, fazia parte do jornalismo local mostrar ações folclóricas, como apreensões de ovos de Páscoa e Papais Noéis recheados de cocaína. Anos antes, teve o verão das mais de 20 toneladas de maconha que foram lançadas ao mar dentro de latas – muitas acabaram sendo resgatadas por banhistas.

Collor transferiu a capital federal de Brasília para o Rio de Janeiro durante os onze dias de Rio-92. Vieram 178 chefes de governo. As Forças Armadas foram encarregadas da segurança. Houve quem dissesse que o então governador do Rio, Leonel Brizola, fizera acordo com o tráfico para deixar todo mundo sossegado. De fato, não houve nenhuma ocorrência grave, e me lembro de passear tarde da noite depois de uma maratona de trabalho no aterro do Flamengo, exausta, mas despreocupada com a segurança.

Enquanto Collor tentava ganhar sobrevida política, delegações diplomáticas procuravam construir um documento que servisse de alerta e guia de ações para lidar com a gravidade da situação climática.

Foram dias de céu azul, sonhos e mobilização nas imediações do Aterro do Flamengo. Foi ali que se instalou o Fórum Global, com representantes de organizações sociais e ambientais de todo o mundo.

E foi no Riocentro, na Barra da Tijuca, que chefes de Estado do mundo inteiro se reuniram e chegaram ao consenso de que deveria haver pesos e medidas nas responsabilidades e atribuições de diferentes países. Em 351 páginas, a Agenda 21 fixou o conceito de desenvolvimento sustentável, com inclusão social, crescimento econômico e responsabilidade ambiental.[38] Era um manual de instruções, com regras e estratégias para que o mundo pudesse enfrentar os desafios que avançariam no século seguinte.

Países ricos passaram a ter compromissos com países pobres, abrindo caminho para fundos ambientais internacionais. O Fundo Global para o Meio Ambiente surgiu na esteira da Rio-92. Até hoje, é um dos principais financiadores de projetos ambientais. Já distribuiu 22 bilhões de dólares em financiamentos diretos e mobilizou 120 bilhões de dólares em parcerias multilaterais. Em 2015, por exemplo, anunciou investimentos de 113 milhões de dólares no Programa Amazônia Sustentável.

Já naquela época, temas ainda árduos estavam presentes, como a dificuldade de implantar agricultura sustentável, a necessidade de implementar um novo padrão de consumo, mais responsável, a preocupação com os oceanos, o combate ao desmatamento, a proteção da estratosfera, o combate à pobreza, a antiga preocupação com pressões demográficas. Tudo foi lançado e organizado ali naquele grande tabuleiro de peças. Organizações não governamentais se fortaleceram; sindicatos e movimentos sociais foram chamados a ampliar sua participação, a ser incluídos no debate global sobre o mundo em que vivemos e sobre como poderíamos crescer. E, grande passo, agentes políticos

---

[38] UNITED Nations Conference on Environment & Development. Agenda 21. *United Nations Sustainable Development*. Rio de Janeiro, 3-14 jun. 1992. Disponível em: https://sustainabledevelopment.un.org/content/documents/Agenda21.pdf. Acesso em: 21 fev. 2024.

internacionais, investidores e empresários foram incluídos como partes interessadas fundamentais.

O jogo não foi jogado como o previsto. Países ricos descumpriram o que assinaram, países em desenvolvimento também avançaram pouco, mas o grande mérito foi a consolidação do conceito de desenvolvimento e sustentabilidade.

A Rio-92 criou a UNFCCC (United Nations Framework on Climate Change, ou Convenção-Quadro das Nações Unidas sobre Mudança do Clima, em português) para discutir, rever e determinar ações estratégicas no futuro. Foi com análise e costura diplomática e política que metas foram revistas e se chegou ao que viria a ser o mais emblemático compromisso climático do século passado. Países assumiram o compromisso de estabilizar as concentrações de gases de efeito estufa na atmosfera.

::: Pacto Global da ONU

A coisa evoluiu, e em 2000 surgiu um pacto: vamos mudar a gestão de negócios. Tudo o que fizermos levará em consideração o desenvolvimento sustentável. O pacto não é lei, não. Um instrumento regulatório é uma iniciativa voluntária de empresas que desejam ser e ser vistas como inovadoras e dedicadas ao crescimento sustentável.

O pacto estabelece dez princípios a serem cumpridos pelas empresas,[39] que trazem referências da Declaração Universal de Direitos Humanos, da Declaração da Organização Internacional do Trabalho sobre Princípios e Direitos Fundamentais no Trabalho, da Declaração do Rio sobre Meio Ambiente e Desenvolvimento e da Convenção das Nações Unidas Contra a Corrupção.

Os princípios dividem-se da seguinte forma:

Direitos humanos
1. As empresas devem apoiar e respeitar a proteção de direitos humanos reconhecidos internacionalmente.
2. Assegurar-se de sua não participação em violações destes direitos.

---

[39] OS DEZ princípios. *Pacto Global Rede Brasil*. Disponível em: https://www.pactoglobal.org.br/sobre-nos/. Acesso em: 22 fev. 2024.

Trabalho
3. As empresas devem apoiar a liberdade de associação e o reconhecimento efetivo do direito à negociação coletiva.
4. Eliminar todas as formas de trabalho forçado ou compulsório.
5. Abolir efetivamente o trabalho infantil.
6. Eliminar a discriminação no emprego.

Meio ambiente
7. As empresas devem apoiar uma abordagem preventiva aos desafios ambientais.
8. Desenvolver iniciativas para promover maior responsabilidade ambiental.
9. Incentivar o desenvolvimento e difusão de tecnologias ambientalmente amigáveis.

Anticorrupção
10. As empresas devem combater a corrupção em todas as suas formas, inclusive extorsão e propina.

A partir daí, desde 1995 foram realizadas as COPs (Conferência das Partes Sobre a Mudança do Clima).

Um marco climático foi a COP do Japão, em 1997. Naquela COP, foram estabelecidos parâmetros para proteção do clima, atribuindo aos países industrializados, os maiores emissores de gases de efeito estufa, a responsabilidade de enfrentar a crise climática.

COP-3 - PROTOCOLO DE QUIOTO (1997)

De acordo com esse protocolo, países industrializados se comprometeram a reduzir pelo menos 5% de suas emissões de gases de efeito estufa em relação aos níveis de 1990 até o período entre 2008 e 2012.

Em Quioto, foram estabelecidos os gases de efeito estufa a serem considerados:

- dióxido de carbono (CO_2);
- óxido nitroso (N_2O);
- hexafluoreto de enxofre (SF_6);
- e duas famílias de gases: hidrofluorcarbono (HFC) e perfluorocarbono (PFC).

No jogo de forças político e econômico, intenções foram para além da camada de ozônio, quando George Bush anunciou que os Estados Unidos estavam abandonando o protocolo em 2001, alegando que atrapalharia o desenvolvimento do país.

ESG (2004)

Em uma publicação de 2004, *Who Cares Wins*, a iniciativa Pacto Global usou a sigla ESG. Kofi Annan, o então secretário-geral da ONU, levou o desafio a CEOs das cinquenta maiores instituições financeiras: adotar questões ambientais, sociais e de governança no mercado financeiro.

Quem se importa vence! Passaram-se vinte anos.

As conclusões do relatório:[40] as questões ESG são importantes, e talvez até mais importantes na análise de investimentos em mercados emergentes em termos de materialidade financeira, gestão de reputação e cidadania corporativa responsável, em comparação com a análise de mercados desenvolvidos. Isso ocorre porque:

- a regulamentação e a fiscalização costumam ser mais fracas;
- muitos dos recursos não renováveis e renováveis mais importantes do mundo estão localizados em países em desenvolvimento;

---

40 WHO cares wins. Connecting Financial Markets to a Changing World. *UN environment programme*: finance initiative. 2004. Disponível em: https://www.unepfi.org/fileadmin/events/2004/stocks/who_cares_wins_global_compact_2004.pdf. Acesso em: 22 fev. 2024.

- é nos países em desenvolvimento que os problemas ambientais e sociais mais prementes do mundo são causados e/ou sentidos;
- as empresas, em geral, desempenham um papel mais ativo na formação dos mercados e estão mais expostas às expectativas governamentais e sociais.

COP-15 – ACORDO DE COPENHAGUE (2009)

Foi um nada e foi muito. O impasse prevaleceu, e o "acordo" ficou somente no nome. O grande avanço desse encontro foi uma reorientação dos Estados Unidos, que voltaram a se aproximar dos debates sobre as questões climáticas.

O resultado foi um alerta para manter o aumento da temperatura global abaixo de 2 °C, ainda que não exista uma definição sobre quais deveriam ser os níveis de cortes de emissões de gases de efeito estufa.

Os países ricos se comprometeram a contribuir com 100 bilhões de reais ao ano, a partir de 2020, para que países em desenvolvimento se adaptassem e enfrentassem os efeitos das mudanças climáticas.

PACTO GLOBAL – AGENDA 2030 (2015)

Na ONU, líderes mundiais montaram um plano de ação para reduzir a pobreza, proteger o planeta e assegurar paz. O Pacto Global foi dividido em dezessete Objetivos de Desenvolvimento Sustentável (ODS), todos com uma meta maior: não deixar ninguém para trás.[41]

Para facilitar a compreensão e a ação, os objetivos ganharam ícones e números:

---

41 SOBRE o nosso trabalho para alcançar os Objetivos de Desenvolvimento Sustentável no Brasil. *Nações Unidas Brasil*. Disponível em: https://brasil.un.org/pt-br/sdgs. Acesso em: 22 fev. 2024.

Fonte: adaptada de Objetivos de Desenvolvimento Sustentável. *Nações Unidas no Brasil*. Disponível em: https://brasil.un.org/pt-br/sdgs. Acesso em: 29 maio 2024.

- **ODS 1 – Erradicação da pobreza:** acabar com a pobreza em todas as suas formas, em todos os lugares.
- **ODS 2 – Fome zero e agricultura sustentável:** acabar com a fome, alcançar a segurança alimentar e melhoria da nutrição e promover a agricultura sustentável.

- **ODS 3 – Saúde e bem-estar:** assegurar uma vida saudável e promover o bem-estar para todos, em todas as idades.
- **ODS 4 – Educação de qualidade:** assegurar a educação inclusiva, equitativa e de qualidade e promover oportunidades de aprendizagem ao longo da vida para todos.
- **ODS 5 – Igualdade de gênero:** alcançar a igualdade de gênero e empoderar todas as mulheres e meninas.
- **ODS 6 – Água potável e saneamento:** garantir disponibilidade e manejo sustentável da água e saneamento para todos.
- **ODS 7 – Energia limpa e acessível:** garantir acesso à energia barata, confiável, sustentável e renovável para todos.
- **ODS 8 – Trabalho decente e crescimento econômico:** promover o crescimento econômico sustentado, inclusivo e sustentável, emprego pleno e produtivo e trabalho decente para todos.
- **ODS 9 – Indústria, inovação e infraestrutura:** construir infraestrutura resiliente, promover a industrialização inclusiva e sustentável, e fomentar a inovação.
- **ODS 10 – Redução das desigualdades:** reduzir as desigualdades dentro dos países e entre eles.
- **ODS 11 – Cidades e comunidades sustentáveis:** tornar as cidades e os assentamentos humanos inclusivos, seguros, resilientes e sustentáveis.
- **ODS 12 – Consumo e produção responsáveis:** assegurar padrões de produção e de consumo sustentáveis.
- **ODS 13 – Ação contra a mudança global do clima:** tomar medidas urgentes para combater a mudança climática e seus impactos.
- **ODS 14 – Vida na água:** conservação e uso sustentável dos oceanos, dos mares e dos recursos marinhos para o desenvolvimento sustentável.
- **ODS 15 – Vida terrestre:** proteger, recuperar e promover o uso sustentável dos ecossistemas terrestres, gerir de forma sustentável as florestas, combater a desertificação,

deter e reverter a degradação da Terra e deter a perda da biodiversidade.
- **ODS 16 – Paz, justiça e instituições eficazes:** promover sociedades pacíficas e inclusivas para o desenvolvimento sustentável, proporcionar o acesso à justiça para todos e construir instituições eficazes, responsáveis e inclusivas em todos os níveis.
- **ODS 17 – Parcerias e meios de implementação:** fortalecer os meios de implementação e revitalizar a parceria global para o desenvolvimento sustentável.

Aqui, é comum um outro equívoco em relatórios que comunicam ações sobre ESG. Eventualmente, há uma verdadeira ginástica para que a empresa se encaixe em vários dos dezessete ODS. Quando isso ocorre, se dá mais um caso de "maquiagem", um esforço artificial para enquadrar negócios em objetivos que estão distantes da realidade de determinadas empresas.

Incluir o maior número de peças, depois de ter ouvido público interno e externo da empresa, não deve ser um exercício de interpretação subjetiva, um plano de boas e aleatórias intenções. Os ODS devem ser norte, compromisso, missão.

O BRASILEIRO

Você, brasileiro, cheio de garra e coragem, olhe a sua volta. Você acha que a empresa em que trabalha conseguiu avançar em quais ODS? Erradicação da pobreza? Ação contra a mudança global no clima? Redução das desigualdades? Os ODS têm o objetivo de permitir uma maior conexão e integração de empresas para transformar de forma positiva a sociedade. É objetivo, não utopia.

Infelizmente, ainda estamos distantes desses objetivos. Apenas 15% dos ODS foram alcançados, 48% tiveram progresso fraco ou insuficiente e 37% estagnaram ou tiveram algum avanço e, depois, retrocesso. Os dados fazem parte de um estudo publicado em 2023 pela empresa de consultoria Accenture. A pesquisa é global e ouviu 2.800 executivos de 137 países.[42]

O ponto de partida de qualquer empresa em direção à sustentabilidade empresarial não deve ser o tabuleiro dos ODS, mas atravessar o processo de materialidade, ou seja, investigar e definir o que é determinante nas decisões de investimento. Esse processo é estratégico.

Um complicador são as diferentes ferramentas que existem para fazer essa avaliação, pois elas levam a caminhos e diagnósticos diferentes.

Em relatórios de sustentabilidade, aparece a matriz de materialidade. O que é material, relevante e prioritário para a empresa deve ser identificado a partir de consultas com partes interessadas, internas e externas. Essa matriz traz o que deverá ter alta, média e baixa prioridade. Com as novas ferramentas e avanços em ESG na Europa, o conceito de dupla materialidade foi incorporado. É preciso deixar claro a estabilidade das empresas e como os impactos sociais e ambientais podem afetar financeiramente o investimento. Ou seja, pontuar o impacto da sustentabilidade sobre as finanças, sobre a sociedade e sobre o planeta.

COP-21 – ACORDO DE PARIS (2015)

Se você acredita em milagre...

Nem os diplomatas mais otimistas que estavam à frente das negociações acreditavam que o acordo sairia. A luz se fez em Paris e no último minuto 194 países assinaram o acordo que foi um tratado mundial de enfrentamento das mudanças climáticas.

---

42 PRIVATE Sector Needs to Further Accelerate Action on Sustainable Development Goals as the Halfway Point to 2030 Passes. *Newsroom*. 14 set. 2023. Disponível em: https://newsroom.accenture.com/news/2023/private-sector-needs-to-further-accelerate-action-on-sustainable-development-goals-as-the-halfway-point-to-2030-passes. Acesso em: 22 fev. 2024.

Barack Obama apareceu cheio de charme e levou os Estados Unidos à sensatez. Não dava mais para seguir com o obscurantismo da era Bush. Foi um avanço histórico.

Antes, falava-se em um limite de 2 °C no aumento da temperatura média da Terra. Em Paris, líderes mundiais se deram conta de que o teto ainda estava muito alto e se comprometeram a reduzir o aquecimento a até 1,5 °C.

O Brasil se comprometeu a reduzir até 2025 as emissões de gases de efeito estufa em até 37%, em comparação com os níveis emitidos em 2005, e a aumentar essa meta para 43% até 2030.

Um pequeno e crucial detalhe: o acordo não previu um percentual de redução de emissões ao longo do tempo. Pelo texto aprovado, as metas eram voluntárias e não haveria punição se não fossem cumpridas.

Se você acredita em milagre, foi o que aconteceu. O acordo engajou líderes mundiais, instituições acadêmicas e empresas, que passaram a investir em novas tecnologias, ainda não consolidadas, para enfrentar o problema do balanço entre emissões de gases de efeito estufa e crescimento econômico.

Gráficos mostram uma simulação, hoje utópica, de como seria se conseguíssemos limitar o aumento da temperatura global a 1,5 °C até o fim do século.[43]

A onda de aquecimento global infelizmente vem tomando a forma inversa, gigantesca e avassaladora, como a de Hokusai. O artista pintou uma grande onda que ameaça engolir pescadores em suas canoas. *A Grande Onda* pode ser interpretada como o medo do Japão de sair do isolamento em relação ao Ocidente. Já a onda do aquecimento global pode engolir a todos nós.

---

43 CARACTERÍSTICAS das quatro trajetórias ilustrativas modeladas. *In*: Aquecimento Global de 1,5 °C. Painel intergovernamental sobre mudanças climáticas. Incheon, 6 out. 2018. p. 17. Disponível em: https://www.ipcc.ch/site/assets/uploads/2019/07/SPM-Portuguese-version.pdf. Acesso em: 22 fev. 2024.

COP-26 (2021)

A ONU chamou essa conferência de "janela de oportunidades" para evitar catástrofes. A última chance.

O desafio era concluir o que fora acordado em Paris, estabelecer o cumprimento de compromissos climáticos e, principalmente, assegurar que o aumento da temperatura global não ultrapasse 1,5 °C, além de providenciar recursos financeiros que ajudem no cumprimento dessa meta.

A oportunidade passou e a janela não se abriu. A COP 26 chegou a ser adiada em 2020 e foi realizada no rescaldo da pandemia de covid-19.

O teto para manter o aquecimento global a 1,5 °C foi confirmado como meta, e o avanço foi exigir que os países revisem anualmente as suas metas voluntárias individuais, chamadas de contribuições nacionalmente determinadas (NDC, sigla para *nationally determined contributions*).

A expectativa de que países ricos se comprometessem com financiamento para países em desenvolvimento não se concretizou, e sobrou a promessa de que até 2024 as principais potências econômicas informem com quanto vão contribuir para que os outros países cumpram suas metas de redução do aquecimento global.

Outra janela permaneceu lacrada: a que iria revelar um fundo internacional para ajudar países pobres a lidar com danos provocados pelas mudanças climáticas. Estados Unidos e União Europeia não concordaram em abrir a mão para o financiamento.

Já o Brasil deu vexame histórico. O governo Bolsonaro prometeu diminuir 50% das emissões de gases de efeito estufa até 2030, usando como ponto de partida o ano de 2005. No governo anterior ao de Bolsonaro, a meta era de 43%. Ambientalistas consideraram esse movimento uma "pedalada ambiental", porque a base de cálculo foi modificada.

A nova meta considera uma revisão feita em 2020 pelo governo brasileiro de sua NDC, contribuição nacionalmente declarada. A previsão inicial era de emitir 2,1 bilhões de toneladas de CO_2, mas subiu para 2,8 bilhões. Ou seja, o Brasil anunciou que aumentaria a tesourada, mas de um cobertor maior. Na prática, poderemos emitir mais gás de efeito estufa do que o prometido. Segundo o WRI, a nova NDC permite que o Brasil emita cerca de 400 milhões de toneladas de efeito estufa a mais do que a meta submetida em 2015.

Em 2023, o governo Lula se comprometeu a revisar a pedalada climática e a retomar os compromissos assumidos pelo Brasil no Acordo de Paris. Com a nova meta, o governo se propôs a contribuir ainda mais para a crise climática. O que se viu por aqui, depois da COP-26, foi uma sucessão de horrores ambientais, com recordes de desmatamento na Amazônia, vista grossa para crimes ambientais e deterioração das instituições públicas responsáveis pela fiscalização de áreas de proteção ambiental e punição de infratores.

INVENTÁRIO DE GASES DE EFEITO ESTUFA

Em 2022, o relatório do Painel Intergovernamental sobre Mudanças Climáticas, da ONU, não fez rodeios e alertou que a falta de ação de governantes ameaça reduzir as poucas possibilidades de um futuro habitável na Terra. O documento reforçou que a crise climática vai afetar a todos: países ricos ou não. Um "atlas do sofrimento", descreveu António Guterres, secretário-geral das Nações Unidas.

Desde 2008, o Brasil conta com um programa para calcular e estimar as emissões de gases de efeito estufa provocadas por indústria, empresas, países, estados e cidades. Seguiu um modelo desenvolvido há mais de vinte anos, em uma parceria entre o WRI e o World Business Council for Sustainable Development (WBCSD). Indústria, ONGs e institutos de pesquisa científica deram sua contribuição, e o resultado foi um protocolo com uma calculadora para medir as emissões de gases de efeito estufa.

O Acordo de Paris adotou o GHG Protocol, convocando ainda em 2015 todos os países a limitar o aumento da temperatura da Terra, com adaptações e mitigação.

A ideia é verificar exatamente o que provoca as emissões de gases de efeito estufa e a partir daí estabelecer planos e ações para redução. Não é apenas uma ação altruísta de tentar melhorar o mundo, mas uma excelente ferramenta para buscar novas oportunidades, obter eficiência energética, atrair novos investimentos, participar de mercados de crédito de carbono, crescer e progredir com inovação.

Já a versão brasileira do GHG Protocol surgiu em uma parceria entre o WRI, o Ministério do Meio Ambiente, o Conselho Empresarial Brasileiro para o Desenvolvimento Sustentável (CEBDS) e o WBCSD.

São cinco os princípios que sustentam o GHG Protocol:

1. **Relevância:** passa a ser relevante identificar com exatidão os limites da empresa.
2. **Integralidade:** todas as fontes de emissão de gases de efeito estufa são consideradas.
3. **Consistência:** metodologias sólidas que permitam comparações ao longo do tempo.
4. **Transparência:** chave do processo, informar com transparência vulnerabilidades, alterações de dados, limites e limitações.
5. **Exatidão:** nada de suposições, mas tudo quantificado, com precisão.

::: Integração ESG

O golpe *tá* aí, cai quem quer.

Era para ser o maior projeto agrícola do planeta. Uma plantação com dimensões territoriais maiores que as de muitos países da Europa. Um mar verde e amarelo. Um mar de milho.

A propriedade recebeu novas variedades de alto rendimento. Tudo para atender ao plano do governo de produção de mais de 50 milhões de toneladas, suprir a demanda interna e se livrar da dependência de outros países.

Agrotech, tudo de ponta. Tratores 4k totalmente autônomos, programados por robôs que recebem comandos de outros robôs para que cumpram diferentes funções, do plantio à colheita. Precisou de um parafuso novo na roda? O trator encomenda um novo na fábrica. A prateleira da fábrica recebe o comando e providencia o parafuso para delivery. Painéis solares de última geração, da espessura de uma lâmina, para geração e consumo de energia renovável, fundamentais para a secagem dos grãos. Fazenda agrivoltaica.

É claro que um projeto grandioso como esse atrairia a atenção de fundos de investimentos. Siga o caminho do dinheiro! Agronegócio com pegada sustentável. No relatório de sustentabilidade da empresa, o tabuleiro quase completo de ODS da ONU, que estabeleceu compromissos mundiais para que "ninguém seja deixado para trás". Combate à pobreza, fome zero, agricultura sustentável, saúde, bem-estar, energia limpa, crescimento econômico: tudo ali, no relatório de sustentabilidade da empresa.

Onde tudo parecia perfeito, uma gestora de investimentos resolveu procurar defeitos. E encontrou. Ao analisar de onde viria a água para irrigar toda aquela plantação, descobriu que a maioria seria de reúso de barragens com altos índices de poluição. Água poluída para irrigar o milharal. Sustentável, mas só até a página dois.

Ao fazer integração ESG na análise econômica, a gestora aumentou o risco da empresa, o que se revelou, anos depois, um acerto: o cenário se agravou, o país entrou em crise pela falta de recursos hídricos, o milharal secou.

Não, por enquanto, não é bem assim. É comum pensar em causa e efeito no curto prazo em investimentos ESG. É malvada com o meio ambiente? Recebe menos investimentos. Mas não é desse jeito que acontece. O objetivo da integração ESG é agregar valor às empresas, pensando no longo prazo. E já está provado que ESG, com engajamento direto de empresas, minimiza riscos ou gera resultados positivos para empresas.

O esquema do petrolão teve consequências muito além do palanque político. Pelo menos 23 empresas foram proibidas de participar de licitações da Petrobras. Estavam na lista das que foram apontadas por fazer parte de um cartel que fraudava contratos e corrompia políticos. A cadeia – não estou falando do presídio, mas de fornecedores, investidores, prestadoras de serviços – somou mais de 50 mil empresas afetadas pelas investigações da operação Lava Jato. O que sobrou dali foi que as empresas que não quebraram perderam valor de mercado.

Agora, veja o que aconteceu com empresas signatárias do PRI (Princípios para o Investimento Responsável) e que participaram do projeto de engajamento em integridade em 2020. Não há notícia de nenhum caso de corrupção relatado entre essas empresas.

O PRI desenvolveu um estudo para verificar se os processos de *compliance* anticorrupção eram consistentes. Mais de trinta investidores participaram. Todas as empresas mostraram que têm comprometimento da alta direção com o assunto.

A maioria tem comitês de auditoria e de ética que trabalham junto com gerências. Todas as empresas têm programas de integridade que seguem as diretrizes públicas da Controladoria-Geral da União, da OCDE e da ONU.

A maior parte das empresas usa indicadores quantitativos e qualitativos para monitorar o desempenho dos programas de integridade, mas poucas divulgam os resultados para o público externo.

- ESG ainda é processo.
- Estamos no começo.
- Ainda falta um modelo uniforme de métricas e avaliações.

- ESG é selo.
- ESG é fórmula pronta.
- ESG é plano de carta de boas intenções.

:::: Descarbonização

Esqueça ESG. Vamos parar de falar nessa sigla. Pronto. Haters nos odiarão. Perderão a narrativa. Vamos falar em descarbonização. A história do ESG – escapou! – começou com a proposta de associar questões sociais, de governança e ambientais ao mercado de capitais. A questão ambiental, desde o início, destacou a preocupação com emissões de gases de efeito estufa. O uso de combustíveis fósseis, principalmente no setor industrial, levou o G7, grupo que reúne as sete maiores economias do mundo, a criar o Clube Internacional do Clima, voltado para a redução na emissão de CO_2. Antes disso, países desenvolvidos já vinham investindo em eletrificação e em fontes renováveis de energia.

Em 2023, a União Europeia aprovou uma lei que proíbe a venda, a partir de 2035, de carros movidos a combustíveis fósseis. Cá entre nós, até 2035 é de se esperar que tenhamos tecnologias muito mais avançadas. Na Itália, a meta é chegar a 2030 com 84% da energia proveniente de fontes renováveis. Atualmente, apenas 35% vêm de fontes renováveis, como a solar. A maior fábrica de painéis fotovoltaicos fica em Catânia, na Sicília, e é um polo de investimento em novas tecnologias, como robôs para instalação automática das placas, sistema para prever eventuais anomalias nas placas e automatização na limpeza de painéis.

A Alemanha foi franca e já avisou que não vai conseguir chegar à meta de redução de 65% das emissões em 2030, em comparação com os níveis de 1990. A estimativa é de redução de 900 mil toneladas métricas de CO_2. Restarão 200 mil toneladas métricas a serem cortadas.

O Japão, um arquipélago formado por quase 7 mil ilhas e uma matriz energética ainda suja, baseada principalmente em gás natural e carvão, tem investido em energia eólica *offshore* e energia solar. O país usa pouco etanol, dando prioridade à eletrificação.

No Canadá, 70% da energia vem de combustíveis fósseis. O país usa pouca energia solar e eólica e aposta em tecnologia para captura de carbono.

A França se comprometeu a reduzir pela metade as emissões de gases de efeito estufa até 2030.[44] A redução virá, principalmente, da indústria pesada. O país também está estimulando a troca de carros movidos a combustíveis por carros elétricos.

O Reino Unido tem conseguido resultados significativos diminuindo a dependência de usinas a carvão. O Business Insights and Conditions Survey divulgou uma pesquisa em 2022 que mostra que 52% da indústria está preocupada com os impactos provocados pelas mudanças climáticas,[45] e a cada ano cai o número de empresas que ainda não tomaram providências para diminuir e mitigar as emissões de CO_2.

Os Estados Unidos tornaram lei o Inflation Reduction Act (IRA), com cortes tributários para energia limpa e prioridade para projetos que não usem combustíveis fósseis. Joe Biden destinou 1 bilhão de dólares para o Fundo de Energia Verde, com o objetivo de cortar emissões de gases de efeito estufa pela metade até 2030. O IRA oferece subsídios para consumidores comprarem aparelhos domésticos que não agridem o meio ambiente e carros elétricos, mas o grande problema é o peso da indústria de cimento e aço e o uso marcante de petróleo nas atividades industriais.

---

44 FRANCE presents new, more ambitious emissions-cutting plan. *Le Monde.* 22 maio 2023. Disponível em: https://www.lemonde.fr/en/environment/article/2023/05/22/france-presents-new-more-ambitious-emissions-cutting-plan_6027602_114.html. Acesso em: 20 jun. 2024.

45 BUSINESS insights and impact on the UK economy. *Office for National Statistics.* 15 dez. 2022. Disponível em: https://www.ons.gov.uk/businessindustryandtrade/business/businessservices/bulletins/businessinsightsandimpactontheukeconomy/15december2022. Acesso em: 22 fev. 2024.

A China tem se esforçado muito para mostrar que entrou na onda verde. O país ainda é muito dependente da energia mais poluente que vem das usinas a carvão. Mas o país estabeleceu metas para implantação de energia limpa. Apenas em 2023, a China instalou mais painéis solares do que os Estados Unidos, desde a descoberta da energia solar. Foi muita coisa. Agora, a China teme ter exagerado e ocupado áreas destinadas à produção agrícola com painéis solares. A TV estatal CCTV divulgou um comunicado, alertando que, embora energia solar seja estratégia, não pode violar leis e a proteção das áreas rurais é uma estratégia de segurança nacional.

A situação do Brasil é particular. Enquanto Estados Unidos e União Europeia se esforçam para tornar a matriz energética menos poluente, por aqui 92% da energia elétrica já é gerada a partir de fontes renováveis. Os dados são de 2022, da Câmara de Comercialização de Energia Elétrica e, torço para que, enquanto este parágrafo estiver sendo lido, o Brasil já terá alcançado 100%.

Sejamos honestos, não foi tão difícil assim. O Brasil conta com condições geográficas excelentes, essenciais para as usinas hidrelétricas, que respondem por mais de 70% da energia gerada. A ameaça são os grandes períodos de estiagem, que comprometem os níveis dos reservatórios.

Os ventos também ajudam. Da energia gerada, 14% é eólica. E ainda temos o sol tropical, com fazendas solares se espalhando pelo país, e o uso de bagaço de cana-de-açúcar, biomassa, para produzir energia.

O problema, que não é pequeno, é a combinação de desmatamento + queimadas + expansão da agricultura e pecuária sem controle. As porteiras criminosas para avanço do desmatamento ficaram abertas nos quatro anos de governo Bolsonaro. Foi intencional. Faltou fiscalização e aplicação de multas; a ordem era deixar a boiada passar.

No primeiro semestre de 2023, com a mudança de governo, o desmatamento na Amazônia caiu 33%, em comparação ao mesmo período de 2022 (dados do Inpe, o Instituto Nacional de Pesquisas Espaciais). Um ponto chamou a atenção: o desmatamento migrou para o Cerrado, com aumento de 21% no primeiro semestre em relação a 2022. O desmatamento e a agricultura respondem por 73% das emissões de carbono brasileiras.

::: O Cerrado, um país

O Cerrado é o segundo maior bioma do Brasil, depois da Amazônia. Cobre uma área de 2 milhões de quilômetros quadrados, quatro vezes o tamanho da França. O desmatamento ocorre também em imóveis rurais, inscritos no Cadastro Ambiental Rural (CAR). A Lei de Proteção de Vegetação Nativa exige que propriedades rurais mantenham de 20% a 35% de vegetação nativa e informem no CAR onde estão localizadas. Não é terra de ninguém, mas, em alguns estados, autorizações para desmatar são feitas por municípios, levando a um descontrole da situação.

Em 2006, entidades produtoras de soja assinaram um pacto ambiental, a Moratória da Soja, com compromissos para o desenvolvimento sustentável e contra o desmatamento. A moratória da soja sofreu moratória no governo Bolsonaro e foi desconsiderada. Um estudo da revista *Science*[46] destacou que a SoyM, moratória da soja, é extremamente importante para tornar sustentável a cadeia de suprimentos do setor de produção de carne e proteger a vegetação nativa, hoje reduzida a menos de 20% da área total do Cerrado.

Preservar o Cerrado é também fortalecer a imagem do agronegócio brasileiro. Essa imagem deve ser a de que produz de forma sustentável,

---

46 SOTERRONI, Aline C. *et al*. Expanding the Soy Moratorium to Brazil's Cerrado. *Science Advances*, v. 5, n. 7, 17 jul. 2019. Disponível em: https://www.science.org/doi/full/10.1126/sciadv.aav7336?et_rid=35068674&utm_campaign=toc_advances_2019-07-19&et_cid=2912115. Acesso em: 22 fev. 2024.

sem agredir o bioma, preservando a saúde animal e do ecossistema. É o que países querem ver para comprar a carne brasileira. Hoje, exportações esbarram em dados de que o desmatamento no Cerrado, por exemplo, tem como objetivo aumentar a área para produção de soja para ração animal, de pastos para o gado, com mais terras aráveis, ameaçando comunidades locais.

NADA É O QUE PARECE

Troncos desmilinguidos e, no período de seca, sem nenhuma folha. Solo rochoso, duro, parece impermeável. O sol que racha bate na terra, que reflete muita luz.

A Caatinga surpreende. Esse bioma de clima semiárido carrega o estigma de que não contribui para a sustentabilidade. Há estudos que mostram, no entanto, que a Caatinga tem um importante papel na captura de CO_2 e que não difere daquele de florestas úmidas, com suas árvores ricas e frondosas.[47] A floresta seca também ajuda a sequestrar carbono.

O preocupante é que esse bioma, exclusivamente brasileiro, vem sendo ocupado pela agropecuária, que avançou sobre 11 milhões de hectares da Caatinga, ocupando 35% do bioma. Sem controle e sem conservação, o risco é de desertificação da Caatinga.[48]

---

[47] MENDES, Keila R. et al. Seasonal variation in net ecosystem CO_2 exchange of a Brazilian seasonally dry tropical forest. *Scientific Reports*, n. 10, v. 9454, 11 jun. 2020. Disponível em: https://www.nature.com/articles/s41598-020-66415-w?utm_source=etoc&utm_medium=email&utm_campaign=toc_41598_nature&utm_content=etoc_nature_ES_8_20200616&sap-outbound-id=B4B13 FB72B534AE5C5CBB6D0D51C45960B71AF93#citeas. Acesso em: 22 fev. 2024.

[48] DESMATAMENTO, queimadas e retração da superfície da água aumentam o risco de desertificação da Caatinga. *MapBiomas Brasil*. Disponível em: https://brasil.mapbiomas.org/2021/10/06/desmatamento-queimadas-e-retracao-da-superficie-da-agua-aumentam-o-risco-de-desertificacao-da-caatinga/. Acesso em: 22 fev. 2024.

- 👍 O Brasil é exemplo em matriz energética. É um dos países em que o setor elétrico emite menos carbono.

- 👎 Destacar os avanços do Brasil apenas no setor de energia, visto que os desafios do país se concentram em combater o desmatamento e crimes ambientais e estimular e promover o agronegócio sustentável.

::: O que, quando, como, por que ESG?

"Oi, onde eu compro um selo ESG?"

Entre demonstrar perplexidade e sair correndo, a consultora de negócios ficou com a terceira opção, a pertinente para uma economista. Respirou fundo e calmamente deu a notícia:

"Não existe selo ESG, não é assim que funciona."

"Existe e eu quero comprar; se você não encontrar um selo ESG, vou dar meu jeito."

O pedido partiu de um empresário experiente, conectado com o mundo corporativo. O diálogo ocorreu no início de 2022.

ESG não é selo, não é carimbo de qualidade; é um sistema amplo, que exige parâmetros, monitoramento, revisão constante. É dinâmico e não é binário.

A grande confusão começa ao se tentar traduzir ESG como algo estático, bom ou ruim. Há muita generalização e deturpação sobre o tema e, quando se buscam referências de boas práticas, os exemplos são inevitavelmente os mesmos.

Práticas ligadas aos direitos humanos, ao meio ambiente e à governança das empresas não devem ser adotadas de forma isolada por empresas e governos. É um processo integral e integrado que busca equilíbrio.

ESG não é uma planilha de boas ações e promessas e passa por uma compreensão do preço a ser pago no futuro próximo por decisões tomadas agora. Ainda é um processo e está amadurecendo.

Hoje, empresas adotam métricas ligadas à governança, ao ambiente e ao social, mas falta uma padronização, um método que compare a atuação de diferentes empresas de um mesmo setor, por exemplo, nas práticas ESG.

Como desenhar um horizonte viável e saudável para empresas, para pessoas e para o mundo com crescimento, inclusão e lucro, mas ainda assim levando em conta os limites do planeta?

Nos últimos anos, o que se viu foi um botão de alerta acionado permanentemente diante de fenômenos climáticos devastadores, desigualdades econômicas e sociais, escândalos decorrentes do horror do racismo e do preconceito, erros brutais na condução de negócios baseados em modelos antigos e ultrapassados.

Enfim, surgiu uma resposta às pressões externas. A nova visão organizacional global exige mudança de executivos e de investidores. Quem não aderir ficará no atraso, perderá a confiança e o apoio das partes interessadas e não conseguirá agregar valor a seus negócios no longo prazo.

São regras e princípios a serem seguidos, levando em conta responsabilidade, propósito da empresa, ética e *compliance*. Práticas que devem ser levadas no relacionamento entre fundadores, sócios, clientes, todos os que têm alguma relação com a corporação.

A governança é a base que une os outros dois componentes do ESG – Social e Ambiente. É a governança que conduz processos e operações para que uma empresa maximize os bons resultados e minimize os impactos negativos. É de onde saem as decisões. ESG são interconexões, e tudo está interligado: metas, princípios, *insights*, riscos e oportunidades.

Um passo, outro passo, e você não está mais no mesmo lugar.

SRI

Muito antes do que conhecemos por ESG, ainda na década de 1970, já se falava em investimento socialmente responsável. O SRI exclui investimentos em empresas que agridam o meio ambiente, que tragam problemas de saúde para os cidadãos, como a indústria do tabaco e do álcool, ou que ameacem a sociedade, como a indústria das armas. Já o ESG leva em conta o impacto de uma empresa no ambiente e na sociedade e a forma como essa empresa lida com fatores externos.

As primeiras iniciativas para criar a estrutura ESG chegaram ao modelo PRI, que, segundo a ONU, é um modelo para que a comunidade mundial de investimentos contribua para o desenvolvimento de um sistema financeiro mais estável e sustentável.[49]

- Investimentos responsáveis, seguindo os princípios do PRI, eram da ordem de 6,5 trilhões de dólares em 2006, com 63 signatários.
- Em 2021, 4.375 aderiram, representando 121 trilhões de dólares.[50]

- Investimentos ESG representam lucro certo e garantido. Afinal, nenhum investimento do mundo tem lucro certo e garantido.

---

[49] PRINCÍPIOS para o investimento responsável (PRI). *Principles for Responsible Investment*. 2019. Disponível em: https://www.unpri.org/download?ac=10969. Acesso em: 23 fev. 2024.

[50] EDMANS, Alex *et al*. The effectiveness of divestment strategies. *PRI Academic Blogs*. 3 mar. 2023. Disponível em: https://www.unpri.org/academic-blogs/the-effectiveness-of-divestment-strategies/11204.article. Acesso em: 23 fev. 2024.

Em maio de 2023, o ESG Index alcançava queda de 19,3%. O S&P/B3 Brasil ESG é um índice que procura medir a performance de títulos que cumprem critérios de sustentabilidade e é ponderado pelas pontuações ESG da S&P DJI.[51]

> "ESG e sustentabilidade podem entrar e sair de moda, mas fluxo de caixa é sempre sucesso."
> – JOHN GOLDSTEIN

Nos Estados Unidos, o que se tem visto é que o fluxo segue nos ventos da sustentabilidade. O governo Biden lançou um plano contra a inflação que libera 370 bilhões de dólares para transição e segurança energética. O objetivo é reduzir em 40% as emissões de gases de efeito estufa, principalmente do setor de energia. No meio da proposta, há ações populares, como incentivos fiscais para famílias de baixa renda comprarem aquecedores e aparelhos de ar-condicionado sustentáveis, instalarem placas solares nos telhados de suas casas e comprarem veículos elétricos. O programa contempla estados e empresas concessionárias de energia elétrica para que busquem a transição para a energia limpa.

Indústrias sustentáveis estão com crescimento bem mais acelerado do que indústrias tradicionais. No Reino Unido, a chamada "indústria verde" de baixo carbono e energia sustentável cresce quatro vezes mais do que as demais.[52]

---

51 S&P/B3 Brazil ESG Index. *S&P Dow Jones Indices*. Disponível em: https://www.spglobal.com/spdji/pt/indices/sustainability/sp-b3-brazil-esg-index/#overview. Acesso em: 29 jul. 2024.

52 GREEN industries growing four times faster than the rest of UK economy. *Green economy*. 14 mar. 2023. Disponível em: https://www.greenintelligence.org.uk/news/green-industries-growing-four-times-faster-than-the-rest-of-uk-economy. Acesso em: 23 fev. 2024.

:::: Investimentos ESG

PRINCÍPIOS, MEIOS E FINS

A ONU ouviu investidores e estabeleceu os Princípios de Investimentos Responsáveis, os PRI. Empresas que aderem ao modelo devem seguir seis princípios:

1. Incorporar os temas de ESG às análises de investimento e aos processos de tomada de decisão.
2. Ser um investidor atuante e incorporar fatores ESG às políticas e práticas de titularidade de ativos.
3. Buscar sempre fazer com que as entidades nas quais investem divulguem suas ações relacionadas aos temas de ESG.
4. Promover a aceitação e implementação dos Princípios pelo setor de investimentos.
5. Trabalhar em união para ampliar a eficácia na implementação dos Princípios.
6. Divulgar relatórios sobre atividades e progresso da implementação dos Princípios.

Quem adere aos PRI tem ferramentas para avaliar a integração ao ESG, ou seja, considerar fatores ESG em suas análises.[53] A integração leva em conta todos os fatores impactantes para a empresa na tomada de decisões:

- análise econômica;
- análise da indústria;
- estratégia da empresa;
- relatórios financeiros;
- ferramentas de *valuation* (valoração da empresa).

Em 2018, o Brasil tinha apenas 48 signatários dos PRI. Hoje, já são 122 signatários.

Três categorias seguem os PRI:

1. Os donos do dinheiro (*asset owners*), que contratam grandes gestoras para aplicarem os recursos: seguradoras, fundos de pensão e *family offices*.
2. Gestores de *assets*: gestores de grandes bancos no Brasil já aderiram aos PRI.
3. Prestadoras de serviços: empresas de consultoria, agências de *rating* e a B3.

---

53 WHAT is ESG integration? *PRI investment tools*. 25 abr. 2018. Disponível em: https://www.unpri.org/investment-tools/what-is-esg-integration/3052.article. Acesso em: 23 fev. 2024.

- Investimentos ESG têm boas performances, mas fundos ESG têm resiliência maior ao risco. Ajudam a mitigar o risco. As *assets* estão se tornando signatárias dos PRI e fazendo integração ESG, monitorando risco de mercado e crédito e levando em conta questões ambientais, sociais e de governança.

- Fundos ESG são investimentos ruins.
- Críticos de fundos ESG têm se concentrado em analisar a performance de curto prazo.
- Na Europa e nos Estados Unidos, fundos de energia limpa, por exemplo, têm alcançado bons resultados.

Um estudo publicado pelo Investment Metrics mostrou que no longo prazo, em três anos, 74% dos produtos ESG tiveram performance melhor que a de fundos tradicionais.[54]

Durante a pandemia, 88% dos índices sustentáveis se saíram melhor que os não sustentáveis nos primeiros quatro meses de 2020. A Morningstar Inc., que tem sede em Chicago, constatou que 24 dos 26 fundos de índices ESG da Allianz superaram suas contrapartes convencionais mais próximas no primeiro trimestre de 2020. As informações foram fornecidas pelo *head* do PRI Brasil, Marcelo Seraphim.

Fazer integração ESG significa considerar fatores ambientais, sociais e de governança na análise para identificar riscos e oportunidades

---

54 COOPER, Brendan. Time to place ESG 'underperformance' in context. *ESG Clarity*. 17 jan. 2023. Disponível em: https://esgclarity.com/time-to-place-esg-underperformance-in-context/. Acesso em: 23 fev. 2024.

em investimentos. Em linhas gerais, a integração considera a análise econômica, a estratégia da empresa e relatórios financeiros.

Em investimentos ESG, o olhar é de fora da empresa para dentro, avaliando riscos e oportunidades na hora de investir.

Minha mãe é uma exímia cozinheira. Não me lembro de um dia em que eu chegasse à casa dela e não tivesse um bolo fresquinho, biscoitos saindo do forno. Ela é do tipo que não deixa rastros, prepara tudo em segundos e a pia continua limpa. Isso é apenas um detalhe. É educadora, revolucionou a alfabetização no Distrito Federal com um método único, desenvolvido por ela. Minha mãe é quase perfeita, não fosse um pequeno deslize ético. Quando o assunto é a culinária, ela não informa as medidas exatas das receitas.

"Mãe, como faço esse bolo?"

"Ah, bota um tanto de farinha, aí você bate os ovos..."

"Quantos ovos, mãe? Que farinha?"

"Ah, uns quatro ou cinco."

"Quatro ou cinco?"

"Pode usar a farinha que tiver", ela desconversa.

O bolo, claro, fica solado. Às vezes, de tanto que reclamo, vejo que ela se empenha em mudar.

"Quatro copos! Quatro copos são suficientes."

Aí, com os biscoitos já assados e com aspecto de chinelo velho, dou-me conta de que os copos da minha casa têm tamanhos bem diferentes dos da casa da minha mãe.

Há regras e parâmetros. Vale para a cozinha, vale para ESG. E ainda é preciso lembrar que há também variações da receita, dependendo de quem vai segui-la. O que é relevante para mim – bolo amanteigado – não é para o neto da mamãe que tem intolerância à lactose. O que é relevante para o neto magrelo – calorias – pode não ser para o filho que quer algo saudável, mas que não engorde.

Em ESG, as receitas também não são únicas, mas as medidas devem estar corretas. É preciso pegar informações (receita do bolo), mensurar por meio de parâmetros (saber o tamanho dos copos), calcular incertezas (forno quente demais, fermento velho, leite talhado), contabilizar e comunicar.

> **"Um passo à frente e você não está mais no mesmo lugar."**
> — CHICO SCIENCE[55]

---

55 *Um passeio no mundo livre*. Interpretada por: Chico Science e Nação Zumbi. Composta por: Chico Science, Dengue, Jorge Du Peixe, Lúcio Maia, Pupillo. Fonte: Sony Music Entertainment.

::: Ferramentas
e padrões

O NOVO MARCO DOS RELATÓRIOS DE SUSTENTABILIDADE

As primeiras normas globais de divulgação de sustentabilidade foram desenvolvidas pelo International Sustainability Standards Board (ISSB) e passaram a valer em janeiro de 2024. As normas aproveitam as ferramentas SASB e TCFD, consolidando a dupla materialidade: impacto do planeta e da sociedade na empresa e impacto da empresa na sociedade e no mundo.

São duas normas que servem de padrão para a elaboração de relatórios de sustentabilidade. Esses relatórios servirão de referência para análise de investidores. Há uma norma específica sobre clima e impactos provocados pela empresa (IFRS S1) e uma norma geral (IFRS S2), que engloba governança, métricas e metas, gerenciamento de riscos e estratégia.[56]

O Brasil foi o primeiro país a seguir esse padrão global. Ou seja, a partir de 2025, os relatórios de sustentabilidade de empresas listadas

---

56 IFRS Sustainability Standards Navigator. *IFRS*. Disponível em: https://www.ifrs.org/issued-standards/ifrs-sustainability-standards-navigator/. Acesso em: 24 jul. 2023.

terão que seguir normas internacionais. A Comissão de Valores Mobiliários (CVM) vai exigir relatórios de empresas listadas e fundos a partir de 2027. Antes disso, as empresas já podem usar esse padrão voluntariamente.

A CVM já adotou dezessete ações sustentáveis:

1. Supervisão temática de riscos de governança em ações ASG nas companhias abertas.
2. Editar regulamentação específica do Fundos de Agronegócio do Brasil (Fiagro).
3. Editar regulamentação dos Fundos de Investimentos para Projetos de Reciclagem – ProRecicle (Lei n. 14.260/2021).
4. Orientação – *blended finance*.
5. Editar a Orientação CPC 10 – créditos de descarbonização.
6. Endossar as Normas de Sustentabilidade IFRS S1 e S2 emitidas pelo ISSB.
7. Trilha de aprendizagem: transparência ASG fornecida por administradores de carteira.
8. Orientação – integrar fatores ASG aos procedimentos de *suitability*.
9. Educação financeira quanto às finanças sustentáveis.
10. Educação financeira e proteção da mulher investidora.
11. Relatório de Comunicação de Engajamento (COE) no âmbito do Pacto Global.
12. Realização de pesquisa, com levantamento de dados sobre a evolução das finanças sustentáveis no Brasil, enquanto representante do LAB no FC4S.
13. Plano de integridade CVM.
14. Capacitação de servidores da Autarquia em finanças sustentáveis.
15. Realização de pesquisa, com levantamento de indicadores de diversidade na CVM.
16. Elaboração de página das Finanças Sustentáveis no site oficial da CVM.

17. Colaborar com a Estratégia Nacional de Combate à Corrupção e Lavagem de Dinheiro (ENCCLA).[57]

A EVOLUÇÃO DA SOPA DE LETRINHAS

Mesmo quem trabalha com sustentabilidade há muito tempo pode se atrapalhar com tantas siglas e tantas ferramentas que nem sempre conversam umas com as outras. E tem ainda as *buzzwords*, jargões do setor que muitas vezes são reducionistas ou podem levar a distorções.

GLOBAL INITIATIVE REPORTING (GRI)

O GRI é uma organização sem fins lucrativos que desenvolve relatórios de sustentabilidade. Ainda na década de 1990, foram criados os primeiros parâmetros, normas, regras para relatórios de sustentabilidade.

Os relatórios GRI são ferramentas em que empresas divulgam o impacto de seus negócios em relação a temas como sustentabilidade, economia, ambiente, sociedade e direitos humanos. Auxiliam também a deixar mais clara a relação da empresa com cada uma das partes interessadas, os *stakeholders*.

TASK FORCE ON CLIMATE-RELATED FINANCIAL DISCLOSURES (TCFD)

A TCFD surgiu em 2015 por uma necessidade de bancos e outras instituições financeiras, sob a orientação de um comitê do G20 que reúne ministros das finanças e autoridades monetárias das dezenove maiores economias do mundo mais a União Europeia. Foi uma força-tarefa criada para ajudar empresas a divulgar informações financeiras sobre mudanças climáticas; assim, investidores e credores têm condições de avaliar melhor os riscos dos investimentos. E contribuiu

---

57 CVM lança Plano de Ação de Finanças Sustentáveis para 2023-2024. *Comissão de Valores Mobiliários*. 6 out. 2023. Disponível em: https://www.gov.br/cvm/pt-br/assuntos/noticias/2023/cvm-lanca-plano-de-acao-de-financas-sustentaveis-para-2023-2024. Acesso em: 23 fev. 2024.

para o desenvolvimento dos primeiros padrões para medir a sustentabilidade empresarial.

O mercado financeiro precisa de informações claras e de alta qualidade sobre os impactos das mudanças climáticas. Isso inclui riscos e oportunidades que surgem com o aumento da temperatura e políticas climáticas de tecnologias emergentes para mudar o mundo. As recomendações se concentram em quatro áreas:[58]

- **Governança:** revela como é a governança em relação a riscos climáticos e oportunidades.
- **Estratégia:** informa possíveis impactos de riscos climáticos na empresa, estratégia e planejamento financeiro da instituição.
- **Gestão de risco:** divulga como a organização identifica, avalia e gerencia riscos ligados às mudanças climáticas.
- **Métricas:** divulga métricas e parâmetros ligados à avaliação e gestão de riscos e oportunidades relacionadas às questões climáticas.

A Força-Tarefa TCDF foi encerrada em novembro de 2023. Trabalho cumprido com a criação dos padrões ISSB, que medem sustentabilidade de empresas.

SUSTAINABILITY ACCOUNTING STANDARDS BOARD (SASB)

O SASB foi criado em 2011 com padrões de indicadores, métricas relacionadas e ESG. A Comissão de Valores Mobiliários dos Estados Unidos permite que o SASB seja usado por empresas para elaborarem relatórios de sustentabilidade. É assim que empresas identificam a materialidade, isto é, o que é mais importante em cada setor em relação à sustentabilidade.

---

[58] TCFD Recommendations. *Task Force on Climate-Related Financial Disclosures*. 2024. Disponível em: https://www.fsb-tcfd.org/recommendations/#core-recommendations. Acesso em: 23 fev. 2024.

A TAXONOMIA EUROPEIA

EUROPEAN SUSTAINABILITY REPORT STANDARDS (ESRS)

Criada em julho de 2023, a ESRS é a padronização da União Europeia para relatórios de sustentabilidade. Segue diretrizes da Corporate Sustainability Reporting Directive (CSRD). A partir de 2024, empresas europeias deverão adotar esse padrão para os relatórios de sustentabilidade. Empresas brasileiras filiais de empresas europeias seguirão o mesmo padrão para relatórios de sustentabilidade. A meta é gradualmente exigir que empresas de portes diferentes adotem essas novas regras.

INTERNATIONAL SUSTAINABILITY STANDARDS BOARD (ISSB)

Foi na COP 26, em Glasgow, que surgiu o ISSB, criado para desenvolver uma estrutura para que mercados financeiros divulguem questões relativas à sustentabilidade e, especificamente, ao clima. Faz parte da mais importante organização de contabilidade do mundo, a IRFS.

O ISSB aproveita tudo o que já foi desenvolvido pelo SASB. A partir de 2024, será obrigatório para grandes empresas da União Europeia. Em 2028, a obrigação será ampliada para empresas não europeias.

O foco está nas diferentes partes interessadas do negócio. Já o ESRS adota a dupla materialidade: financeira e impacto no ambiente e na sociedade.

A TAXONOMIA AMERICANA

SEC CLIMATE DISCLOSURE RULE

A U.S. Securities and Exchange Commission (SEC) é equivalente à CVM do Brasil, uma agência para regular o mercado de capitais americano. Em março de 2024, a SEC divulgou regras para reportar emissões de gases de efeito estufa em dois níveis:

- escopo 1, para emissão direta, feita pela empresa;
- escopo 2, para emissões de fornecedores de energia da empresa.

O mais importante, ficaram de fora as emissões indiretas, que incluem as de fornecedores e de matéria-prima, decorrentes de transporte de funcionários e emissões de clientes. As emissões do chamado escopo 3 podem corresponder a até 80% das emissões de uma empresa. São difíceis de serem contabilizadas e impactantes para o clima.

As regras deveriam valer a partir de 2026, mas mal foram criadas, já foram suspensas. Após ações judiciais e lobby contrário às regras por parte de empresas e políticos conservadores surgirem, a SEC decidiu adiar a implementação das normas.

Como tudo ou quase tudo em ESG, o jogo de forças é desafiador.

A TAXONOMIA VERDE-AMARELA

O que é um empreendimento verde e como ele recebe essa classificação? Que garantias o investidor tem de que o empreendimento é realmente sustentável e quais parâmetros foram adotados para assegurar seus impactos? Faltam normas claras.

No Brasil, os desafios são gigantes. China e União Europeia já estão muito além, mas, ainda assim, os relatórios são complexos, longos, desafiadores para as equipes de sustentabilidade das empresas. São tantas variáveis que ainda é difícil endereçar o que é realmente substantivo em relação às mudanças climáticas.

O governo federal se propôs a enfrentar a chamada transição ecológica e sair do atraso. O Brasil precisa de regras nacionais para a adaptação climática, de alternativas para compensar os efeitos decorrentes da crise climática. Com essas ações, é possível enfrentar algumas das questões mais emergentes para um país dependente de *commodities*: o uso sustentável do solo e a conservação de áreas ambientais.

As linhas gerais dessas novas regras foram apresentadas na COP 28, nos Emirados Árabes, em novembro de 2023. Esse novo regramento vai ajudar o Brasil a construir uma economia verde e com inovações tecnológicas, buscar investimentos internacionais e ter uma estrutura mais confiável sobre finanças sustentáveis.

ISO 26000

A ISO 26000 é uma norma internacional que orienta pequenas, médias e grandes organizações sobre temas ligados à responsabilidade social, com integração, implementação e promoção de práticas responsáveis e engajamento de partes interessadas. Essa norma não dá certificação, mas serve de norte para organizações saberem como estão em relação à sustentabilidade. Parte de sete pilares: 1) prestação de contas; 2) transparência; 3) ética; 4) respeito pelas partes interessadas; 5) respeito pelo Estado de direito; 6) respeito pelas normas internacionais de comportamento; e 7) respeito pelos direitos humanos.

PRINCÍPIOS DO EQUADOR

Criação de instituições financeiras sob o guarda-chuva da IFC (International Finance Corporation), os Princípios do Equador são exigências sociais e ambientais que devem ser adotadas para a liberação de financiamentos. São um padrão para gerenciar riscos socioambientais em empréstimos.[59]

BANCO CENTRAL

Desde 2022, o Banco Central passou a exigir que bancos e outras instituições financeiras reportem ações ligadas a ESG e estabeleceu parâmetros e políticas de responsabilidade social, ambiental e climática. A cada ano, o Banco Central vem aprimorando recomendações sobre riscos e oportunidades sociais, ambientais e climáticos.

Um relatório de estabilidade financeira do Banco Central estimou que 15,5% das operações de crédito em 2030 estarão em municípios

---

59 INSTITUIÇÕES financeiras anunciam a revisão dos princípios do equador ressaltando a aplicação global de gerenciamento de riscos sociais e ambientais. *International Finance Corporation*. 7 jul. 2006. Disponível em: https://pressroom.ifc.org/all/pages/PressDetail.aspx?ID=21306. Acesso em: 23 fev. 2024.

expostos ao alto risco de chuvas intensas, principalmente na região Nordeste.[60]

Choques climáticos afetam direta e indiretamente o bolso do consumidor. As quebras de safra provocadas por eventos climáticos, como secas e enchentes, levam a uma redução da oferta e, consequentemente, ao aumento de preço e à inflação. As consequências ocorrem em cascata: afetam produtores, investidores e instituições financeiras.

No risco climático, há dois aspectos a serem considerados: o físico, referente às perdas financeiras, e o de transição, que trata da migração para uma economia de baixo carbono.

O Banco Central tem apertado o cerco para evitar ainda o chamado risco ambiental, que surge, por exemplo, quando instituições financeiras não atentam para o cumprimento de exigências ambientais.

Uma resolução do Conselho Monetário Nacional (CMN) alterou regras para concessão do crédito rural para favorecer produtores que investem em recuperação de pastagens e de áreas degradadas e estímulo à agricultura sustentável.

Aos poucos, surgem novas normas e regulações, mas os furos dessa peneira ainda são muito largos, e é por eles que vazam denúncias de invasão de áreas protegidas, uso de trabalho análogo ao escravo e adoção excessiva de fertilizantes e agrotóxicos. Os erros de uns sobressaem e ofuscam os acertos de tantos outros.

O convite chegou por meio de uma empresa de consultoria. Uma cooperativa de soja do Paraná queria me ouvir sobre o agro e ESG. O interlocutor foi logo adiantando que os produtores tinham determinada preferência política, como se isso tivesse alguma importância.

Essa é uma entre tantas ciladas que são armadas contra ESG, que nada tem a ver com política partidária. O que encontrei foram armadilhas, criadas por eles mesmos.

---

60 RELATÓRIO de Riscos e Oportunidades Sociais, Ambientais e Climáticos. *Banco Central do Brasil*, v. 3, out. 2023. Disponível em: https://www.bcb.gov.br/content/publicacoes/relatorio-risco-oportunidade/Relatorio-Riscos-Oportunidades-Sociais_2023.pdf. Acesso em: 23 fev. 2024.

Ali, na região, havia exemplos notáveis de sustentabilidade: sistema de plantio direto (SPD), uso de bioinsumos para substituir fertilizantes hidrogenados e corretivos agrícolas e recuperação de áreas degradadas.

Não basta fazer. Em algumas regiões, com o esforço de produtores e o apoio de pesquisadores, a soja brasileira tem uma das menores pegadas de carbono do mundo. Resultado da sinergia entre ciência e *business*. Pode melhorar e expandir ainda mais, como implementar políticas públicas ajustadas para o setor.

CVM

Práticas ESG ainda não são obrigatórias, mas basta um passo à frente para sair do lugar. Além de inovar com a adesão às ferramentas do ISSB, em 2023 a CVM passou a exigir que empresas de capital aberto preencham o formulário de referência, um documento com indicadores ambientais, sociais e de governança.[61]

O formulário não é novo, mas foi reformulado para que empresas relatem quais metas de ESG estão sendo cumpridas, o que está previsto no relatório de sustentabilidade, se o relatório foi auditado e quais critérios e metodologia foram usados para sua elaboração.

O relatório deverá trazer quais ODS são foco da empresa. Se a empresa deixar em branco no formulário a parte referente a indicadores ESG, deverá explicar por que não declarou as informações.

Há uma seção específica sobre diversidade, em que a empresa deve informar o perfil de quem ocupa cargos de direção, levando em conta diferentes categorias: localização geográfica, gênero, etnia, faixa etária e nível hierárquico. É uma forma de a sociedade saber se está sendo representada com equidade na empresa. Há, ainda, um espaço para

---

61 OFÍCIO circular/anual-2023-CVM/SEP. *Comissão de Valores Mobiliários*. 28 fev. 2023. Disponível em: https://conteudo.cvm.gov.br/legislacao/oficios-circulares/sep/oc-anual-sep-2023.html. Acesso em: 23 fev. 2024.

que a empresa descreva os riscos que ela corre relacionados a questões sociais, ambientais e climáticas.

PRATIQUE OU EXPLIQUE

A CVM requer que empresas apresentem um Informe de Governança sobre quais práticas cumprem do Código de Governança Corporativa, com comitê de auditoria, conselheiros independentes e canal de denúncia.

B3

O Brasil tem, desde 2005, um índice de sustentabilidade empresarial. A B3, nossa Bolsa de Valores, destaca que essa é uma iniciativa pioneira na América Latina e o quarto índice de sustentabilidade no mundo.

O Índice de Sustentabilidade Empresarial (ISE B3) mede o compromisso de empresas com o ambiente, a justiça social e a governança. Empresas interessadas em obtê-lo respondem a um questionário que aborda questões de diversidade trabalhistas e ambientais. Recentemente, o ISE foi aperfeiçoado. A metodologia sofreu reformulações e, além da avaliação geral das empresas, passou a divulgar também a nota por temas específicos, prometendo ficar mais rígida. No passado, sofreu críticas, expôs contradições.

Uma empresa envolvida em um acidente ambiental com centenas de mortos chegou a ter a maior participação no ISE B3. Com a tragédia, foi excluída. Outra, de *marketplace*, que chegou a ter excelente pontuação pela governança, teve as ações excluídas do índice e foi a única da história a ser eliminada de um segmento de listagem de governança depois de uma fraude.

Não são muitas as empresas de capital aberto no Brasil, mas a inovação nessas empresas pode servir de referência para outras menores.

IDIVERSA B3

A B3 já conta com um índice de diversidade que avalia os resultados financeiros das empresas que têm uma robusta inclusão de gênero e raça. Na metodologia, há a exigência de que a empresa tenha pelo menos um representante de grupos minorizados no Conselho de Administração como membro titular e pelo menos um representante de grupos minorizados na diretoria estatutária.

CÁLCULO DO SCORE DE DIVERSIDADE

O cálculo do score de diversidade é feito pela fórmula a seguir:[62]

$$\text{ScoreDiversidade}_i = \sum_{j,k}^{J,K} \left(\text{Peso}_{j,k} * \frac{\left(n_{j,k} / N_k \right) * 100}{\%BR_j} \right)$$

Em que:

- *ScoreDiversidade$_i$* é o score de diversidade da empresa *i*;
- *Peso$_{j,k}$* é o peso do grupo subrepresentado *j* e da categoria funcional *k*;
- *n$_{j,k}$* é a quantidade de funcionários do grupo subrepresentado *j* na categoria funcional *k*;
- *N$_k$* é a quantidade de funcionários na categoria funcional *k*;
- *%BR$_j$* é a proporção do grupo sub-representado *j* no Brasil, segundo dados divulgados pelo Instituto Brasileiro de Geografia e Estatística (IBGE).

---

62 METODOLOGIA do índice diversidade B3 (IDIVERSA B3). *B3*. Disponível em: https://www.b3.com.br/data/files/C9/D0/FD/82/A29F9810746C7D98AC094EA8/Metodologia_IDIVERSA_PT_11.8.pdf. Acesso em: 23 fev. 2024.

Observação: para os casos em que a proporção $\dfrac{\left(n_{j,k}/N_k\right)*100}{\%BR_j}$ for maior que 100, aplica-se o valor 100.

É SEGURO

A circular 666 de 2022 da Superintendência de Seguros Privados (Susep) obriga a adoção de medidas para avaliação de riscos e oportunidades na gestão de riscos sociais, ambientais e climáticos. As seguradoras estão na cara do gol dos impactos ambientais, climáticos e sociais, pois são acionadas quando algo ruim acontece.

Entre suas novas obrigações, as seguradoras têm que fazer um estudo de materialidade com o que é mais relevante, o que influencia decisões, ações e desempenho de uma organização, o que gera mais impacto e risco. É obrigatório também desenvolver uma Política de Sustentabilidade, que pode e/ou deve levar em conta: relações trabalhistas; relação com o meio ambiente, estímulo do reúso de peças e reciclagem e descarte correto de resíduos; ética e transparência com clientes, fornecedores e prestadores de serviço; cálculo de emissões de gases de efeito estufa; equidade de gênero; código de ética e privacidade de dados.

A Susep passou a exigir também critérios em investimentos, integrados à gestão de riscos de mercado, de liquidez e de crédito.[63]

SAÚDE

A Agência Nacional de Saúde Suplementar (ANS) adotou a Política Integrada de Governança e Responsabilidade Socioambiental (ESG) para agregar valores sociais, ambientais e de governança à sua missão

---

[63] CIRCULAR SUSEP nº 666, de 27 de junho de 2022. *Superintendência de Seguros Privados*. 27 jun. 2022. Disponível em: https://www2.susep.gov.br/safe/scripts/bnweb/bnmapi.exe?router=upload/26128. Acesso em: 23 fev. 2024.

institucional. Na governança, há medidas de integridade, *compliance* e transparência. Na área ambiental, preocupação com a gestão de resíduos sólidos e consumo sustentável. Na área social, práticas que estimulem a qualidade de vida, a inclusão social de minorias e o destaque para a diversidade.

FUNDOS

A Associação Brasileira das Entidades do Mercado de Capitais (ANBIMA) traçou regras para fundos sustentáveis.

CRITÉRIOS	REQUISITOS PARA O GESTOR
Compromisso com a sustentabilidade	Atestar seu compromisso por meio de um documento escrito que descreva diretrizes, regras, procedimentos, critérios e controles referentes às questões ASG e/ou ao investimento sustentável
Governança	Manter estrutura de governança dedicada às questões ASG
Transparência	Assegurar a divulgação da política de sustentabilidade e da respectiva estrutura de governança

Fonte: adaptado de Guia ASG II: Aspectos ASG para gestores e para fundos de investimento. *ANBIMA*. p. 37. Disponível em: https://www.anbima.com.br/data/files/93/F5/05/BE/FEFDE71056DEBDE76B2BA2A8/Guia_ASG_II.pdf. Acesso em: 23 fev. 2024.

É um protocolo de boas intenções. Fabio Alperowitch, fundador da Fama Investimentos, acha que é pior: *greenwashing*. E que a ANBIMA confundiu investimentos responsáveis com investimentos sustentáveis. Empresa responsável se esforça para adotar as melhores práticas, mas não é necessariamente sustentável.

::: Cooperativismo e ESG

Nossos bosques tinham mais vida quando o cooperativismo surgiu no Brasil. Eram os tempos ainda do Brasil Colônia. Mata Atlântica exuberante, Floresta Amazônica intocada. ESG não existia, mas muito de sua essência já estava no coração do cooperativismo. Afinal, o propósito do cooperativismo é beneficiar as pessoas e a comunidade local, bases do desenvolvimento sustentável. O cooperativismo representa 19% da média do PIB brasileiro e é um exemplo grandioso da eficiência da economia solidária. É uma potência sobre a qual não se fala tanto quanto se deveria nem se percebe permeando o Brasil inteiro.[64]

No cooperativismo, o S e o G estão originalmente incorporados, com o Social forte para os cooperados e um bom G de Governança, com transparência, decisões em colegiado, ética. O E, que se refere ao meio ambiente, também está presente no cooperativismo, com crescente oferta de crédito para a economia verde. Há cooperativas agrícolas que estimulam práticas sustentáveis no campo, como as cooperativas de energia solar, que permitem o compartilhamento de geradores de energia fotovoltaica.

---

64 ANUÁRIO do cooperativismo 2023 – O impacto do Cooperativismo na Economia Brasileira. *Sistema OCB*. 2023. Disponível em: https://anuario.coop.br/brasil/o-impacto-do-cooperativismo-na-economia-brasileira.

De dentro para fora, nas cooperativas, há um claro entendimento do que é material e relevante, mas de fora para dentro é que está o problema. Há uma dificuldade em tornar público, em comunicar o vínculo forte do cooperativismo com ESG. Nas cooperativas, muitas vezes falta uma estratégia de comunicação, com lideranças preparadas e disponíveis para, em meio a tantas atividades, dedicar-se também a divulgar o cooperativismo.

No entorno, dentro e fora do ESG, existem ferramentas, parâmetros, esforços, sistemas e modelos com o intuito de unir crescimento e desenvolvimento com lucro e sustentabilidade.

::: A nova indústria

Um olhar sobre as riquezas do Brasil: em 2023, o PIB cresceu 2,9% em comparação com 2022. O resultado foi turbinado pela agropecuária, que teve crescimento no período de 21,6%. Foi a maior alta do setor desde 1996.

O agro representa cerca de 8% do PIB nacional. Já a indústria, mais de 20%. É consenso que a indústria brasileira está atrasada. Em alguns setores, carcomida. Ainda que não tivesse concorrentes, estaria muito defasada. O agravante é que os tem. E, entre os países concorrentes, sobram inovação tecnológica, pesquisa, competitividade e estímulos.

Por aqui, as dificuldades vão das primárias às mais sofisticadas. Nas últimas décadas, o regime tributário se tornou um emaranhado de tributos pesados, muitas vezes até incompreensíveis. A reforma tributária no Brasil ativou disputas de governos estaduais para não perderem arrecadação. O modelo de produção é estacionado, antiquado e analógico, e há dificuldade de acesso ao capital e ausência de uma política industrial contemporânea, complexa e abrangente. Tudo isso em contraponto com os países inovadores, como Suíça, Suécia, Estados Unidos e Alemanha, o expansionismo chinês, a maturidade e o protecionismo das indústrias europeias. A concorrência é leal. Desleal é quem por aqui se prende ao atraso.

O processo da chamada neoindustrialização tem relação direta com o desenvolvimento sustentável. É com a economia verde – aquela com baixa pegada de carbono – e a transição energética, com uso de energias renováveis, que o Brasil tem a chance de assumir um papel de liderança industrial.

A neoindustrialização requer: inovação, tecnologia e sustentabilidade.

O Brasil tem e não aproveita como deveria: matriz energética sustentável, capital humano e produção científica.

JAZIDA DE ENERGIA LIMPA

O Nordeste brasileiro é um gigante dos combustíveis sustentáveis. A região tem batido recordes na produção de energia solar e eólica, concentrando 90% do total de geração desse tipo de energia. Em Pernambuco está o maior complexo de energia solar da América Latina.

Com o sol a pino em todos os meses e a força constante dos ventos, por que não exploramos mais energia solar e eólica? No último caso, há barreiras tecnológicas, como o desenvolvimento de geradores mais potentes. Já em relação à energia solar, dependemos de tecnologia estrangeira, principalmente da China, para a entrega de componentes.

HIDROGÊNIO VERDE

Da água pura é feito o hidrogênio verde (H2V), resultado de eletrólise: a molécula de água é quebrada, formando moléculas de hidrogênio e de oxigênio. Ele exige armazenamento em baixas temperaturas e com alta pressão. A energia para produção pode vir de usinas solares ou eólicas 100% renováveis. O H2V é 100% sustentável, não emite gases de efeito estufa e, na indústria, pode ser usado como combustível e fonte de eletricidade. É tão bom que poderia não ser tão caro, mas tem custo alto, é extremamente inflamável e requer mais energia para ser produzido.

A Agência Internacional de Energia alerta que os investimentos e a demanda por hidrogênio devem aumentar o mais rápido possível, para que se consiga alcançar a meta de neutralizar as emissões de carbono em 2050.

O Brasil tem sol, tem vento, tem tecnologia para acelerar a produção. Falta regulamentação.

SUSTAINABLE AVIATION FUEL (SAF)

É o combustível verde do avião. No lugar de petróleo, biomassa: milho, cana-de-açúcar, óleo de cozinha, resíduos urbanos.

O setor de aviação, movido a querosene, é responsável pela emissão de 3,5% dos gases de efeito estufa. O Brasil já tem tecnologia e empresa com certificação internacional para a produção de combustível de aviação à base de etanol. Falta regulamentação e uma política pública que determine o percentual de redução de emissões de CO_2 por parte de empresas aéreas.

CARRO ELÉTRICO OU MOVIDO A ETANOL?

Aqui, uma discussão que envolve muitas questões, como reestruturação de fábricas e de modelos de produção e métricas que avaliem o que emite mais gases de efeito estufa.

O carro elétrico é o novo cisne verde. Assim definiu John Elkington, o economista que criou o Triple Bottom Line, o tripé econômico sustentado por Planeta, Pessoas e Prosperidade. Elkington se inspirou no *Cisne negro*, de Nassim Nicholas Taleb, para falar do cisne verde. Cisnes negros são problemas raros, que não podem ser previstos e levam a consequências extremas. Um exemplo: os ataques às torres gêmeas do World Trade Center. Já os cisnes verdes de Elkington são soluções que nos levam a descobertas para desafios globais. Não necessariamente são obras perfeitas.

O carro elétrico requer uma bateria com 32 elementos químicos. É muita exploração de recursos naturais, com mineração do solo, terras-raras, para fabricar a bateria. A primeira geração de carros elétricos envelheceu e já há cemitérios de carros abandonados em cidades da China.[65]

---

65 CHINA'S Abandoned, Obsolete Electric Cars Are Piling Up in Cities. *Bloomberg.com*. 17 ago. 2023. Disponível em: https://www.bloomberg.com/features/2023-china-ev-graveyards/. Acesso em: 20 jun. 2024.

Outros cisnes verdes foram abandonados por lá, como milhares de bicicletas elétricas. Originalmente, pareciam uma boa solução para evitar a emissão de gases de efeito estufa, poluição, engarrafamentos, mas as bicicletas encalharam em cidades da China e foram empilhadas em cemitérios de bicicleta a céu aberto.[66]

O carro brasileiro é produzido a partir de uma matriz energética limpa, com menos emissões de CO_2. Já um carro europeu é, ou pode ser, produzido por meio de energia suja, que emite mais CO_2. E de onde vem a energia que abastece o carro elétrico europeu?

A montadora Stellantis desenvolveu uma ferramenta que mede as emissões de CO_2, desde a fabricação do combustível até o uso do carro na estrada, do berço ao berço. Ao fazer os cálculos, concluiu que o carro brasileiro movido a etanol emite menos gás carbônico que o carro elétrico europeu, levando em conta que a bateria do carro europeu foi carregada com energia "suja", de usinas térmicas ou a carvão. No Brasil, sobram fontes de energia "limpa".[67] Há outros estudos similares que chegam à mesma conclusão.

O SOL CHINÊS

Nenhum país supera a China. Nem em produção, nem em investimento, nem em poluição. O país se comprometeu a reduzir o uso de energia a carvão – uma das maiores vilãs da crise climática – a partir de 2025, quando se dará o pico no consumo de carvão para alimentar as indústrias chinesas.

---

66 TAYLOR, Alan. The Bike-Share Oversupply in China: Huge Piles of Abandoned and Broken Bicycles. *The Atlantic*. 22 mar. 2018. Disponível em: https://www.theatlantic.com/photo/2018/03/bike-share-oversupply-in-china-huge-piles-of-abandoned-and-broken-bicycles/556268/. Acesso em: 20 jun. 2024.

67 COMPARATIVO de emissões de CO_2 confirma vantagens do etanol para uma mobilidade mais sustentável. *Stellantis Media*. 31 mar. 2023. Disponível em: https://www.media.stellantis.com/br-pt/corporate-communications/press/comparativo-de-emissoes-de-co2-confirma-vantagens-do-etanol-para-uma-mobilidade-mais-sustentavel. Acesso em: 20 jun. 2024.

Shanxi é uma província no nordeste da China que ilustra os paradoxos do país em relação à crise climática. Ainda em 2017, houve em Shanxi uma tentativa de buscar simpatia e aprovação do Ocidente e também da juventude chinesa em relação aos esforços do país para uma economia verde. Pelo Google Earth, dava para ver um panda gigantesco feito de placas solares. Mas Shanxi também é uma das maiores produtoras de carvão do país. São 98 minas que chegaram à capacidade de produção de 55 milhões de toneladas por ano.[68]

Ainda assim, a China vem cumprindo a promessas de ser líder mundial em energias renováveis. As usinas solares têm se multiplicado pelo país.[69] No primeiro quadrimestre de 2023, atingiu 228 GW de capacidade instalada, contra 5 GW no Brasil. A promessa é aumentar a capacidade para 1.200 GW em 2025, antecipando em cinco anos a meta proposta para 2030 e ratificada no Acordo de Paris. Outra promessa é chegar à neutralidade de carbono em 2060, com um equilíbrio entre emissões e sequestro de carbono.

O Brasil não é a China, mas também assumiu compromissos e tem excelentes oportunidades com energias fotovoltaica e eólica, que são complementares. O gráfico, desenvolvido e atualizado diariamente pelo ONS (Operador Nacional do Sistema Elétrico), mostra como a energia do país é limpa:

---

68 CHINA'S top coal province Shanxi tells mines to boost output-document. *Reuters*. 8 out. 2021. Disponível em: https://www.reuters.com/business/energy/chinas-top-coal-province-shanxi-tells-mines-boost-output-document-2021-10-08/. Acesso em: 24 fev. 2024.
69 GLOBAL Solar Power Tracker. *Global Energy Monitor*. maio 2023. Disponível em: https://globalenergymonitor.org/projects/global-solar-power-tracker/. Acesso em: 24 fev. 2024.

VALORES ACUMULADOS NO DIA 15/05/2024 EM MWMED ATÉ 10:56

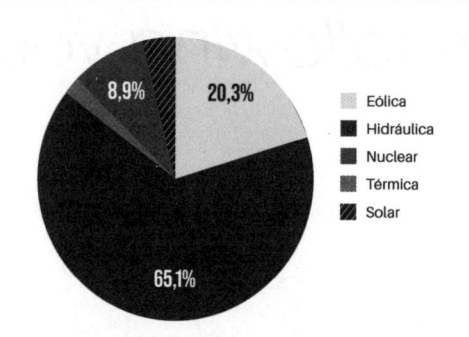

- Eólica: 20,3%
- Hidráulica: 65,1%
- Térmica: 8,9%
- Nuclear
- Solar

Fonte: adaptado de ONS – Operador Nacional do Sistema Elétrico. Disponível em: https://www.ons.org.br/paginas/energia-agora/carga-e-geracao. Acesso em: 15 maio 2024.

Neutralidade de carbono: quando não são adicionadas novas emissões de dióxido de carbono na atmosfera. As emissões de CO_2 continuarão, mas serão equilibradas por uma absorção equivalente da atmosfera.

Net zero: quando a neutralidade atinge toda a cadeia de valor, incluindo fornecedores e clientes.[70]

---

70 O QUE é a Rede Zero Carbono e qual a sua importância? *ONU News*. Disponível em: https://news.un.org/pt/story/2020/12/1735052. Acesso em: 24 fev. 2024.

::: *Sir, I'm following you*

Era o começo da pandemia, ainda não havia vacinas, eu ia todos os dias para a redação com máscaras de tecido de avental. Florzinhas e bichinhos cobriam meu rosto, no esforço de me proteger e de proteger os outros. Não havia nem máscaras descartáveis para a população. Fazia parte do meu trabalho, infelizmente, acompanhar as atrocidades que certos políticos publicavam em redes sociais sobre o coronavírus, a demora em comprar vacinas, o negacionismo que ofendia dados científicos.

Eu trabalhava com dedicação; minha função social também era mostrar os mandos e desmandos de políticos, naquele momento em que os brasileiros precisavam tanto do bom uso do dinheiro público para compra de vacinas, fornecimento de oxigênio em hospitais e capacitação na rede hospitalar pública para atender tantos pacientes vítimas do coronavírus. A morte estava presente em nossos pensamentos, na casa do vizinho, nas mensagens que chegavam com notícias tristes de amigos, conhecidos e desconhecidos.

Um dia, eu me dei conta de que tinha incluído na minha lista de pessoas importantes cujas publicações eu não deveria perder um certo *sir*. Eu precisava de boas ideias na minha timeline. Ronald Cohen foi condecorado pela Rainha Elizabeth em 2001 pela liderança empresarial no Reino Unido. *Sir* Ronald Cohen é o pai do capitalismo de impacto.

> "Não vamos mudar o mundo botando mais dinheiro em antigos conceitos que não funcionam mais. Existe um desejo, existe um caminho, é hora de agir."
>
> – SIR RONALD COHEN[71]

O CAPITALISMO DE IMPACTO

Ronald Cohen gosta de contar em vídeos e prefácios como decidiu migrar do capitalismo para acionistas para o capitalismo de impacto, que une lucro e propósito: "Eu não queria no meu epitáfio: ele conseguiu retorno anual de 30% nos investimentos".

Quando tinha 11 anos, ele teve que deixar seu país, o Egito, e, com a família, se refugiou no Reino Unido. Cohen triunfou no mercado financeiro. Aos 60 anos, sentiu a necessidade de uma mudança. Flertou com a filantropia, mas percebeu que era preciso mais: queria promover uma revolução no mundo dos negócios, com lucro e impactos positivos sociais e ambientais. Ainda em 2007, criou a primeira empresa de investimento social e ajudou a formatar os Social Impact Bonds (SIB), títulos de renda fixa vendidos a investidores e usados para financiar projetos com impacto social.

O primeiro investimento SIB, em 2010, foi um projeto para evitar a reincidência de presos da prisão de Peterborough. Cinco milhões de libras foram investidas na recuperação de presos. A taxa de reincidência caiu e os investidores receberam um retorno anual de 3% do valor investido. De lá para cá, foram muitos outros exemplos.

Numa versão brasileira, temos as APACS, entidades que auxiliam a justiça na execução da pena e recuperação e reintegração de presos. Nas APACs, o nível de reincidência é baixíssimo e o custo dos presos, muito mais baixo do que no sistema prisional.

---

[71] COHEN, Sir Ronald. *Impact*: Reshaping Capitalism to Drive Real Change. Londres: Ebury Press, 2020. p. 181.

Ronald Cohen também tem um olhar para a política e vê conexão direta entre impacto e democracia: "Impacto reequilibra o capitalismo, estabilizando a democracia e criando economia de impacto para dividir riquezas de acordo com riscos, retorno e impacto".

CAPITALISMO DE *STAKEHOLDERS*

É hipnotizante ouvir o filósofo Robert Edward Freeman, professor de ética nos negócios e gestão de *stakeholders* na Darden Graduate School of Business Administration, entoar o rosário do capitalismo de *stakeholder*, em que as organizações criam valor em logo prazo para todas as partes interessadas. Freeman acredita que a geração atual é capaz de fazer uma revolução de ideias com uma nova história para o mundo dos negócios, até hoje centrado no dinheiro e no lucro de curto prazo. A nova história prescinde da interconexão de empresas com clientes, fornecedores, funcionários, investidores, comunidades e quem mais tiver relação com uma organização.

Desde 1984, Freeman vem juntando essas peças e mostrando as novas regras do jogo: empresas existem para dar retorno a todas as partes interessadas, e não apenas aos acionistas. Ele torna simples o raciocínio relativo ao capitalismo de *stakeholders*: "Todo negócio vai criar e eventualmente destruir valor para consumidores, fornecedores, funcionários, comunidades, investidores. Os interesses desses grupos devem caminhar no mesmo sentido, ainda que existam conflitos. O que é bom para clientes deve ser bom para fornecedores. O que é bom para acionistas deve ser bom para comunidades. O capitalismo de *stakeholders* cria valor para todos".[72]

MÉTRICAS

Foi em 2020, em Davos, na Suíça, que o Fórum Econômico Mundial divulgou métricas para o capitalismo de *stakeholders*. A ideia é alinhar relatórios de performance financeira de empresas com indicadores ambientais,

---

72 FREEMAN, Ed. Stakeholder Management. *R. Edward Freeman*. Disponível em: https://redwardfreeman.com/stakeholder-management/. Acesso em: 20 jun. 2024.

sociais e de governança. Essas métricas estão divididas em quatro pilares: pessoas, planeta, prosperidade e princípios de governança.

Os grandes temas se subdividem, para ninguém ficar de fora:

1. Pessoas; dignidade e equidade; saúde e bem-estar; habilidades para o futuro.
2. Planeta; poluição do ar; mudanças climáticas; disponibilidade de água potável; perda de biodiversidade; recursos disponíveis; resíduos sólidos; poluição da água.
3. Prosperidade; comunidade e vitalidade social; emprego e geração de riqueza; inovação em produtos e serviços; criação de valor e emprego.
4. Princípios de governança; comportamento ético; propósito; qualidade do Conselho de Administração; supervisão de riscos e oportunidades; engajamento de *stakeholders*.

Mal essas métricas foram lançadas, ainda em 2020, e 137 empresas já passaram a considerá-las em seus relatórios de sustentabilidade e em seus relatórios anuais.

ESG EXIGE METAS OBJETIVAS COM RESULTADOS SUBJETIVOS

Como ainda não existe um modelo único de avaliação, com métricas uniformes, uma empresa mal avaliada por agências de ratings de ESG pode ser destaque em medidas de ESG.

ENGAJAMENTO DE FORNECEDORES

> "João amava Teresa que amava Raimundo
> que amava Maria que amava
> Joaquim que amava Lili
> que não amava ninguém."
>
> – CARLOS DRUMMOND DE ANDRADE

O poema "Quadrilha", de Drummond, é o avesso do que se espera da relação entre fornecedores. É preciso amar e ser correspondido e se conectar uns com os outros. Um segura a mão do outro.

Uma empresa bem moderna. A fachada é formada por três estruturas em blocos. Lá dentro, a natureza é parte dos ambientes, com claraboias e portas de vidro que deixam entrar a luz e as cores do jardim florido. O lixo orgânico vai para a composteira, vidros são separados e o lixo reciclável vai para o caminhão da coleta seletiva. Não há copos descartáveis para funcionários, a irrigação do jardim é feita com água de reúso, quase toda a energia vem de painéis solares da usina fotovoltaica recentemente instalada.

É uma empresa sustentável que incorporou o renomado poder transformador do ESG como *business case*? Não necessariamente. De onde vem o papel usado nas impressoras, os produtos de limpeza usados na limpeza das salas? Quem são os fornecedores da empresa? Com que rigor prestadores de serviço seguem a legislação trabalhista? Qual o compromisso de fornecedores com a redução de emissões de gases de efeito estufa? Qual a relação com o governo local para destinação adequada aos resíduos da empresa? Os fornecedores usam embalagens biodegradáveis?

João que amava Teresa que amava Raimundo... Lili também deve aprender a amar. Pode não ser assim no poema, mas deveria ser no ESG, em relação à cadeia de fornecedores. Um dos grandes desafios é agregar ESG em toda a cadeia de fornecimento. Aí está o grande desafio da sustentabilidade: criar uma cadeia sustentável, com clientes e fornecedores diretos e indiretos. A missão é árdua, mas deve ser perseguida com estratégia e prioridades.

Conhecer a intimidade dos fornecedores, seus valores, seus compromissos, o que entendem por sustentabilidade empresarial e que regras adotam nesse sentido e principalmente o que praticam é essencial para uma empresa que segue o caminho ESG. O Departamento de Compras deve ter expertise, ferramentas e equipe treinada e capacitada para levar para dentro da empresa o que é bom para a empresa e bom para o planeta. Isso não é marketing, é ESG.

As exigências devem ser informadas aos fornecedores com transparência. É uma relação mútua de apresentação e conhecimento. A empresa deve informar o que é relevante, o que é prioritário substantivo ou, como dizem, o que é material. Tudo isso fica listado em uma matriz de materialidade.

Emissões de gases de efeito estufa, biodiversidade, consumo de energia, responsabilidade social, respeito à legislação trabalhista, acessibilidade a funcionários e clientes, saúde e segurança no trabalho são alguns itens relevantes que devem ser levados em consideração na hora de avaliar quem serão os fornecedores. A análise de propostas comerciais deverá buscar um equilíbrio entre preço e compromisso com sustentabilidade.

PARCEIROS DE VIAGEM

No mundo dos negócios, as partes interessadas são *stakeholders*. Para fazer um mapa de *stakeholders*, é fundamental, antes de mais nada, identificar qual é o propósito da empresa e aonde ela quer chegar e, a partir daí, tomar decisões sobre com quem se quer seguir. Em se tratando de sustentabilidade, não é possível fazer uma viagem solitária.

CAPITALISMO DE *STAKEHOLDERS* E ESG SÃO QUEIJO E GOIABADA

Um completa o outro, os dois se fundem. O desafio é compreender a perspectiva dos *stakeholders*, o que as partes interessadas pensam ou esperam de determinado negócio. De pouco adianta tomar decisões imaginando que atenderão às necessidades de todos, sem os escutar. É preciso compreender que um elemento pode assumir diferentes papéis. Um cliente, além de cliente é consumidor, é também contribuinte, é cidadão. Um funcionário pode ser também cliente e é cidadão daquela comunidade onde se localiza a empresa.

BLOCOS INTERLIGADOS

Um bloco completo, ligado a outro, selados e com um identificador, carregando a informação do bloco anterior, formando uma grande cadeia de blocos, a *blockchain*. A tecnologia já vem sendo usada por grandes empresas para monitorar produtos de fornecedores e identificar dados do fabricante, como validade, insumos e dados do processamento. Um bloco ligado ao outro, rastreando produtos desde a origem.

O uso de *blockchain* ajuda a identificar se matérias-primas estão sendo usadas de acordo com as melhores práticas de sustentabilidade. Ainda é um desafio levar a tecnologia a outros setores, como os de produtos perecíveis, alimentos que acabam sendo desperdiçados entre a produção, a colheita, o transporte e a logística.

NÃO BASTA PROMETER

Há mais de vinte anos, existe uma norma de auditoria e checagem de compromissos com a sustentabilidade. A AA1000 monitora como a sustentabilidade é aplicada, gerenciada e divulgada.[73] A norma considera princípios relevantes:

- **Inclusão:** que envolvimento as pessoas têm com a empresa e como a empresa se envolve com elas.
- **Materialidade:** o que é relevante e afeta decisões e ações da empresa.
- **Reatividade:** como a empresa reage e responde a questões relativas à sustentabilidade.
- **Impacto:** como as ações da empresa impactam o ecossistema.

---

73 STANDARDS. *AccountAbility*. 2024. Disponível em: https://www.accountability.org/standards/. Acesso em: 24 fev. 2024.

Quem é importante para a sua empresa? O que é feito para as partes interessadas? Qual a contribuição da empresa para um ambiente sustentável? Como a empresa trabalha para promover a inclusão?

Inúmeras perguntas deverão ser respondidas, de acordo com o perfil da empresa e o que ela se propõe a oferecer para a sociedade. Há que se avaliar os riscos reputacionais, legais e financeiros e o impacto na vantagem competitiva da empresa ao levar em conta questões ambientais e sociais.

Existem diferentes *standards*, modelos e normas para medir, comunicar, nortear a gestão e divulgar ações de sustentabilidade. A combinação deles leva a uma avaliação e monitoramento mais precisos.

Um roteiro conhecido é seguir as diretrizes do GRI que oferecem as ferramentas adequadas para relatórios de sustentabilidade. Foi criado há 25 anos e é atualizado constantemente.

FALA QUE EU TE ESCUTO

Ainda não inventaram método mais eficiente para incluir o outro do que escutá-lo. Ouvir, lembra Angela Donaggio, é um ato físico. Você pode ouvir alguém enquanto responde a uma mensagem no celular ou até dirige. Escutar é estar emocionalmente conectado ao outro, e levar isso em consideração. Escutar para engajar as partes interessadas: acionistas, funcionários, assessores, investidores, fornecedores, agentes públicos, clientes, consumidores. Parece uma ferramenta muito simples, mas as empresas falham miseravelmente no processo de escuta. Gente também falha. Escutar a si mesmo e escutar o outro são instrumentos de mudança.

O questionário chegou por e-mail para todos os funcionários da firma. No cabeçalho, um aviso de que o prazo para entrega venceria em alguns dias e que era obrigatório responder às perguntas. Os questionamentos eram sobre as expectativas da equipe, o que compreendiam dos objetivos da empresa, o desempenho de chefes e líderes para acolher ideias e buscar inovação, como tornar a empresa mais inclusiva e por aí vai.

Um aviso informava que as respostas eram confidenciais, mas um informe inicial alertara que aquele "ambiente", o computador, era monitorado pela empresa. As respostas, previsivelmente, foram carregadas de autocensura. Entre funcionários, a pesquisa virou piada. O esforço foi no sentido de responder o que imaginavam que a empresa gostaria de ouvir.

O processo de escuta exige ética e confiabilidade; exige do líder aprendizado para ouvir seus colaboradores e ficar mais próximo deles. Nunca funcionou e não funcionará por imposição.

Há os que desmontem o potencial desses questionários. Um relatório da AccountAbility traduz a importância do processo de escuta para empresas. A imagem usada é a de pássaros pegando carona em um rinoceronte. Rinocerontes estão em risco de extinção, por causa da ação predatória de humanos. O WWF calcula que existam apenas 27 mil deles no planeta. A única vez que vi um rinoceronte na vida foi na cratera de Ngorongoro, na Tanzânia. Um rinoceronte preto apressado, ignorando hienas e antílopes, andando sem direção. Rinocerontes são solitários, não vivem em grupos. Lá estava ele, sozinho, porém acompanhado de pássaros que bicavam o couro grosso do bichão para tirar parasitas. O relatório da AccountAbility usa essa metáfora para explicar a importância do engajamento das partes interessadas. É uma relação simbiótica. Os pássaros enchem a paciência do rinoceronte com bicadas, mas o encontram e o livram de parasitas e ainda "gritam", com algazarra, para avisar da proximidade de algum inimigo. É assim que deve ser em empresas que buscam inovação. O rinoceronte e seus amigos pássaros mostram como se faz uma boa gestão de *stakeholders*: com troca.

As regras são claras. Os objetivos também. Um ajuda o outro, buscando sempre o futuro, o que está por vir. A AccountAbility sugere passos para realização de painéis, projetos de trabalho para envolver partes interessadas, propor inovação, identificar questões ambientais e sociais relevantes para a estratégia do negócio e sua performance. É como um fórum de diálogo com um desafio mútuo em que participantes aprendem a desenvolver soluções em conjunto.

PASSO 1: O PLANO

Deixe claro o propósito e dê prioridade ao envolvimento de *stakeholders* no processo de tomada de decisão para os objetivos do trabalho. Os riscos e benefícios fazem sentido para todos? Interligue o trabalho com outros projetos de engajamento de *stakeholders* e de governança. Garanta apoio interno da empresa e envolvimento das maiores lideranças para execução do projeto, incluindo o orçamento necessário para desenvolver o trabalho.

PASSO 2: ESTABELEÇA REGRAS

Informe as regras e deixe claros os objetivos estratégicos. Questões fundamentais devem ser debatidas e acordadas pelo grupo. Considere a possibilidade de convidar um facilitador externo que possa ajudar a desenvolver o processo.

PASSO 3: CONVIDE DEBATEDORES

Os debatedores deverão ter a capacidade de refletir as preocupações dos principais grupos de *stakeholders*.

PASSO 4: GARANTA APOIO DA EMPRESA PARA O PROJETO

Ajude os debatedores a entender as estratégias da corporação e operações envolvidas, material de apoio e treinamento. Construa confiança em parcerias bilaterais que reflitam a importância do projeto.

PASSO 5: ACOMPANHE OS RESULTADOS

Faça revisão dos progressos e promova mudanças necessárias para que os propósitos sejam alcançados.

LICENÇA SOCIAL PARA OPERAR

A licença social para operar não se restringe a papéis e despachos burocráticos. Está no coração do ESG escutar e se entender com todas as partes interessadas, acionistas, clientes, fornecedores e comunidades afetadas pelo empreendimento. É fundamental obter aval da comunidade antes de estabelecer um empreendimento, ainda que sustentável, mas que possa impactar de forma negativa pessoas da região. Para tanto, é preciso mapear quem são as partes interessadas e ouvi-las, buscar o menor impacto negativo possível e oferecer soluções para eventuais problemas que surjam.

- Empresa leva energia eólica para município.[74]

- A inovação voltada para a sustentabilidade peca por não ouvir a comunidade local.

---

[74] BASSO, Gustavo. Sonho da energia verde vira pesadelo para alguns na Caatinga. *DW*. 11 jan. 2024. Disponível em: https://www.dw.com/pt-br/sonho-da-energia-verde-vira-pesadelo-para-alguns-na-caatinga/a-67791064. Acesso em: 20 jun. 2024.

::: O lado B: B corporations

Outro jeito de medir e de mudar. Estabelecida nos Estados Unidos em 2006, é uma rede sem fins lucrativos que criou e divulgou métricas e processos de certificação para uma economia regenerativa, inclusiva e equitativa. Usa um modelo de planejamento que revela o impacto desejado pela empresa.

As *B Corps* querem mudar a economia global, com benefícios para todos.[75] B vem de benefícios. Aqui no Brasil, fazem parte do Sistema B: uma comunidade global de líderes que usam os seus negócios para a construção de um sistema econômico mais inclusivo, equitativo e regenerativo para as pessoas e para o planeta.

> "Não vamos parar até que todos os negócios sejam uma força do bem."
> — B LAB

---

[75] DRIVING continuous improvement for high-quality social and environmental business standards. *B Lab*. 2024. Disponível em: https://www.bcorporation.net/en-us/standards/development-and-governance/. Acesso em: 24 fev. 2024.

As *B Corps* devem seguir padrões sociais, ambientais, de prestação de contas e de transparência. A ferramenta B Avaliação de Impacto é usada para medir, gerenciar e melhorar o impacto da empresa para trabalhadores, comunidades, clientes, fornecedores e ambiente. É preciso atingir pelo menos oitenta pontos na avaliação de impacto para obter o certificado de *B Corp* e atingir três requisitos básicos:

- performance social e ambiental;
- prestação de contas, mostrando impacto de decisões para todos os *stakeholders*;
- transparência traduzida em confiança.

ESTRATÉGIA

Como a sua empresa pode ser melhor que outras para a comunidade da qual ela faz parte? A empresa que não absorve a cultura ESG fica para trás. Gestores devem levar em consideração essa realidade se quiserem que suas empresas alcancem maior rentabilidade e entrem em vantagem competitiva, criando valor e alcançando desempenho.

Toda empresa deve ter uma estratégia, um norte, um objetivo de longo prazo.

> "A estratégia não está somente na análise do ambiente interno ou externo da empresa, e sim na complementaridade entre essas duas esferas de interferência e composição da competitividade das empresas."[76]

---

76 BRITO, Renata Peregrino de. *Criação de valor, vantagem competitiva e o seu efeito no desempenho financeiro das empresas*. 2011. Tese (Doutorado em Administração de Empresas) – Escola de Administração de Empresas de São Paulo da Fundação Getulio Vargas, São Paulo, 2011.

Em 2011, o economista Michael Porter uniu essas duas esferas no conceito de valor compartilhado: a solução está no princípio do valor compartilhado, que envolve a geração de valor econômico de forma a criar também valor para a sociedade (com o enfrentamento de suas necessidades e desafios).

É preciso reconectar o sucesso da empresa ao progresso social. Valor compartilhado não é responsabilidade social, filantropia ou mesmo sustentabilidade, mas uma nova forma de obter sucesso econômico. Não é algo na periferia daquilo que a empresa faz, mas no centro. E, a nosso ver, pode desencadear a próxima grande transformação no pensamento administrativo.[77]

Porter propôs o que está na essência do ESG. Com Porter, a regra é clara: se é negativo para a comunidade, é negativo para a empresa também. Na análise externa, ele considerou cinco forças que ajudam a dimensionar a competitividade da empresa e a identificar os potenciais dos concorrentes:

1. Rivalidade entre concorrentes.
2. Poder de barganha dos fornecedores.
3. Poder de barganha dos compradores.
4. Ameaça de novos entrantes.
5. Ameaça de produtos ou serviços substitutos.

---

[77] PORTER, Michael E.; KRAMER, Mark R. Creating Shared Value: How to reinvent capitalism – and unleash a wave of innovation and growth. *Harvard Business Review*, jan.-fev. 2011. Disponível em: https://hbr.org/2011/01/the-big-idea-creating-shared-value. Acesso em: 24 fev. 2024.

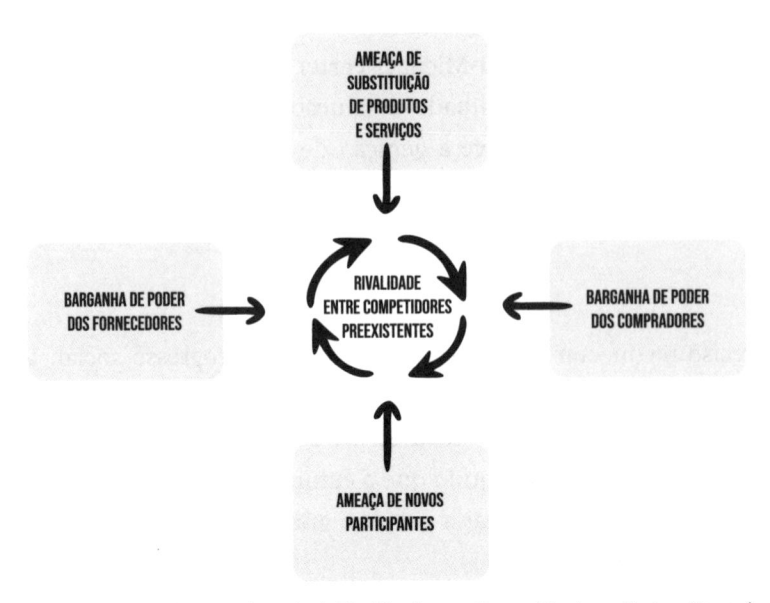

```
                    AMEAÇA DE
                    SUBSTITUIÇÃO
                    DE PRODUTOS
                    E SERVIÇOS
                          ↓
BARGANHA DE PODER  →  RIVALIDADE   ←  BARGANHA DE PODER
DOS FORNECEDORES      ENTRE COMPETIDORES  DOS COMPRADORES
                      PREEXISTENTES
                          ↑
                    AMEAÇA DE NOVOS
                    PARTICIPANTES
```

Fonte: adaptada de The Five Forces. *Harvard Business Review*. Harvard Business School. Disponível em: https://www.isc.hbs.edu/strategy/business-strategy/Pages/the-five-forces.aspx. Acesso em: 19 jun. 2024.

A análise interna leva em conta recursos e capacidades da empresa, usando-se o modelo VRIO:

- **Valor:** qual o recurso valioso da empresa?
- **Raridade:** qual a raridade, a limitação do recurso?
- **Imitabilidade:** é fácil de ser copiado?
- **Organização:** qual a estrutura da empresa para usar o recurso valioso?

Agora, aplique tudo isso em práticas ambientais, sociais e de governança para conseguir vantagem competitiva. Isso é ESG.

- 👍 • ESG é sustentabilidade empresarial.
- 👎 • Lucro e propósito são independentes.

::: Mercado de
crédito de carbono

Adivinhe de onde partem as principais emissões de carbono no Brasil. Acertou se respondeu que vêm do desmatamento, da agricultura e da pecuária. Esses devem ser os alvos prioritários do país para conseguir cumprir os compromissos assumidos de neutralizar as emissões de gases de efeito estufa.

É preciso encolher a produção? Não. É hora de inovação, investimento em novas tecnologias, estratégia e mitigação para reduzir impactos ambientais.

**É DOS MAIORES FRASCOS
QUE SAEM OS PIORES PERFUMES**

O Programa da ONU para o Meio Ambiente calcula que 33% das emissões de metano saiam da pecuária. Na vaca, a comida mal entra na boca e já são liberados gases. Arrotando e mastigando, mastigando e arrotando. E um conjunto de quatro estômagos. Quatro! O rúmen é o maior de todos: um sacão onde cabem até cem quilos de comida. O capim fica ali, como em uma máquina de lavar roupa, de molho, com bactérias, protozoários e fungos. A fermentação das fibras leva até 48 horas. Esôfago, rúmen, retículo, abomaso e omaso formam uma fábrica de gás metano.

O processo digestivo de uma vaca é algo que só a ciência explica. E, convenhamos, a ciência tem feito muito para inovar e mitigar os efeitos gasosos das vacas. Tem pesquisa para tudo. Uso de óleos essenciais na dieta de bois e vacas que contêm tanino, um inibidor de metano, ainda no sacão do rúmen dos bovinos. Aparelhos que medem em tempo real a quantidade de gás emitida pelo gado quando ainda está mastigando o capim. Melhoramento genético, promovendo a redução da intensidade de emissão de metano por litro de leite produzido. São novas tecnologias e pesquisas que podem tornar robusta a sustentabilidade na pecuária. O Brasil está entre os maiores produtores de leite de vaca do mundo. Mas há uma outra questão: precisamos de tanto leite?

O CORRETO ARADO PREPARA O SOLO PARA O MERCADO DE CARBONO

A estrada que liga o Centro-Oeste ao Nordeste está na minha memória afetiva. Quando eu era pequena, o grande programa de férias era ir para a fazendo do tio Paulo, no Vale do Paranã, em Goiás. O carro sempre atolava nas valas que se abriam na estrada. Era inevitável ficar coberta de lama, depois de empurrar e tirar o carro do atoleiro. A viagem levava um século e eu achava bom. Da janela, identificava figuras que se formavam com nuvens, tentava imaginar o que estava além da serra. Desde pequena, aprendi a enxergar a beleza do Cerrado.

Minha mãe me apresentou árvores e plantas da região. É tudo muito delicado. Os troncos em forma de pele de crocodilo, as flores minúsculas e em tons de aquarela. O carro seguia, enfrentando a buraqueira, e a gente brincava de tentar identificar árvores do Cerrado.

"É babaçu, é babaçu!"

"Perdeu, é buriti."

A viagem passava rápido para o grande encontro com o Morcego Vermelho, um pangaré de orelha caída que me levava para passear e sonhar pelo Vale do Paranã. Jiboia era o bicho mais besta que a gente encontrava nos passeios. Nunca vi onça, mas minha tia Joesse cansou de ver. A gente ia a cavalo até o alto da serra, onde – espero – ainda estão por lá figuras rupestres de nossos antepassados. Meu tio criava gado de corte. Além do pasto, tinha arrozal, milharal; meu tio explicava como alternava culturas para a terra não ficar fraca.

Peguei a estrada em direção à Bahia. Olha o jerivá! O tamanho daquele angico! A barriguda, olha! Até que tá pequena. Já vi muito maior. Asfalto bom, como mudou. Mudou também a paisagem. Passei pelo Tocantins e veio a angústia. A mesma imagem, estática: um deserto de soja. Não precisa ser assim. E há esforços para aprimorar o sequestro de carbono na agricultura e a produção agrícola sustentável.

Há milênios a humanidade sabe que a rotação de culturas ajuda a preservar o solo. Outras estratégias são: uso racional de agrotóxicos, preservação de áreas para evitar desmatamento, uso de tecnologias para digitalizar dados, uso eficiente da terra, com produção de mais alimentos por hectare, recuperação de pastagens degradadas. Com a agrofloresta, é possível preservar o ambiente e aumentar a produtividade: alimentos e árvores na mesma área de cultivo.

A agroecologia prova que o uso de agrotóxicos não é necessário quando existem várias espécies de plantas juntas. Uma protege a outra e não surgem as pestes causadas pela monocultura.

Com boas práticas, a agricultura pode avançar no mercado de carbono, hoje focado principalmente em energia e transporte. Há os que emitem e há os que sequestram o carbono, retirando o CO_2 da atmosfera para ser transformado naturalmente em oxigênio.

GESTÃO DE RESÍDUOS

O que vai parar na boca da tartaruga? No mercado, há uma máxima que diz que, no fim das contas, a preocupação é flagrar a tartaruga com a marca de uma empresa na boca. É ironia, mas reflete a preocupação com o impacto dos danos à imagem que se concentram no fabricante, no dono da marca. Quanto mais desenvolvida a sociedade, maior a compreensão de que todos são responsáveis e de que todos sofrem impacto: consumidores, comerciantes, fornecedores, concorrentes, fabricantes, governos.

No Brasil, estima-se que a produção nacional de resíduos chegue a 86 milhões de toneladas por ano. Desse total, entre 3% e 5% são reciclados. Ainda é muito pouco. A Política Nacional de Resíduos Sólidos (PNRS) foi construída para promover uma responsabilidade compartilhada com todos os agentes – produtor, distribuidor, comerciante e consumidor – sobre o destino correto das embalagens.

Algumas categorias, obrigatoriamente, têm que fazer a logística reversa: pilhas, eletroeletrônicos, lâmpadas, pneus, óleos fabricantes, agrotóxicos. Mas, veja bem, até lâmpada tem embalagem. O que fazer com ela? Eu sou responsável pelo lixo que produzo. Você também é. É o que prevê a PNRS. O consumidor tem papel fundamental na destinação correta de resíduos sólidos.

Ainda estamos aprendendo o básico do básico: saco plástico de salgadinho é reciclável? Não. Caixa de pizza? A parte de cima, que não ficou suja de molho de tomate. Embalagem de medicamentos? Não; deve ser entregue em farmácias. Embalagem de shampoo? Nem sempre; se tiver o número 7 na embalagem, não serve para reciclagem. Haste de cotonete? Por que ainda usam cotonete? Otorrinos alertam que é prejudicial para os ouvidos. Não são recicláveis. Há opções sustentáveis. Caixa de ovos? A de papelão tem mais valor de reciclagem. Vidro? Sim. Plástico-filme? Não.

Plástico, plástico, plástico, plástico... é difícil saber o que é o quê e por que há tantos tipos. Os números que aparecem nas embalagens servem para controle da indústria e também para identificação na hora da seleção do que pode ser reciclado:[78]

1. **PET é o das garrafas de refrigerante:** alta taxa de reciclagem.
2. **PEAD:** sacolas de supermercado e embalagens de produtos de higiene e de limpeza. Alta taxa de reciclagem.
3. **PVC dos canos:** baixa taxa de reciclagem.

---

[78] DESCUBRA o que são os números nas embalagens de diferentes tipos de plástico. *Eureciclo*. 27 nov. 2018. Disponível em: https://blog.eureciclo.com.br/importancia-dos-numeros-nas-embalagens/. Acesso em: 24 fev. 2024.

4. **PEBD ou PF-LD:** brinquedos, garrafas e sacos de lixo. Reciclável.
5. **PP:** potes de sorvete e de outros alimentos. Reciclável.
6. **PS:** o isopor é um tipo de plástico e é reciclável.
7. **Outros:** plásticos de difícil reciclagem.

Num exercício bem simples, já é um avanço ter em casa quatro lixeiras: uma para recicláveis, outra para material orgânico, outra para o banheiro e outra para compostáveis (por exemplo, cascas de frutas e de legumes e verduras).

A PNRS, prevista na Lei n. 12.305 de 2010, enfatiza o ciclo de vida do produto, desde o processo produtivo até seu fim.[79] Há até previsão de multa para o consumidor que não tratar o lixo de forma adequada, mas, convenhamos, a prioridade é educar a população que tem pouco acesso a informações sobre a destinação adequada de embalagens, resíduos e rejeitos.

RESÍDUOS E REJEITOS

Resíduo é todo material, substância, objeto que já foi descartado, mas que ainda permite alguma possibilidade de uso, por reciclagem ou reaproveitamento.

Rejeitos são resíduos sólidos que não apresentam nenhuma possibilidade de recuperação ou reutilização, por processos tecnológica e economicamente viáveis. O único fim é o descarte, que deve ser feito sem prejudicar o ambiente.

LOGÍSTICA REVERSA

Do ponto de consumo ao ponto de origem. São ações que permitem coletar e restituir resíduos sólidos ao setor empresarial para reaproveitamento em seu ciclo de vida, ou para que tenham um destino final adequado, sustentável.

---

[79] PORTAL EDUCAÇÃO AMBIENTAL. *Ciclo de vida do produto*. Disponível em: https://semil.sp.gov.br/educacaoambiental/prateleira-ambiental/ciclo-de-vida-do-produto/. Acesso em: 29 jul. 2024.

GINÁSTICA DIÁRIA É TENTAR FAZER MENOS LIXO

Grandes empresas devem fazer o mesmo. Adotar planos de logística reversa para aproveitamento em reciclagem, reúso e desmanche. Para isso, devem fazer parcerias com cooperativas e catadores de materiais recicláveis. A empresa que consegue dar uma boa destinação a resíduos sólidos, evitando mais lixo, tem o potencial de emitir menor quantidade de gases poluentes e trocar essas conquistas por créditos de carbono.

Ainda estamos distantes do ideal. A Holanda é um exemplo em economia circular e aproveitamento de resíduos sólidos e tem metas até para a indústria da moda. A partir de 2025, 50% das roupas e tecidos oferecidos no mercado serão reciclados.

A indústria têxtil é muito poluente. Estima-se que seja responsável por 20% da poluição da água. O processo de fabricação de roupas sintéticas é responsável pela liberação de 35% dos microplásticos no meio ambiente. As blusinhas baratinhas da Shein e de outros gigantes do mercado fashion custam caro para o planeta. Quando subi o Kilimanjaro, na Tanzânia, passei por um aterro sanitário em Dar es Salaam. Era uma montanha de roupas que Europa e China não quiseram mais e mandaram para lá. Maior ainda é a cordilheira de roupas descartadas no Deserto do Atacama, no Chile. Longe dos olhos dos turistas, se acumula muita roupa, empilhada em um aterro. Pessoas, em péssimas condições de trabalho, garimpam as que ainda podem ser aproveitadas. A ONU declarou a *fast fashion* como uma emergência ambiental e social.

O MEU, O SEU, O NOSSO LIXO

Quem será que inventou o bordão "não existe jogar fora", numa referência ao lixo e ao planeta? Não existe mesmo, e o lixo não reciclado ou vai para o lixão ou para o aterro sanitário. É vergonhoso que o Brasil ainda tenha mais de 2,5 mil lixões no país.

Um lixão é um dos maiores atestados de subdesenvolvimento que um país pode ter. É o atraso do atraso. Matéria orgânica, sacos plásticos, isopor, papel, metal, vidro, de um tudo vai parar no lixão. Mais de 30 milhões de toneladas por ano. A matéria orgânica vira um líquido nojento e poluente, o chorume, que escorre pelo solo, contaminando-o com toxinas por onde passa.

O Plano Nacional de Resíduos Sólidos previu a extinção de todos os lixões até 2024. Só se houver um milagre, pois 40% dos resíduos no Brasil ainda vão parar em locais inadequados.

A sede da COP30, a Conferência das Partes, será em Belém do Pará em 2025. Chefes de Estado do mundo inteiro virão ao Brasil para discutir como enfrentar e combater a crise climática e promover ações sustentáveis.

Ainda não há solução para um descalabro ambiental: Belém do Pará tem um lixão na região metropolitana e um aterro sanitário lotado de lixo, imprestável. Que não seja a estratégia adotada em Mumbai, na Índia, há muitos anos. Quando li *Behind the Beautiful Forevers*, da escritora Katherine Boo, tive noites intermináveis de insônia. Conheço o Brasil e os desafios da pobreza, estive a trabalho nos municípios mais pobres do país, mas nada se compara com o que a ensaísta norte-americana testemunhou e narrou com maestria. Editorialista do *The Washington Post*, ela se mudou dos Estados Unidos para a Índia, para acompanhar o marido, executivo do mercado financeiro. Lá, conheceu uma favela paupérrima, perto do aeroporto. Ganhou o Prêmio Pulitzer, com uma narrativa brilhante sobre desigualdade social, corrupção, pobreza e sustentabilidade. Crianças mordidas por ratos, famílias que se alimentam de restos, eunucos; corrupção, brigas, uma comunidade inteira vivendo do lixo. E tudo escondido por painéis gigantescos, entre a favela e a pista de acesso ao aeroporto de Mumbai, de pisos cerâmicos italianos que deixam a cozinha *beautiful forever*. Nada deve ser escondido em Belém do Pará. E as soluções, sejam elas quais forem as possíveis, devem ser íntegras, transparentes. É o único caminho para transformações verdadeiras.

Os aterros sanitários são preparados para receber os resíduos sólidos. Evitam que o solo e a água fiquem poluídos. Aterro sanitário abarrotado é problema ambiental grave. A outra questão é o que vai para a atmosfera. Os aterros sanitários são a terceira maior fonte de emissão de gás metano, que é transformado em energia.

Nas discussões sobre a legislação que cria o mercado regulado de carbono, os aterros sanitários foram excluídos. Um erro. Afinal, apenas 30% do metano gerado em aterros pode ser capturado, mesmo com as mais avançadas tecnologias.

Outro erro é achar que o problema é dos outros. O lixo é seu, o lixo é meu, é de empresas, da indústria. Todos precisamos: reduzir, reutilizar e, por fim, reciclar.

A QUITANDA DE CARBONO

Desde que o mercado de carbono foi inventado, tem sido alvo de denúncias e controvérsias. E assim se passaram mais de trinta anos. São incontáveis as acusações de fraudes, mas muitos casos de sucesso também.

Há quem diga que o mercado de carbono é tão somente uma licença para emitir gases de efeito estufa. Não é assim, mas pode até ser. Empresas poluidoras compram créditos de carbono com troco de balinha. Países insistem na dependência de combustíveis fósseis porque esse é o modelo que vem funcionando há séculos. Quem quer perder dinheiro, ainda que seja num primeiro momento?

No mercado voluntário, empresas e organizações têm aperfeiçoado as regras, com a criação de órgãos independentes de governança para assegurar a integridade do negócio. O mercado voluntário não tem um limite de emissões.

O Brasil concentra 15% do potencial global de captura de carbono por meios naturais, com projetos de conservação ambiental e de aproveitamento de resíduos.[80] É muita riqueza, num momento em que o mundo inteiro busca soluções para descarbonizar a economia global.

A descarbonização pede um mercado regulado de carbono com rédeas curtas, regras claras. A indústria e o governo a abraçaram, e o

---

80 BLAUFELDER, Christopher *et al.* Mercado voluntário de carbono tem potencial gigantesco no Brasil. *McKinsey&Company*. 14 set. 2022. Disponível em: https://www.mckinsey.com.br/our-insights/all-insights/mercado-voluntario-de-carbono-tem-potencial-gigantesco-no-brasil. Acesso em: 24 fev. 2024.

projeto tramitou no Congresso Nacional. E cederam. O projeto aprovado não incluiu o agronegócio entre os setores obrigados a fazer parte do mercado regulado. Fertilizantes são responsáveis por 2,5% do total de emissões de gases de efeito estufa. O rebanho bovino emite 17% de todas as emissões de CO_2 no Brasil.

A explicação foi que o agro não está em nenhum mercado regulado do mundo e que é impossível contabilizar as emissões do setor, levando em conta as variáveis regionais, a qualidade do solo – que exigirá maior ou menor quantidade de fertilizantes – e as intercorrências climáticas (secas, enchentes e geadas).

Durante as discussões na Câmara dos Deputados, parlamentares excluíram os aterros sanitários do mercado regulado, desde que apresentem tecnologias para neutralizar as emissões. Os aterros estão entre os que mais respondem pelas emissões de metano, gás que provoca de 30% a 50% do aumento de temperatura na Terra.

No Brasil, quase metade do metano emitido vem do setor de resíduos sólidos. Todos temos nossos interesses e ninguém quer perder dinheiro. E foi assim que legisladores enfrentaram *lobbies* variados. São exceções que deixam o mercado regulado desregrado e ameaçam bater como vento nessa preciosa janela de oportunidade.

A INJUSTIÇA CLIMÁTICA

O Brasil ganhou o título de um dos países mais desiguais do mundo. As diferenças de renda são exorbitantes. Entre cem países analisados pelo World Inequality Lab, o Brasil está em segundo lugar entre os países do G20, grupo que tem como membros as dezenove maiores economias do mundo e União Europeia.[81]

É num país com tanta desigualdade que um determinado grupo de trabalhadores exerce papel fundamental para a sociedade e ainda

---

[81] INCOME inequality, Brazil, 2001-2021. *World Inequality Database*. Disponível em: https://wid.world/country/brazil. Acesso em: 24 fev. 2024.

enfrenta a invisibilidade e a falta de reconhecimento profissional e financeiro. Não imagino que alguém escolha o trabalho de catador por opção. É muito duro. Mesmo nas cooperativas mais organizadas, a coleta e a separação do material que vai ser reciclado do que não pode ser reaproveitado ainda são feitas em condições muito ruins.

Os catadores são a mais perfeita tradução do que se chama justiça climática. No caso, injustiça climática. O papel deles, no Brasil, é essencial para a logística reversa e para ações sustentáveis de reciclagem. Ganham mal, não recebem incentivos e ainda são invisíveis para a sociedade. Coletam embalagens, fazem a triagem, separam resíduos e os vendem para o reciclador.

CRÉDITOS DE RECICLAGEM

Desde 2002, é possível comprar créditos de reciclagem para cumprir a PNRS. Empresas que ainda não conseguem montar um projeto próprio de logística reversa podem compensar o que geram de resíduos, comprando créditos gerados por empresas de reciclagem. O primeiro passo é levantar quanto resíduo é produzido pela empresa. Uma cooperativa de catadores é contratada para recolher o equivalente ao que é produzido, e a prova de que o trabalho foi feito é a emissão de nota fiscal. Dessa forma, empresas financiam cooperativas de catadores que cumprem a missão de recolher os resíduos.

::: Linguagem E S G

A complicação já começa pela sigla, em inglês. Ainda há um desconforto aqui no Brasil sobre como pronunciá-la.

E environmental	**S** social	**G** governance
A ambiental	**S** social	**G** governança

Todo mundo quer ver o retorno sobre o investimento (ROI), mas poucos entendem o valor do longo prazo. É o dinheiro, meus caros! Investir é lidar com riscos, e ESG procura identificar riscos ambientais, sociais e de governança que ameacem empresas. É compor e adotar métricas e regras para cumprir metas e enfrentar riscos materiais.

Viver é correr riscos. Vale para pessoas, vale para empresas. No caso das empresas, os riscos se dividem em: econômicos, ambientais, geopolíticos, sociais e tecnológicos.

RISCOS 2 ANOS	RISCOS 10 ANOS
• Desinformação e informação falsa	• Eventos climáticos extremos
• Clima extremo	• Alterações críticas nos sistemas da Terra
• Polarização social	• Perda de biodiversidade
• Conflitos armados interestaduais	• Crises de recursos naturais
• Cibersegurança	• Desinformação e informação falsa
• Falta de oportunidades econômicas	• Resultados adversos das tecnologias de IA
• Inflação	• Migração involuntária
• Migração involuntária	• Cibersegurança
• Recessão econômica	• Polarização social
• Poluição	• Poluição

Fonte: The Global Risks Report 2024. *World Economic Forum*. 19. ed. Disponível em: https://www.weforum.org/global-risks/. Acesso em: 24 fev. 2024.

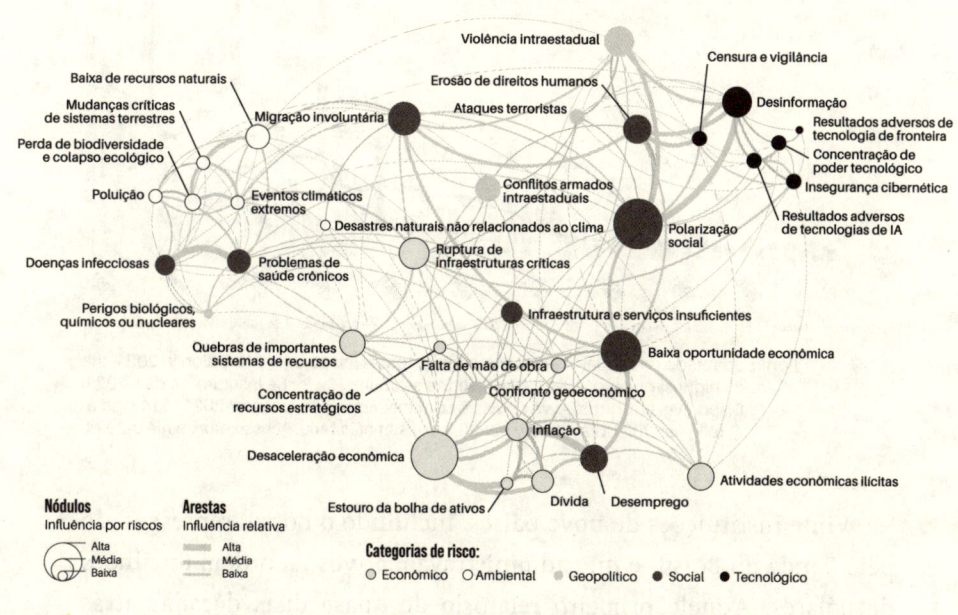

Fonte: Fórum Econômico Mundial de Riscos Globais. Pesquisa de Percepção 2023-2024.

Em 2004, o termo ESG foi usado pela primeira vez. Não foi coisa de ativistas ou ambientalistas. Surgiu por uma questão meramente financeira, uma demanda de mercado. Seguradoras e bancos, provocados pelo então secretário-geral da ONU Kofi Annan, se reuniram para discutir como integrar questões ambientais, sociais e de governança à gestão de ativos financeiros, carteiras de seguros e avaliação de risco.

Não foi à toa que as seguradoras atenderam prontamente ao desafio. Afinal, os anos anteriores haviam sido preocupantes do ponto de vista financeiro. Furacões, enchentes, tsunamis e terremotos provocaram prejuízos que não estavam previstos, e o aumento de desastres naturais atingiu em cheio o setor de seguros.

Veja o gráfico com o efeito das mudanças climáticas ao longo dos anos:

Perdas asseguradas desde 1970
USD bilhões (nos preços de 2021)

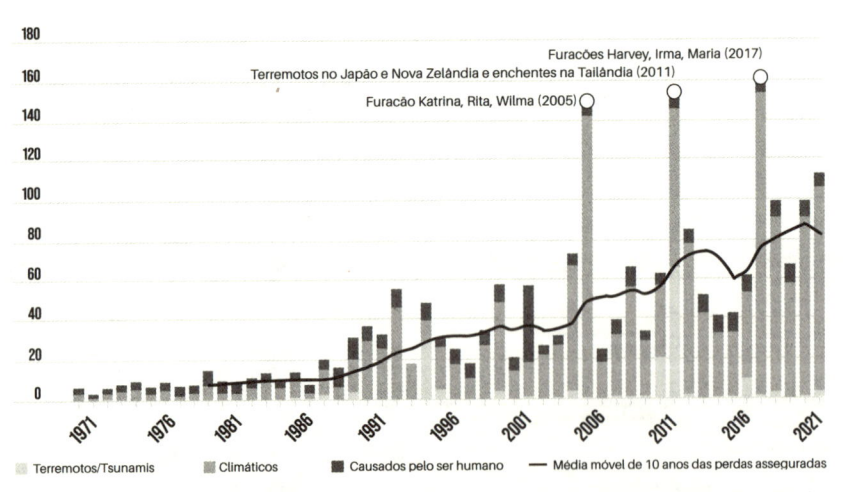

Fonte: adaptado de Global insured catastrophe losses rise to USD 112 billion in 2021, the fourth highest on record, Swiss Re Institute estimates. *Swiss Re Institute*. 14 dez. 2021. Disponível em: https://www.swissre.com/media/press-release/nr-20211214-sigma-full-year-2021-preliminary-natcat-loss-estimates.html. Acesso em: 29 maio 2024.

Vinte instituições de nove países, incluindo o nosso, representado pelo Banco do Brasil, e que administravam ativos da ordem 6 trilhões de dólares. Aquele primeiro relatório de quase duas décadas atrás trouxe diretrizes e metas para diferentes setores do mercado.

- **Analistas:** devem incorporar questões ambientais, sociais e de governança em suas pesquisas e avaliações de risco. Mercados emergentes deveriam receber um olhar especial em relação ao desenvolvimento sustentável.
- **Universidades e faculdades de economia:** devem dar suporte com pesquisas avançadas.
- **Instituições financeiras:** devem formular metas de longo prazo, integrando ESG.
- **Empresas:** devem ser liderança para implementar princípios de ESG e providenciar relatórios detalhados anuais.
- **Investidores:** devem solicitar e premiar empresas que incluam ESG.
- **Fundos de pensão e administradores:** devem levar em conta ESG na formulação e seleção de investimentos, além de votar nas assembleias.
- **Consultores:** devem ajudar a criar uma demanda mais estável de pesquisa, que leve em consideração ESG.
- **Bolsas de Valores:** devem incluir critérios ESG e grau de importância de ESG nas empresas participantes.
- **ONGs:** devem dar mais transparência, com informações objetivas para o público e para instituições financeiras.

- **E:** o que impacta o mundo e as mudanças no clima; dilema do *net zero*; muito além de apenas plantar uma árvore.
- **S:** partes interessadas e que impactam e são impactadas pelo negócio; colaboradores; clientes; comunidade; fornecedores.
- **G:** é a boa governança que assegura a integridade da empresa, dá limites e garante o propósito, reduz riscos e custos, sustenta os princípios éticos da organização.

O S do ESG tem foco nas políticas e práticas organizacionais relacionadas aos direitos humanos, ética nos negócios, gestão da cadeia de suprimentos, diversidade e inclusão e impactos sociais resultantes das operações corporativas.

O valor social surge no contexto do ambiente construído, explorando o impacto que os lugares têm nas pessoas e nas comunidades.

Perspectivas gerais da sociedade com as oportunidades específicas decorrentes do valor social: saúde e segurança; diversidade e igualdade; direitos humanos e ética; compra responsável; emprego e habilidades; acesso à moradia; empoderamento das comunidades locais; criação de espaços e administração.

O QUE VOCÊ SUSTENTA?

Quando li a carta de António Guterres, secretário-geral da ONU, pensei: *Que falta de criatividade a minha*. Já estava no rascunho deste livro uma carta, escrita por mim, no imaginário ano de 2050. Eu olhava para trás e concluía que tudo tinha sido em vão. Promessas vazias, esforços pontuais, o mundo estava no fim.

A carta de Guterres foi escrita para a tataraneta dele, para ser lida em 2100:[82]

"Minha querida tataraneta,
Eu gostaria de estar com você ao abrir esta carta no ano de 2100.
Minha mente está inundada de curiosidade sobre sua vida, suas esperanças e sonhos, e que tipo de mundo existe fora de sua janela.
Mas devo confessar, estou fixado em uma questão: você abrirá esta carta com um espírito de felicidade e gratidão ou com desapontamento e raiva da minha geração?

---

82 Tradução livre de: GUTERRES, António. The Head of the United Nations Makes a Climate-Change Apology to His Future Great-Great-Granddaughter. *Time*. Disponível em: https://time.com/collection/earth-awards-2023/6272884/antonio-guterres-climate-change-apology-great-great-granddaughter/. Acesso em: 29 jul. 2024.

Enquanto escrevo para você em 2023, a humanidade ainda está perdendo a luta de nossas vidas: a batalha contra a convulsão climática que ameaça nosso planeta.

Se eu estivesse com você agora, você poderia perguntar se vimos o desastre chegando.

Sim, nós vimos.

Estamos bagunçando nosso planeta por meio de ganância sem limite, ação tímida e um vício em combustíveis fósseis que está levando as temperaturas a novas máximas inabitáveis a cada ano.

Cientistas, a sociedade civil, as Nações Unidas – e o mais inspirador de tudo, os jovens – lideraram o movimento pela ação climática. Mas muitos líderes falharam em intensificar.

Hoje, nosso mundo está em uma encruzilhada, com dois caminhos diante de nós que terão um impacto direto em seu futuro.

O primeiro leva a um futuro de aumento implacável da temperatura, secas e fome mortais, derretimento de geleiras e aumento do nível do mar. Comunidades devastadas e apagadas por inundações e incêndios florestais. Extinção e perda de biodiversidade em escala épica.

Resumindo: um rastro de destruição.

O segundo caminho leva ao legado que você merece: ar respirável, melhor saúde, sistemas alimentares sustentáveis, água limpa e economias circulares robustas. Um futuro alimentado por energia renovável e empregos verdes de alta qualidade.

Estou determinado a que a humanidade siga este segundo caminho. Temos as informações de que precisamos. Temos as ferramentas e a tecnologia.

O que precisamos é de vontade política para forjar um pacto de paz com a natureza e transformar o modo como cultivamos alimentos, usamos a terra, abastecemos o transporte e geramos economias.

Os países ricos devem ajudar os menos ricos a reduzir as emissões de carbono e fazer grandes investimentos em energia renovável e na proteção de comunidades vulneráveis.

É claro que, mesmo que tomemos todas essas medidas, nosso clima ainda mudará drasticamente quando você nascer.

Mas podemos limitar os danos e fornecer a todos os países e comunidades maneiras de se adaptar e se tornar mais resilientes.

Um futuro de 1,5 grau pode não nos levar ao paraíso climático, mas nos salvará do inferno climático.

Então, qual caminho minha geração seguiu?

Minha querida tataraneta, ao abrir esta carta, você terá sua resposta. Você saberá se tivemos sucesso ou falhamos em nossa luta pelo seu futuro.

Você está a décadas desde o nascimento, mas eu já ouço você. A questão central de você e de toda a humanidade me assombra e me motiva.

O que você fez para salvar nosso planeta e nosso futuro quando teve a chance? Não vou desistir de garantir que minha geração responda a esse chamado essencial. Defenderei a ação climática, a justiça climática e o mundo melhor, mais pacífico e sustentável que você e todas as gerações merecem."

A minha carta:

Brasília, 30 de outubro de 2050.

O futuro do passado, entre fantasia e realidade

Estou velha e cansada. Tudo em mim dói, até as lembranças. Ah, quando eu reclamava da seca de Brasília que fazia o nariz sangrar nos meses de agosto e setembro. Pois há dois anos não chove por aqui. E eu lamentava que morava longe do mar. O Lago Paranoá secou. Sobrou lama, além de moscas.

Lá se vão quase trinta anos desde quando mergulhei na sustentabilidade no mundo dos negócios. A conversa toda era em torno de mudanças climáticas e a ação do homem sobre o planeta. Eu tinha na época um negócio chamado "nuvem" que conservo até hoje. Os netos riem de mim. Mas aqui mantive o arquivo de fotos, de textos, minhas memórias.

Na minha velha nuvem, encontrei tudo documentado, um oráculo que já previa o que temos hoje. Uma cantilena sobre as consequências das emissões de CO_2 e outros gases de efeito estufa, os riscos climáticos, o cenário sombrio que se projetava se não fosse respeitado o limite de aumento da temperatura da terra de 1,5 °C até 2100.

Sou testemunha da história.

Vejo aqui na minha velha nuvem que não faltaram alertas.

Encontrei este artigo... de quando mesmo? 2022.

Não foi por falta de aviso. Estava tudo aqui na revista Science. O estudo alardeou os riscos de gatilhos climáticos, eventos extremos que ocorreriam se a temperatura da terra subisse acima de 1,5 °C, além dos níveis pré-industriais. "Impactos abruptos, irreversíveis e perigosos com sérias implicações para a humanidade, incluindo aumento significativo do nível do mar pelo colapso de geleiras, extinção de biodiversidade em biomas como a Amazônia, morte de corais pelo aquecimento da água!"

Estou aqui sem água para o banho e já são anos de racionamento em Brasília. Isso é bobagem, se penso na desertificação de terras, no desaparecimento de ilhas do Pacífico, engolidas pelo mar, todos aqueles mortos nas enchentes, plantações destruídas pela seca... ah, tanta tragédia nos últimos anos.

Falavam em riscos? O que tenho é realidade.

Naquela época, já falavam que as emissões de gases de efeito estufa haviam levado o planeta a uma zona perigosa em relação a pontos considerados críticos: derretimento das camadas de gelo da Antártida e da Groenlândia, degelo abrupto no Ártico, morte de corais.

Vejo aqui nos meus arquivos digitais guardados um artigo do cientista sueco Johan Rockström. Estará vivo ainda? A equipe da qual ele fazia parte chegou à terrível conclusão de que 1,5 °C era um limite além do qual alguns dos efeitos começariam. Isso tornava ainda mais imperativo que os países cortassem rápida e drasticamente as emissões.

Os efeitos começaram ainda naquela época. Encontrei uma página do Financial Times de 2022 – quanta coisa guardada! – que já mostrava um recorde no degelo da Groenlândia.

E gráficos que ilustravam a gravidade da situação e indicavam a velocidade necessária de redução das emissões de gases de efeito estufa para que a temperatura média do planeta não ultrapassasse 1,5 °C até 2100. Achei também um relatório antigo do IPCC. A linha azul foi um sonho.

Meus netos gostam de ver fotos antigas, de trinta anos atrás. Acham engraçado meu carro, movido a gasolina. Era assim. Carro elétrico, apenas para poucos. Havia uma consciência de que era preciso limitar o uso de plásticos e combustíveis fósseis, mas a realidade e o esforço individual não contavam muito diante da dimensão do problema.

É verdade que a indústria avançou na eletrificação de carros, ninguém sabe mais o que é posto de gasolina e o transporte coletivo conta com automóveis elétricos autônomos que fazem corridas coletivas em pistas exclusivas.

Outros setores avançaram também, com inovação e adaptação. O da construção, por exemplo, praticamente abandonou o cimento e o concreto, que provocavam grande impacto nas emissões de CO_2. A casa em que moro em nada lembra meu antigo apartamento, feito com tijolos queimados e muito cimento.

Mas os desafios eram tremendos.

Há trinta anos, as emissões de CO_2 vinham principalmente do setor elétrico, da energia usada por grandes indústrias e grandes países, como a China e a Índia.

A demanda por energia crescia e usinas a carvão eram usadas à vontade. Essas usinas eram responsáveis por metade do aumento de energia demandada no mundo.

A energia consumida pela indústria era responsável por 24% das emissões de carbono.

Ninguém se encantou com o canto do cisne verde que anunciava tragédias climáticas se não houvesse uma ação enérgica para conter as emissões de gases de efeito estufa. O encanto foi pelo dinheiro. O que é bem comum hoje em dia ganhou visibilidade há mais de vinte anos. Da noite para o dia, surgiram fazendas solares que ocupavam montanhas na China. A Índia também entendeu que energia limpa era bem mais barata.

Mas aí veio a guerra. Meu tempo foi o do conflito entre a Rússia e a Ucrânia. A Rússia, dona de relevantes estoques de gás natural e petróleo, deixou a Europa e os Estados Unidos em pânico. Que riscos climáticos, que nada. O risco era, por exemplo, de faltar aquecimento no inverno.

O que parecia uma excelente janela de oportunidades para a busca de energia limpa e o fim da dependência do gás e do petróleo da Rússia se tornou o contrário: uma corrida por mais combustíveis fósseis.

O tempo passou, passou rápido. Net zero foi uma fantasia. O mundo acabou. Acabou para nós.

- Buscar o *net zero* não significa parar com as emissões de carbono, mas, sim, compensar novas emissões de gases poluentes com a redução de uma quantidade equivalente de CO_2, ou com captura de carbono. A expressão *net zero* quer dizer o momento em que o aquecimento global para de aumentar. É o equilíbrio entre emissões e redução e captura de gases de efeito estufa.

- Compensações prometidas por 24 das maiores empresas mundiais eram falsas. Estudo da New Climate Organization mostrou que essas empresas alcançaram redução de gases de efeito estufa de apenas 36%.[83]

"Tudo o que precisava ser dito já foi dito. Mas, já que ninguém estava ouvindo, é preciso dizer outra vez."

– ANDRÉ GIDE

---

83 CORPORATE climate responsibility monitor 2023. *New Climate Institute*. 13 fev. 2024. Disponível em: https://newclimate.org/news/faqs-corporate-climate-responsibility-monitor-2023. Acesso em: 24 fev. 2024.

AS CARROÇAS DO BRASIL

Faz parte da história da indústria brasileira uma aventura chamada Gurgel Itaipu. Parecia brinquedo de peças de montar: um triângulo isósceles, um retângulo, outro triângulo isósceles.

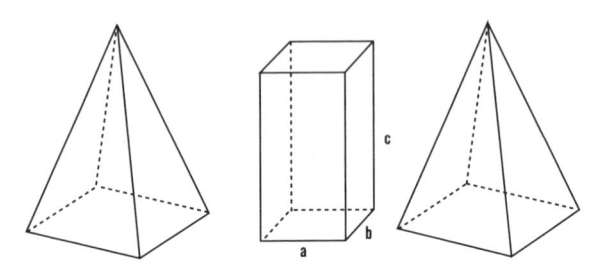

Assim surgia o primeiro carro totalmente elétrico do Brasil. Uma ideia inovadora, ainda que inexequível. O Itaipu, fabricado na década de 1974, pesava 460 quilos. Só da bateria, eram 360. O engenheiro João Conrado Gurgel foi o pioneiro dos carros elétricos na América Latina. As limitações tecnológicas da época impediram que o projeto fosse adiante.

O "Gurgelzinho" é símbolo dos desafios e das limitações da indústria brasileira. Ao longo dos anos, das décadas, a indústria passou por um processo de sucateamento. O governo Collor teve um papel importante contra a indústria brasileira. Collor, recém-eleito, apareceu com seus charutos, seu Chivas Regal, chamando corretamente os carros brasileiros de carroças. Um problema não se resolve criando outro. Collor quis tirar as carroças. Abriu a economia, mas não apresentou nenhum plano de desenvolvimento estratégico para o setor. O Brasil perdeu capacidade nacional e internacional. Já Collor acabou enfrentando um julgamento político, o impeachment. O governo dele foi desmascarado pela Polícia Federal e pela CPI do PC Farias, nome do tesoureiro de campanha dele. Empresários fizeram fila no Máscara Negra, como era chamado o prédio onde ficava a sede da Polícia Federal em Brasília. Aceitaram colaborar com os investigadores e contaram como funcionava o Esquema PC/Collor, que cobrava propina do empresariado em troca de aprovação de contratos e liberação de dinheiro público. Mais tarde, Collor foi julgado e condenado em outro processo por corrupção.

A indústria foi perdendo espaço para o agronegócio. O tempo passou, e hoje o maquinário usado pela indústria brasileira tem em média catorze anos. Quase 40% dos equipamentos já ultrapassaram seu ciclo de vida. Continuam a funcionar, com gambiarras, remendos, na base do seja o que Deus quiser.

No último ano do governo Bolsonaro, em 2022, o Brasil ocupava o minúsculo 26º lugar entre as maiores economias exportadoras do mundo, segundo a Organização Mundial do Comércio (OMC).

Dizem que Deus é brasileiro e deixou por aqui um potencial incrível de produção de energia sustentável, mas dificilmente o Brasil conseguirá aproveitar essa janela de oportunidades sem novos investimentos.

Um ponto crucial é a produção de hidrogênio verde, capaz de substituir combustíveis fósseis. É a tal descarbonização. Atingir esse ponto é uma meta que depende de planejamento, ação e suporte de bancos públicos, das estatais e de uma política industrial.

O BNDES identificou projetos que somam 30 bilhões de dólares para produção de hidrogênio verde. O que temos com isso? O hidrogênio verde poderá ser usado no mercado doméstico e exportado para outros países.

A modernização da indústria é fundamental para o aumento da competitividade. O passo a passo depende de:

- **Inovação:** novas tecnologias, com a IoT (a Internet das Coisas), a indústria 4.0, com sinergia entre tecnologias variadas, como IA (inteligência artificial), robótica e computação em nuvem.
- **Reestruturação:** investimentos para inovação entre produtores de bens de capital e de consumo duráveis. Precisamos de novas máquinas, de novas tecnologias.
- **Trabalho:** treinamento, investimento em educação da mão de obra brasileira para indústrias. Aqui, é preciso investir mais em *upskilling* e *reskilling* de colaboradores. *Upskilling* é um aperfeiçoamento de conhecimentos na área em que a pessoa já trabalha. *Reskilling* é o aprendizado de novas competências. Com novas tecnologias, a indústria deve investir mais na formação de funcionários.

- **Sustentabilidade:** a indústria moderna é sustentável e protege o ambiente, as pessoas, suas equipes, sua comunidade e quem estiver ao redor.
- **Olhar para fora:** observar o cenário global, com exportação e importação de novos produtos, adequados aos novos tempos. A indústria automobilística, por exemplo, tem recebido incentivos para aumentar a produção nacional de veículos elétricos, incluindo os de transporte coletivo. A ideia é que o processo de fabricação seja mapeado do início ao fim, monitorando a emissão de gases de efeito estufa, desde a fabricação até o descarte dos veículos.

Por enquanto, ainda estamos em carroças.

::: Limites planetários

Em 2009, um grupo de cientistas conseguiu identificar o papel da humanidade no planeta. Concluiu que saímos do Holoceno – era geológica de condições ambientais estáveis – e entramos no Antropoceno, a era em que somos nós os responsáveis pelas principais mudanças no planeta.

A equipe de cientistas, liderada pelo sueco Johan Rockström, do Centro de Resiliência de Estocolmo, fez uma taxonomia com nove fatores essenciais para manter a estabilidade do planeta, chamados de limites planetários. A limitação se refere a nós, humanos. Ao ultrapassar esses limites, quem entra em risco somos nós e outras espécies da Terra. Veja a figura da página 174.

Entre os nove parâmetros apresentados na figura – 1. mudanças climáticas, 2. integridade da biosfera, 3. mudança de uso do solo, 4. fluxos bioquímicos, 5. destruição do ozônio estratosférico, 6. uso da água doce, 7. acidificação do oceano, 8. carregamento de aerossóis atmosféricos, 9. incorporação de novas entidades –, apenas a destruição do ozônio estratosférico foi evitada. Desde 1989, entrou em vigor o Protocolo de Montreal, que proibiu clorofluorcarbonos (CFCs) que provocam destruição do ozônio.

Um relatório divulgado em 2023 alertou que já havíamos ultrapassado seis dos limites planetários.

- **Mudanças climáticas:** a temperatura da Terra já aumentou mais de 1 °C desde a Revolução Industrial. Os cientistas dizem que acima de 1,5 °C as consequências serão severas.

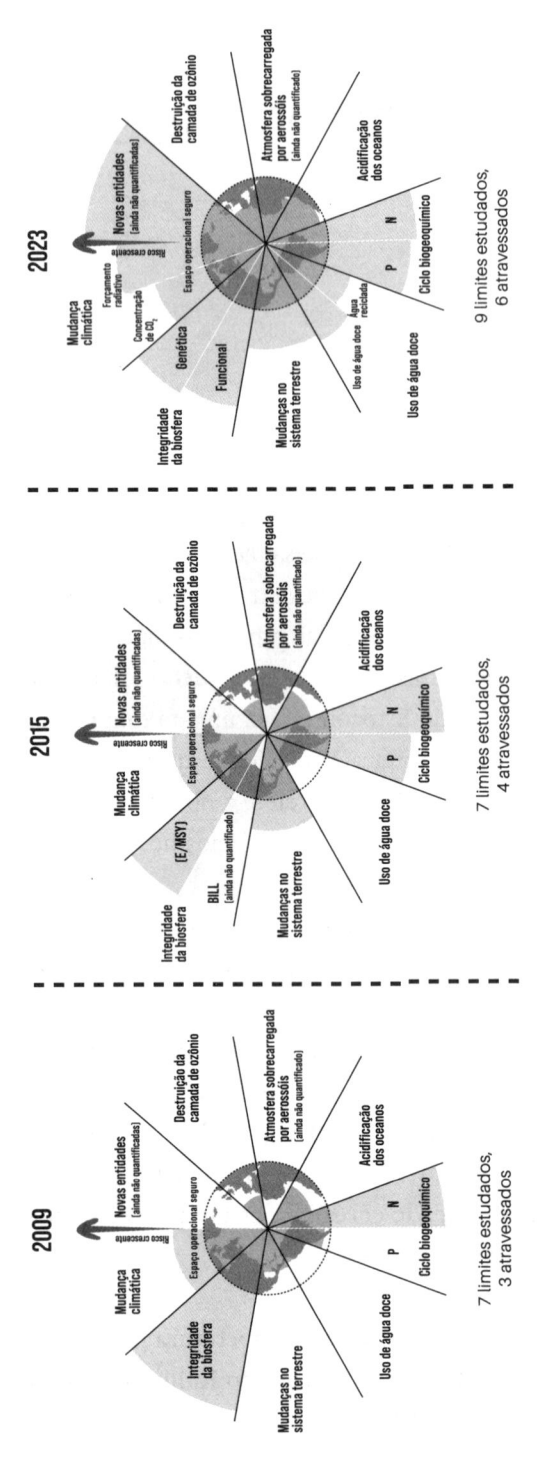

Fonte: adaptada de ROCKSTRÖM, Johan et al. Planetary boundaries. *Stockholm Resilience Centre*. Disponível em: https://www.stockholmresilience.org/research/planetary-boundaries.html. Acesso em: 19 jun. 2024.

- **A biodiversidade sendo atacada, espécies já extintas:** de 8 milhões de espécies estimadas, 1 milhão está sob ameaça.
- **Mudança do uso do solo:** desmatamento e destruição de florestas para uso na agropecuária.
- **Fluxos bioquímicos:** uso excessivo de fósforo e nitrogênio em fertilizantes.
- **Plástico:** o uso abusivo de plásticos e produtos químicos produzidos pela humanidade ultrapassou os "limites planetários". No Pacífico, há uma ilha de plástico tão grande que é chamada de sétimo continente. Aqui no Brasil, na Ilha de Trindade, a mais distante do continente, pesquisadores encontraram rochas de plástico.
- **Uso de água doce.**

Na primeira vez que fui a Fernando de Noronha, tive a sensação de ter entrado no paraíso. Visitar a ilha já era caríssimo, quase não havia pousadas e a gente ficou na casa de pescadores.

Eu era jovem e circulava pela ilha a pé, de carona, dava meu jeito. O grande problema na época era um suposto desequilíbrio ambiental. Alguém introduziu teiús, lagartos, para comerem os ratos da ilha, e os lagartos passaram a comer espécies naturais da ilha. Os lagartos entravam nas bolsas, faziam cara feia para a gente, mergulhavam no mar.

Muitos anos se passaram e voltei a Noronha. Senti tristeza. O morro do Pico estava pichado. Mal reconheci a ilha, com tantas pousadas, um *nouveau richisme* de gosto duvidoso. O mar continuava fascinante e eu tinha as melhores companhias, incluindo golfinhos.

Mas sol, sal, mar azul, contemplação, tudo isso foi encoberto por ansiedade. Fizemos um passeio pelas praias do "mar de fora", voltado para a África. Eu nem sabia, mas estava em curso uma ação para recolhimento de lixo que vinha do oceano. Ganhei um saco preto de cem litros e comecei a catar plástico. Escovas de dente, garrafas, sacolas, utensílios domésticos, algumas coisas escritas em mandariam, até em russo. Um saco ficou cheio, outro, mais outro. Eu não conseguia parar. Exausta, olhei à minha volta e eu não tinha mudado nada. Os montes de lixo continuavam por lá.

- 👍 É urgente! Precisamos reduzir, reutilizar e buscar alternativas para o plástico.

- 👎 Empresas mundiais de lácteos e refrigerantes se comprometeram a reduzir as emissões de gases de efeito estufa e dizem que usam embalagens 100% recicláveis.

O Programa das Nações Unidas para o Meio Ambiente (PNUMA), otimista, diz que é possível reduzir a poluição plástica em 80% até 2040, mas todas as partes interessadas precisam se envolver: consumidores, empresas, fornecedores e governos.

ENGRADADO

Há muito tempo, havia uma instituição familiar chamada engradado. Nesse tempo antigo, garrafa se chamava casco. Casco vazio era garrafa sem líquido. Garrafas de vidro ficavam guardadas nesses engradados. Eram caixas de madeira com separação para garrafas grandes ou pequenas.

Refrigerante e cerveja eram luxo de fins de semana. Era quando alguém da família recebia a missão de levar o engradado até a mercearia, padaria ou mercado para trocar as garrafas vazias por outras, cheias. Depois do consumo, as garrafas eram lavadas e ficavam guardadas nos engradados até o próximo evento familiar. Essa coisa antiga é hoje o futuro, o que se deseja em sustentabilidade e economia circular. O conceito é simples. Antes de comprar, repense, recuse, reduza, reaproveite, reutilize. Se não der para fazer nada disso, por fim, recicle e recupere.

O consumidor está disposto a comprar garrafas de vidro, lavá-las e conservá-las em casa? Como evitar insetos, como baratas, que podem ser atraídos por algum resto de líquido nas garrafas?

As respostas dependem do nível de maturidade da sociedade em relação à sustentabilidade. O PNUMA reforça que empresas, consumidores, fornecedores e governos devem perseguir três metas:

- **Reutilizar:** para reduzir em 30% a poluição por plástico até 2040, é preciso estimular o reúso de garrafas reabastecíveis, dispensadores a granel, esquemas de caução e devolução de embalagens. Governos devem ajudar a criar modelos comerciais mais sólidos para os reutilizáveis.
- **Reciclar:** o Brasil vem avançando em empreendimentos voltados para a reciclagem. O PNUMA estima que a poluição plástica pode ser reduzida em mais 20% com o incremento da reciclagem de plásticos.
- **Reorientar e diversificar produtos:** substituir plásticos por produtos feitos de materiais alternativos.

Em 1972, um grupo de intelectuais, economistas, políticos, empresários e representantes da sociedade civil se reuniu para refletir sobre o futuro das pessoas, do ambiente e do planeta. O chamado Clube de Roma projetou um cenário sombrio para a humanidade, dando origem ao relatório *Os limites do crescimento*, que previu o esgotamento de recursos naturais em menos de cem anos, em decorrência da industrialização e do aumento da população. Errou no prazo?

Cinquenta anos depois, um grupo de cientistas publicou um tratado que pretende ser otimista diante da dura realidade dos fatos. *Terra para todos* é um guia para a sobrevivência da humanidade. O grupo de cientistas, especialistas em sustentabilidade e economistas, que organizou o livro apontou cinco mudanças extraordinárias para reduzir riscos:

1. acabar com a pobreza;
2. combater grandes desigualdades;
3. empoderar mulheres;
4. tornar a alimentação saudável para pessoas e para ecossistemas;
5. fazer a transição para a energia limpa.

KILIMANJARO E A TANZÂNIA, UM PAÍS EXTRAORDINÁRIO QUE REFLETE A NECESSIDADE IMPERIOSA DE MUDANÇAS

"Giu, bora pro Kilimanjaro no Réveillon?"

"Bora, Diego."

Diego é assim, rápido, direto, um amigo maravilhoso, um empresário que vive ESG, busca e tem alcançado prosperidade para a empresa dele, para os clientes, para os fornecedores, para o bairro onde a empresa está localizada, para os concorrentes. Diego é tudo de bom. O problema é que Diego veio programado com nove propulsores e 42 motores para decolar em frações de segundos. Diego não é ligado na tomada. Diego é uma usina elétrica inteira.

Respondi à mensagem, imaginando que o Réveillon seria em algum bar ou restaurante chamado Kilimanjaro. Minutos depois, meu número de telefone estava em um grupo de uma expedição para escalar o Kilimanjaro, a montanha mais alta da África, o ícone das mudanças climáticas.

Apenas os terraplanistas que acham que o ser humano não foi à Lua vão querer contestar. Imagens de satélite da NASA mostram o que a gente não consegue ver direito a olho nu: os glaciares do Kilimanjaro estão derretendo. Há diferentes previsões, mas um estudo mais recente, da UNESCO, projeta que a capa de neve terá desaparecido até 2050. Falta pouco, infelizmente.

Sou do Planalto Central, gosto de subir um morrinho aqui, outro ali, na Chapada dos Veadeiros, mas nunca tinha me aventurado numa escalada dessas.

Listinha de compras: meia térmica para altitudes de até 8 mil metros (?); *duffle* (nunca tinha ouvido falar nesse saco de viagem); anoraque corta-vento; jaqueta para cume; luvas; mais luvas; calça impermeável; óculos para cume; botas para cume… A lista não acabava nunca. Onde fui amarrar minha égua?

Não tinha égua, claro; era escalada, caminhando devagar e sempre. *Pole, pole*, como se diz em suaíli, o idioma falado na Tanzânia.

Sete dias sem banho, com o conforto de um penico com gaveta em uma barraca de plástico, noites geladas em sacos de dormir, ar rarefeito.

A escolha da companhia que conduziu a expedição foi a melhor possível, comandada por um brasileiro que também vive ESG. Ao contrário de outras empresas, remunera de forma digna os *porters*, carregadores que levam barracas, alimentos e água, a nossa estrutura. Mesmo assim, me senti mal vendo aqueles trabalhadores carregarem nas costas o que eu iria comer no fim do dia.

Fiz amigos. Entre eles, um professor de Geografia, um legítimo maasai, um poeta.

Hakuna matata. Expressão em suaíli que quer dizer "sem problemas".

Não tem emprego na Tanzânia, um dos países mais pobres do mundo. Falta comida. Os reincidentes períodos de seca afetaram a produção de alimentos. A população cresce de forma preocupante. Entre 2012 e 2022, o crescimento foi de 32%. A Tanzânia tem a terceira maior taxa de crescimento populacional do mundo.[84]

CUME

Um relatório da ONU informou que o rápido derretimento dos glaciares do Kilimanjaro dá sinais de uma mudança irreversível no sistema da Terra. Quem vai sofrer as consequências diretas será o povo da África. Enchentes, formação de lagos permanentes em algumas regiões, seca em outras, com impactos devastadores para a população.

Saímos do acampamento base à meia-noite com temperatura negativa de 15 °C e começamos a última etapa da escalada, para o cume. Aquela lista de itens *high thermal supreme extraordinary* contra frio não me serviu de nada. Subi congelada. O topo do Kilimanjaro é marcado pelo Guilman's Point. Depois, tem um outro ponto de parada, o Stella, até o centro da cratera. Chegamos ao Guilman's Point ao nascer do sol, uma das imagens mais espetaculares que já vi. Ali do alto, enxerguei o Quênia, a imensidão da África.

---

[84] THE World Bank in Tanzania. *The World Bank*. 14 set. 2023. Disponível em: https://www.worldbank.org/en/country/tanzania/overview. Acesso em: 24 fev. 2024.

Àquela altura, contávamos com apenas 60% do oxigênio disponível no nível do mar. Respiração ofegante, cansaço e raios solares cortando a pele. Uma cratera se abriu nos meus lábios. Passamos pelo Stellas' Point. Tirei uma foto ao lado dos glaciares. Minha força derreteu.

Esses dias na Tanzânia foram de muita consciência e reflexão sobre a gravidade das desigualdades sociais e econômicas, os efeitos das mudanças climáticas, a violência contra mulheres.

Antes de encarar a montanha, conhecemos comunidades maasai, grupo étnico seminômade. Os homens são pastores e podem ser vistos à beira das estradas da Tanzânia levando cabras, ovelhas, vacas esquálidas para locais onde ainda há água, ou um pouco de pasto. As mulheres, quando muito, comercializam artesanato. Ainda bem jovens são trocadas por dotes. Vendidas. Mesmo com esforços do governo e de organismos internacionais, ainda hoje há casos de mutilação genital.

Nas aldeias, carne e leite vão preferencialmente para os homens. Elas comem todos os dias um angu de milho branco que é feito em grandes quantidades para aproveitar a lenha e o arroz.

No litoral do país, a desigualdade grita. Para os turistas, resorts luxuosos de frente para as águas azuis do oceano Índico; para a população local, a miséria ao lado.

A Tanzânia exibe a urgência de mudanças extraordinárias: acabar com a pobreza, combater as grandes desigualdades, empoderar mulheres, tornar a alimentação saudável para as pessoas e para os ecossistemas, fazer a transição para a energia limpa.

Para metas tão difíceis, o otimismo no futuro se traduz em ações que devem ser prioritárias para governos. As recomendações foram sugeridas por Johan Rockstörm e equipe:[85]

- reduzir a polarização: melhorar a coesão social, buscar o senso comum;
- dividir riquezas com justiça social;

---

[85] DIXSON-DECLÈVE, Sandrine *et al*. *Earth for All*: A Survival Guide for Humanity. 1. ed. [s.l.] New Society Publishers, 2022. p. 172.

- agir no interesse das futuras gerações;
- engajar o cidadão no que realmente importa para a sociedade;
- dar ao mercado sinais de compromissos duradouros e de investimentos robustos para a transformação da economia.

Os cidadãos também devem agir:

- votando em políticos que valorizam o futuro;
- participando ativamente da comunidade, ressaltando como a transformação da economia pode afetar a si mesmo, sua família, seu trabalho, sua vida;
- na sua cidade ou país, participando de movimentos civis que defendam mudanças no sistema econômico;
- cobrando dos políticos ações para que a sociedade fique mais próxima da meta de "uma terra para todos".

👍 • O Brasil ainda recicla menos de 5% dos resíduos que poderiam ser aproveitados.

👎 • Empresa de e-commerce diz que faz logística reversa, mas produtos devolvidos pelos consumidores somem por mágica.

:::: Desenvolvimento sustentável e o cisne verde

Houve um tempo em que se acreditava que existiam apenas cisnes brancos. Mal sabiam europeus e americanos que cisnes de plumagem preta eram até comuns na Austrália. Nassim Nicholas Taleb descreveu o sentido da metáfora do cisne negro.[86] Primeiro: é um ponto fora da curva, completamente fora das expectativas, porque nada no passado demonstrou que poderia existir. Segundo: provoca um impacto extremo. E terceiro: a natureza humana inventa explicações fantasiosas para dar algum sentido e previsibilidade ao cisne negro, que surgem apenas depois do ocorrido.

A metáfora mudou de cor em 2020, quando o Bank for International Settlements (BIS) publicou o estudo *O cisne verde*, que aborda potenciais crises financeiras desencadeadas em decorrência de eventos climáticos.[87] A lógica é a mesma do cisne negro:

---

[86] TALEB, Nassim Nicholas. *A lógica do cisne negro*: O impacto do altamente improvável (Edição Revista e Ampliada). São Paulo: Objetiva, 2021.
[87] BOLTON, Patrick *et al*. *The green swan*: Central banking and financial stability in the age of climate change. Basileia: Bank for International Settlements, 2020.

- ponto fora da curva;
- provoca impacto extremo;
- é explicado e compreendido apenas depois de o fato ter ocorrido.

O estudo relaciona cinco riscos ligados às mudanças climáticas:

- **Risco de crédito:** riscos climáticos podem levar direta ou indiretamente à deterioração do crédito e à incapacidade de pagamento de dívidas.
- **Risco de mercados:** numa mudança de cenários repentina na rentabilidade de investidores, ativos podem ser liquidados a preços baixos, sendo um gatilho para uma crise financeira.
- **Risco de seguros:** aumento significativo de sinistros e, consequentemente, crise no setor de seguros.
- **Risco de liquidez:** afetaria bancos e outras instituições financeiras, que ficariam com dificuldade para se refinanciar no curto prazo.
- **Risco operacional:** instituições financeiras podem ser atingidas pela exposição direta a riscos climáticos. Redes de computadores e escritórios de bancos poderiam ser afetados por determinado evento climático, provocando uma interrupção nas operações.

- O caos ecológico vai afetar principalmente os mais pobres.
- Transição climática é coisa de rico.

O DESAFIO CLIMÁTICO

Feriado de Carnaval. A família alugou uma casa na praia. Dois andares, piscina, churrasqueira. Condomínio à beira-mar. Porta-malas aberto, missão de descarregar as compras na cozinha. É muita coisa. Compramos tudo para o churrasco, para o café da manhã, comida suficiente para os quatro dias. Olho para o alto e vejo a massa cinza no céu. Vem chuva.

Na madrugada, veio. Chegou como tempestade. Em questão de minutos, a rua virou rio e a água se apossou do primeiro andar da casa. As portas de vidro foram engolidas. Sofás boiaram, a comida do feriado entrou num redemoinho. Tudo na casa foi destruído, mas não foi nada, nada que se comparasse com o que tinha ocorrido na cidade.

O fim da noite revelou o tamanho da tragédia. A cidade virou rio. A tempestade provocou deslizamentos de terra. Uma avalanche de lama cobriu casas, casebres, barracos.

A vila, surgida num morro, foi se expandindo, ocupando morros vizinhos. Foi da noite para o dia que a vegetação natural desapareceu, trocada por tijolos, cimento, madeirite. Assim disseram os agentes públicos.

Mas que noite e que dias longos! Há pelo menos vinte anos, os morros foram invadidos por quem não tinha onde morar. Um processo de urbanização caótico, sem planejamento, sem estudos geológicos, sem monitoramento de áreas de risco, com a absoluta negligência do poder público. Os primeiros ocupantes vieram de outros estados em busca de emprego e chamaram parentes e amigos e amigos de parentes. Moradores que desciam o morro para trabalhar nos condomínios, nas casas luxuosas, nos hotéis da região. Naquela noite, muitos desapareceram. Foram engolidos pela lama.

Lá embaixo, as lojas do comércio foram invadidas pelo barro. Não sobrou nada nas prateleiras e nos depósitos onde ficavam os estoques.

Os ricos choraram, perderam o feriado, tiveram dificuldades para deixar o balneário. Não tinha helicóptero para tanta gente, as estradas estavam fechadas. Nas comunidades pobres, 65 pessoas morreram, arrastadas pelas águas, soterradas. Mais de 2 mil ficaram desalojadas, sem ter um abrigo para dormir.

O que se viu em São Sebastião, no litoral de São Paulo, em 2023, já é um clássico dos últimos anos. São tempos de eventos extremos e desastres.

Um estudo da Organização para Cooperação e Desenvolvimento Econômico (OCDE) alertou que as mudanças climáticas vão reduzir o acesso à água potável, afetar a saúde de pessoas mais pobres e ameaçar a segurança alimentar em muitos países na África, na Ásia e por aqui, na América Latina. Os impactos econômicos são incertos, mas devem ameaçar o desenvolvimento em muitos países.

👍 • É urgente a necessidade de redução da emissão de gases de efeito estufa.

👎 • A redução imediata da emissão de gases de efeito estufa será suficiente para impedir o aumento na temperatura na Terra e evitar eventos climáticos extremos.

Foram 399 em 2003 que provocaram a morte de 86.473 pessoas e afetaram 93 milhões, com prejuízos estimados em 202 bilhões de dólares.

Quem fez as contas foi o Centro de Pesquisa na Epidemiologia de Desastres (CRED), que atua há mais de quarenta anos em pesquisas sobre emergências humanitárias, com apoio da Agência Norte-Americana de Desenvolvimento Internacional (USAID).

Os dados são de 2022 e levam em conta ondas de calor, períodos intensos de seca, tempestades e furacões. Evidentemente, os mais pobres, que têm menos estrutura, sofrem mais. A população da África foi a mais afetada, com longos períodos de seca que atingiram 89 milhões de pessoas.

As maiores perdas econômicas foram provocadas pela seca e furacões nos Estados Unidos; enchentes no Paquistão; terremoto no Japão; seca na China; enchentes na Austrália, Nigéria e Índia; e seca no Brasil.

No nosso caso, a estimativa é de prejuízos da ordem de 4 bilhões de dólares, advindos de períodos de estiagem extremos.[88]

Mitigação e adaptação são urgentes.

Os compromissos para reduzir as emissões de CO_2 são mandatórios. Foram assumidos pelas principais lideranças mundiais, mas, mesmo que estivessem sendo cumpridos – e não estão –, não seriam suficientes para frear o aumento da temperatura do planeta imediatamente. O sistema da atmosfera requer tempo para reagir, e os efeitos das emissões que já ocorreram continuarão tendo impacto na Terra.

ADAPTAÇÃO

O WRI aponta cinco estratégias para adaptação às mudanças climáticas:[89]

- **Proteger áreas costeiras:** mangues, pântanos e florestas de algas são ecossistemas que ajudam no sistema de filtragem da água e no hábitat marinho e protegem a costa de eventuais aumentos dos níveis dos oceanos.
- **Promover agrofloresta e agricultura sustentável:** na agrofloresta há uma integração entre espécies florestais e produtos agrícolas, no mesmo espaço. É possível também integrar pasto para pecuária e espécies florestais. Essas combinações aumentam a fertilidade e evitam a degradação do solo.
- **Descentralizar a distribuição de energia:** sistemas descentralizados de distribuição de energia, principalmente com

---

88 CRED Publication – 2022 Disasters in Numbers. *UN-SPIDER Knowledge Portal*. 21 mar. 2023. Disponível em: https://www.un-spider.org/news-and-events/news/cred-publication-2022-disasters-numbers. Acesso em: 20 jun. 2024.

89 SUAREZ, Isabella. 5 Strategies that Achieve Climate Mitigation and Adaptation Simultaneously. *World Resources Institute*. 10 fev. 2020. Disponível em: https://www.wri.org/insights/5-strategies-achieve-climate-mitigation-and-adaptation-simultaneously. Acesso em: 24 fev. 2024.

energia renovável, que usam linhas de transmissão mais curtas e com áreas de distribuição menores, são mais resilientes.
- **Proteger áreas indígenas:** indígenas e comunidades locais vivem em regiões que equivalem a quase 50% da área do planeta; 2,5 bilhões de pessoas dependem dessa terra para viver. Nos países em que direitos indígenas são respeitados, o desmatamento é ou pode ser menor.
- **Incentivar o transporte coletivo:** em 2023, o governo federal, em ação populista, prometeu reduzir os preços de carros populares, diminuindo impostos. A ideia pegou mal e vieram outra, depois outra, e muitas outras versões do programa. Oferecer benefícios aos mais pobres é auspicioso e necessário, mas, quanto mais carros na rua, mais emissões de gases de efeito estufa. Por outro lado, quanto mais carros antigos em circulação, mais emissões de gases poluentes. O problema, no ponto de partida, é que a promessa não veio acompanhada de compromissos e ações incisivas para melhorar o transporte coletivo, movido a energia limpa. O projeto foi remendado para não contemplar apenas o transporte individual, mas sem medidas profundas endereçadas para uma economia verde. Um dos pontos consensuais para reduzir as emissões de gases de efeito estufa é o investimento prioritário em transporte coletivo não dependente de combustíveis fósseis.

O ano de 2023 foi dedicado ao resumo da ópera. O Painel Intergovernamental sobre Mudanças Climáticas das Nações Unidas (IPCC) divulgou o último relatório da década, um apanhado de todas as avaliações sobre mudanças climáticas provocadas pelo ser humano. E o resumo é desolador.[90] Enquanto certos cidadãos nos divertiam

---

90 LEE H. *et al*. IPCC, 2023: Sections. *In*: Climate Change 2023: Synthesis Report. Contribution of Working Groups I, II and III to the Sixth Assessment Report of the Intergovernmental Panel on Climate IPCC, Genebra, pp. 35-115, 2023. Disponível em: https://www.ipcc.ch/report/ar6/syr/downloads/report/IPCC_AR6_SYR_LongerReport.pdf. Acesso em: 24 fev. 2024.

ou nos entediavam, defendendo que a Terra é plana e que não existe aquecimento global, o IPCC divulgava seu vigésimo documento, alertando que não há tempo a perder.

O relatório é taxativo: atividades humanas, principalmente as ligadas a emissões de gases de efeito estufa, definitivamente causaram o aquecimento global, com um aumento da temperatura da superfície da terra de 1,1 °C entre 2011 e 2020 em comparação com o período de 1850 a 1900.

Mudanças rápidas e espalhadas ocorreram na atmosfera, oceanos, criosfera e biosfera, e a ação do ser humano continua afetando o clima com eventos extremos em todas as regiões do planeta. Isso tem causado impactos adversos, perdas e estragos na natureza, com consequências diretas para a humanidade. Comunidades mais vulneráveis e que, paradoxalmente, contribuem menos para o aquecimento global, são desproporcionalmente mais afetadas.

Adaptação e implementação de mudanças têm ocorrido em todos os setores e regiões, com benefícios comprovados, mas ainda há muito a ser feito, e algumas mudanças são mal implementadas. O fluxo financeiro global para investimentos em adaptação é insuficiente, principalmente em países em desenvolvimento.

Em síntese, cientistas concluíram que é preciso reduzir as emissões globais de gases de efeito estufa em 48% até 2030. O relatório reforça que o uso de combustíveis fósseis tem sido determinante para o aumento do aquecimento global. Financiamentos para projetos que protejam o clima devem ser ampliados.

EVENTOS EXTREMOS DE CALOR E FRIO ESTÃO AUMENTANDO AS TAXAS DE MORTALIDADE E DE DOENÇAS

Para quem ainda nega a realidade do impacto devastador das mudanças climáticas no planeta, é bom lembrar que há mais de cinquenta anos líderes mundiais já tratavam abertamente do assunto. Naquela época, a grande ou primeira preocupação era com o que estava a 20 quilômetros de nossas cabeças, na estratosfera. Há mais de meio século, já havia a compreensão de que a emissão descontrolada de CO_2 e outros gases estava destruindo essa capa de proteção da superfície da Terra.

O CO_2, o grande vilão, é emitido pela queima de combustíveis fósseis, como gasolina e gás natural. O desmatamento também contribui de forma significativa, por motivos óbvios. Quanto menos árvores, menor a capacidade das florestas de absorverem CO_2 na fotossíntese. Há outros fatores igualmente óbvios: os incêndios provocados para aumentar a área de pastagem ou agrícola liberam mais CO_2. E quanto maior o rebanho bovino, mais gás metano entérico. Sim, quando o gado faz a digestão, libera gás metano.

::: Mammy

Entrei no hotel seis estrelas que exaltava compromisso com a sustentabilidade e exalava spray de ambiente. Luxo e glamour com pegada ambiental. Caminhei sobre aqueles tapetes com desenhos geométricos que protegiam parte do piso de madeira. O plano era almoçar com amigas e havia lista de espera. Esperamos em jardins tropicais que cercavam a piscina: costelas-de-adão, bananeiras, zamioculcas, filodendros. Tudo lindo e sofisticado, mais ainda por causa do compromisso do hotel de preservar o meio ambiente e o ambiente em volta: as pessoas, o bairro, a cidade. Pedimos drinques coloridos e entramos em modo de espera, relaxadas nos sofás à beira da piscina.

O aviso chegou não muito tempo depois. A mesa finalmente estava liberada e poderíamos nos dirigir para o restaurante. *Cool jazz*, taças de vinho rosé, brioche quentinho no couvert. Onde tudo parecia perfeito, um cliente na mesa ao lado expôs a imperfeição. Derramou um copo d'água na tábua corrida. A camareira foi chamada para enxugar o piso. Do ângulo em que estava, ocupei-me observando o trabalho da funcionária. Estava de uniforme. Um vestido rosa com um laço branco. As meias de cano curto tinham uma rendinha, um frufru. De olho em todos aqueles detalhes, me veio a impressão de já ter visto aquele uniforme em algum lugar, de ter visto aquela pessoa em algum lugar. Um filme: *E o vento levou*!

A camareira – uma mulher grande, negra – estava vestida com um uniforme igual ao da mulher escravizada que servia a personagem

Scarlett O'Hara. Além do uniforme, ela tinha uma semelhança física com a personagem. Era a imagem da Mammy. Igual! Uma faxineira negra com roupa de escrava. Os outros funcionários, brancos, vestiam outro uniforme.

A comida voltou do meu estômago. Fugi daquele lugar para nunca mais voltar. Denunciei ao Ministério Público do Trabalho.

Em ESG, não basta prometer; tem que ser e parecer ESG. Caso contrário, é *fake*, maquiagem, lavagem, marketing e, no caso da Mammy do hotel "sustentável", pode configurar até crime.

SOMOS
DO COMEÇO AO FIM
DO FIM AO COMEÇO
SOMOS

- **ODS 1:** Erradicação da pobreza
- **ODS 2:** Fome zero e agricultura sustentável
- **ODS 3:** Saúde e bem-estar
- **ODS 4:** Educação de qualidade
- **ODS 5:** Igualdade de gênero
- **ODS 8:** Trabalho decente e crescimento econômico
- **ODS 10:** Redução das desigualdades

- Empresa comunica em relatório de sustentabilidade que promove diversidade e inclusão nas equipes.

- Empresa, preocupada em melhorar a imagem, contrata novos funcionários para lidar com o público externo, levando em conta questões de gênero e raça. Dá prioridade a mulheres, negros e pessoas LGBTQIA+, mas não há inclusão. Os novos contratados não são tratados como eram os antigos, quando entraram na empresa. Os novos não encontram boas condições salariais, não são treinados e não recebem oportunidades para desenvolvimento e promoção da carreira.

Os conceitos podem gerar confusão, mas são bem diferentes.

- **Diversidade:** refere-se às diferenças entre pessoas, às diferenças demográficas (raça, etnia, gênero, religião, classe, idade) e às experiências individuais (trabalho, comunicação, modo de vida, opinião).
- **Equidade:** diferente de igualdade, significa que todos são tratados de acordo com suas necessidades e circunstâncias individuais, para que todos tenham acesso às mesmas oportunidades.
- **Inclusão:** a inclusão se dá quando representantes da diversidade passam a ser também tomadores de decisão, quando passam a ocupar as salas da diretoria, quando têm as suas opiniões levadas a sério e acesso a oportunidades de crescimento profissional.

Diversidade é receber em casa; inclusão é levar até a cozinha para um café com pão de queijo. Essa é a minha singela versão para a célebre definição de Vernā Myers, que disse que "diversidade é chamar para o baile; inclusão é convidar para dançar".

Café na cozinha é com aqueles em quem a gente confia, com quem tem afinidade. E quem é chamado para a cozinha vai com a sensação de pertencimento. É o que se busca com a inclusão.

Contratar pessoas dos chamados grupos minorizados é uma coisa; incluir é dar segurança psicológica, é dar espaço para que se sintam parte da equipe, é dar a possibilidade para que tenham ascensão profissional.

Uma agência de comunicação foi acionada para divulgar metas e resultados de uma grande empresa de moda feminina com sede na Espanha. A encomenda foi um *press release* que divulgasse um processo seletivo com ênfase nos inscritos. Texto finalizado, foi para aprovação e voltou reprovado. Não trazia a informação considerada mais valiosa pelo cliente: trinta, dos 6 mil candidatos, eram pessoas trans. A responsável pela redação explicou o óbvio: por que divulgar o número de pessoas inscritas e enfatizar quantas eram trans, se o processo ainda não tinha sido concluído? E se nenhuma pessoa trans fosse selecionada? A resposta foi que isso não era relevante no momento e que a diversidade era algo orgânico na empresa. O texto foi remendado para atender ao cliente e, duas semanas depois, a redatora foi demitida sem justa causa. Nenhuma pessoa trans foi contratada no fim do processo.

👍 • Comunicar ações de diversidade e inclusão agrega valor aos negócios

👎 • Comunicar algo que não foi realmente implantado.

Era um evento para celebrar a reserva de 30% das vagas para pessoas negras. O cerimonialista, em alto e bom som, anunciou que entre os convidados havia um descendente de escravo. O silêncio de quem ouvia foi constrangedor. Diante das críticas, disse que estava sendo censurado por ser branco, no que chamou de racismo reverso.

Compreender o significado das palavras nunca foi tão importante. Ninguém é ou foi escravo, mas foi forçado a uma condição de escravidão, foi escravizado.

Trabalho novo, em nova cidade, em outro país. Idioma diferente, medo de não acertar, de o dinheiro não ser suficiente no fim do mês, ansiedade de quem mudou totalmente de vida. Os primeiros meses foram de poucas palavras no escritório, adaptação aos novos costumes, das refeições ao horário de expediente. A vida em Londres não era exatamente fácil, e o ambiente corporativo, menos ainda. O escritório representava empresas brasileiras e, por isso, cinco dos funcionários eram brasileiros. Foi convidada, ainda no Rio de Janeiro, para assumir a função. Recebeu a missão como uma grande oportunidade, ainda que o valor do aluguel fosse equivalente a 70% do salário. O restante teria que ser suficiente para alimentação, saúde, lazer e despesas pessoais. Tentou negociar, mas a resposta foi que não havia margem para aumento. Num dia de chuva, como em tantos outros, foi buscar o relatório que havia mandado imprimir. Na impressora, restava o documento do colega. Era o contracheque. Mesma função, mais novo que ela, amigo do chefe. Estava no papel: ganhava o dobro.

A bicicletinha elétrica tinha um dispositivo que soava irritante, apitava sempre que se aproximava de um obstáculo. E não faltavam obstáculos num escritório com corredores estreitos, salas pequenas, num ambiente hostil para pessoas com deficiência.

O atropelamento afetou a medula. A paraplegia lhe tirou a mobilidade, mas não a capacidade produtiva. A bicicleta – na verdade, uma *scooter* elétrica adaptada para pessoas com deficiência – se tornou o meio de locomoção.

A paralisia lhe impôs muitos desafios, até mesmo a resistência de colegas de trabalho. A queixa era feita na boca miúda: por que não faz home office?; essa bicicleta não cabe aqui; será que tem jeito de desligar o apito?; não é melhor antecipar a aposentadoria? Queixas carregadas de preconceito, ignorância e falta de empatia.

A inclusão não se dá por números de contratações, e nem sempre metas de diversidade geram naturalmente igualdade nas relações de trabalho. É preciso e é urgente um letramento nas empresas sobre diversidade. Letramento, em diversidade, é uma alfabetização para atuar na nova realidade social, em um mundo mais justo, mais inclusivo. Na superfície, há a necessidade de contratação de pessoas diversas. Na profundidade, é fundamental absorver o conceito de que a diversidade é chave para o crescimento e para o amadurecimento da empresa.

O primeiro passo é descobrir qual é o conhecimento e qual é a percepção que os funcionários de uma empresa têm sobre diversidade. Questionários e formulários podem ser insuficientes. É na conversa, na rotina e nos conflitos que as vulnerabilidades aparecem.

A mudança de cultura tem que começar de cima para baixo, tem que contaminar o coração de executivos, tem que ser introjetada de maneira que se torne parte essencial, pilar da empresa. Não é um workshop, um Q&A no site da empresa, um cartaz na porta do banheiro que serão suficientes para a absorção da nova cultura de diversidade.

A diversidade não deve se restringir a um percentual de pessoas negras, mulheres, pessoas com deficiência e LGBTQIAP+, mas deve ser disseminada na empresa, com capilaridade, abrindo portas para que todos tenham chance de crescimento profissional e ocupação de cargos de chefia.

Equipes com pessoas que pensam de forma diferente são mais produtivas e dão mais resultados positivos.

A diversidade não deve ser planejada como estratégia para melhorar a imagem da empresa, uma resposta ao mercado, a fundos de investimentos que cobram ações materiais de inclusão. O olhar não deve ser de fora para dentro, mas de dentro para fora. Pessoas são únicas e, portanto, diferentes. A diversidade tem que estar na alma, no caráter da empresa.

Grupos de pessoas com valores iguais e ideias parecidas devem chegar a conclusões semelhantes. Já pessoas com perspectivas e desafios diferentes deixam o ambiente mais rico, gerando prosperidade também para a empresa.

MACHISMO ANTIRRACISMO MISOGINIA RACISMO PRECONCEITO ETARISMO RESPEITO ÉTICA DIFERENÇAS FEMINISMO

Com o letramento e o aprendizado da extensão e do poder das palavras, empresas modernas, com foco em ESG, devem dar espaço para uma equipe de *compliance* independente, de modo que funcionários se sintam encorajados e blindados para relatar atrasos, abusos e desvios éticos.

- *Compliance* independente reduz irregularidades e riscos éticos e financeiros e consolida a integridade da empresa.
- O setor de *compliance* não pode ficar isolado. Deve interagir com toda a organização.

- Empresa anuncia ter feito *compliance*.
- *Compliance* isolado, que não interage com toda a organização.

É questão de tempo. A geração que antecedeu os *millennials* cresceu numa cultura machista, homofóbica e misógina. Os programas de humor da década de 1990, da minha época, precisavam melhorar muito para ficarem simplesmente politicamente incorretos. Não eram incorretos, eram ignóbeis. E todo mundo ria. Ríamos.

O mundo mudou, as palavras têm poder, mas não se trata de questão de semântica. Dizer que alguém é descendente de escravo é tornar substantivo, é dar uma condição existencial ou essencial a algo que foi imposto, forçado.

Racismo reverso não existe. Os brancos dominaram até aqui, fizeram e fazem parte da elite do país, tiveram e têm privilégios. Falo com propriedade, sendo branca. Nunca fui barrada em loja de shopping, nunca revistaram minha bolsa, nunca mudaram de calçada quando eu estava passando. Ao menos não pela minha cor.

Falar ou escrever sobre a questão racial, sendo branca, me constrange, mas omitir esse tema significa não o enfrentar e ter como natural uma sociedade dominada por brancos.

Já falar ou escrever sobre a questão de gênero, sendo mulher, não é difícil. Mulheres no século XXI dão cada passo com força e garra, enfrentando machismo e microagressões, mas o que se vê em empresas de capital aberto, em conselhos de administração e em cargos de liderança ainda é uma participação pequena de mulheres, principalmente aqui no Brasil.

Enquanto o termo "escravo" reduz o ser humano à mera condição de mercadoria, como um ser que não decide e não tem consciência sobre os rumos de sua própria vida, ou seja, age passivamente e em estado de submissão, o vocábulo "escravizado" modifica a carga semântica e denuncia o processo de violência subjacente à perda da identidade, trazendo à tona um conteúdo de caráter histórico e social atinente à luta pelo poder de pessoas sobre pessoas, além de marcar a arbitrariedade e o abuso da força dos opressores.

No entanto, como particípio de escravizar, o Dicionário Contemporâneo da Língua Portuguesa Aulete Digital apresenta o verbete "escravizado" como um verbete novo, ou seja, que foi inserido recentemente no dicionário. Assim, escravizado é denominado como aquele "Que se escravizou, sofreu escravização". Diferentemente do "escravo", privado de liberdade, em estado de servidão, o "escravizado" entra em cena como quem "sofreu escravização" e, portanto, foi forçado a essa situação.[91]

> **"Temos o direito de ser iguais, quando a nossa diferença nos inferioriza. Temos o direito de ser diferentes, quando nossa igualdade nos descaracteriza."**
> – BOAVENTURA DE SOUSA SANTOS

Essa é uma das frases mais acertadas e definitivas sobre a necessidade de diversidade e inclusão. Quem diria, foi escrita por um acadêmico acusado de assédio sexual e abuso psicológico contra estudantes em Portugal.

Em ESG, sempre haverá contradições e paradoxos. Foi com Angela Donaggio, pesquisadora e consultora em Ética, Diversidade e Inclusão, que mergulhei no S do ESG.

Foi com ela que aprendi sobre tantos vieses que prejudicam minorias e empresas, abrindo espaço para distorções, preconceitos e estereótipos na formação de equipes, na promoção de funcionários e na escolha de executivos e de membros dos conselhos de administração. Cito dois.

VIÉS DE CONFORMIDADE SOCIAL

Somos programados para fazer parte do grupo. O que um faz, os outros copiam, ainda que não seja a melhor ação. O ambiente nos molda e podemos repetir erros do passado. Num ambiente machista, o risco é de

---

[91] HARKOT-DE-LA-TAILLE, Elizabeth; SANTOS, Adriano Rodrigues dos. Sobre escravos e escravizados: percursos discursivos da conquista da liberdade. *III Simpósio Nacional Discurso, Identidade e Sociedade (III SIDIS)*. Disponível em: https://www.iel.unicamp.br/sidis/anais/pdf/HARKOT_DE_LA_TAILLE_ELIZABETH.pdf. Acesso em: 25 fev. 2024.

se conformar com isso. Os processos de heurística, usados na tomada de decisões, podem escorregar e cair em vieses.

VIÉS DE AFINIDADE

Temos preferência pelos que se parecem conosco. Num conselho de administração, composto de homens brancos, quem está fora desse perfil é mal avaliado.

A primeira vez em que ouvi a história do telhado de vidro, foi num comício de Hillary Clinton. Ouvi tarde, porque essa expressão poderia ser do tempo da queima de sutiãs. Na verdade, é da década de 1980 e se refere à realidade em que mulheres chegam a um ponto na carreira e não conseguem subir mais. Há uma barreira invisível: a barreira de gênero.

Em 2008, Clinton se lançou pré-candidata à presidência dos Estados Unidos. Mirou no voto feminino e, feminista, defendeu quebrar o telhado de vidro, as barreiras invisíveis que impedem a promoção de grupos minorizados. Hillary foi derrotada, mas não por viés, por preconceito, por nada. Esbarrou um concorrente imbatível, Barack Obama.

Clinton, a antipática com sobrenome do marido. Passado.

Obama, o sedutor, com nome estranho, o novo. Futuro.

Mulheres podem driblar vieses, mas ainda assim cair em desafios institucionais. Do *glass ceiling*, o telhado de vidro, ao *sticky floor...* foi com Angela Donaggio que conheci outras expressões:

- **Sticky floor, o chão grudento:** oposto do *glass ceiling*, são os cargos mais baixos, os piores salários que sobram para mulheres que ficam ali, grudadas no chão da carreira.
- **Broken rung, degrau quebrado:** mulheres ficam presas naquele degrau quebrado, em cargos baixos, e não conseguem subir na carreira.
- **Glass wall, parede de vidro:** é o fenômeno que impede a transição horizontal dentro de uma mesma empresa. Para homens, é muito comum sair de uma área e ir para outra. Para

mulheres, a parede de vidro impede essa transição e é mais difícil navegar por diversas áreas em virtude disso.
- **Glass cliff, penhascos de vidro:** é uma pegadinha para mulheres. Períodos de crise, riscos altos? É nessa hora que aparecem vagas para mulheres. Uma vez os problemas resolvidos, os homens voltam a ocupar os postos altos, sendo os salvadores da pátria.

Um estudo do Departamento de Economia da OCDE mostrou que ainda existe uma diferença salarial de pelo menos 15% por hora trabalhada em entre homens e mulheres com a mesma qualificação.[92] Isso na Europa.

Não há tema mais delicado que diversidade em organizações. E é delicado exatamente porque é dos que geram mais valor para empresas e governos. E nada pior que diversidade de araque.

👍 • Empresa contrata mulheres, negros, pessoas LGBTQIA+ e diz que está promovendo a diversidade.

👎 • Contratos são para cargos na base da organização.
• Salários de novos entrantes são menores que os de funcionários de cargos semelhantes.
• Não há política de crescimento profissional.

---

[92] CIMINELLI, Gabriele *et al.* Sticky floors or glass ceilings? The role of human capital, working time flexibility and discrimination in the gender wage gap. *OECD Economics Department Working Papers*, n. 1668, 7 maio 2021. Disponível em: https://www.oecd-ilibrary.org/docserver/02ef3235-en.pdf?expires=1709762969&id=id&accname=guest&checksum=798B3453E6AF6E4608D4131F2E01AEFD. Acesso em: 25 fev. 2024.

:::: Tokenismo

Eu gosto de moda. Compro pouco, pouquíssimo, porque minha régua é a da sustentabilidade. Então, não compro nada que vá durar pouco e procuro peças atemporais, mas curto ver os lançamentos, ver em que o estilista se inspirou. Moda é arte.

> "A arte existe porque
> a vida não basta."
> — FERREIRA GULLAR

A marca de moda praia de NY nada tem de arte; é modinha com uma combinação infalível: nostalgia e modernidade. As estampas de biquínis certamente teriam sido escolha de Sophia Loren quando tinha seus 20 e poucos anos. Bolinhas, bolonas, cores fortes e branco total. Gostei dos tops franzidinhos, que dão volume e um ar antiguinho que me lembram Esther Williams. E as calcinhas altas e supercavadas.

A ação de marketing foi na Toscana. Bem, se eu fosse a diretora de marketing, teria sido na Sardenha.

No casting, selecionaram modelos magérrimas. Fotos e vídeos das modelos na piscina, segurando taças de Aperol Spritz e pratos de macarrão intocados. Ah, claro, uma negra e uma gordinha. Gordinha para o padrão da marca. Uma modelo tamanho M. Eu certamente teria que comprar o GGG.

Foram dias de impulsionamentos em redes sociais, e a postagem final, estática, era uma foto com o time todo. As onze modelos sentadas lado a lado, à beira da piscina, de pernas cruzadas, pés na água, sorrisos no rosto, cabelos ao vento.

O óbvio sempre pode piorar. Custei a acreditar. A dona da coisa toda, a empresária responsável pela marca, também publicou a foto das modelos e cortou as duas que estavam no extremo: a gordinha e a negra.

A empresa conseguiu fazer tudo errado.

> "A ideia atual de que a integração por meio de tokens satisfará o povo é uma ilusão."
> – MARTIN LUTHER KING

Tokenismo ou simbolismo é incluir um ou outro indivíduo de grupo minorizado apenas para passar a imagem de compromisso com a diversidade. O Tokenismo provoca sérios problemas para quem é o "token": pressão psicológica, isolamento, burnout. E gera um efeito antagônico. O "token" sofre uma hipervisibilidade na empresa e uma invisibilidade, por estar sozinho, representando um grupo minorizado em um grupo homogêneo. E é nesse contexto que surge pressão adicional por desempenho, isolamento e a chamada síndrome do impostor, em que a pessoa passa a duvidar de suas capacidades. Donaggio explica que a síndrome de impostor só existe devido a um ambiente com uma recorrente desconfiança do grupo em relação às consequências da presença de representantes de grupos minorizados. Hoje se sabe que o que foi definido como "síndrome do impostor" tem como enfoque os indivíduos, e não o ambiente. Contudo, o problema está no ambiente, e não nos indivíduos. Um ambiente inclusivo e seguro afasta a "síndrome do impostor."

O ambiente inclusivo se dá com mais e mais representantes de grupos minorizados. De acordo com a Teoria da Massa Crítica (Critical Mass Theory em inglês), a barreira de grupos homogêneos se rompe quando 20% a 40% dos membros de uma equipe pertencem a grupos minorizados. Essa regra vale também para conselhos de administração. E quanto mais mulheres em conselhos, mais inovadora é a empresa. Não por acaso, muitas pesquisas indicam relação entre melhores práticas de ESG e maior diversidade em altos cargos de conselho e diretoria.

::: Tóxico

Talvez o hábito tenha sido por trauma daquele dia no Leblon. A praia estava vazia e ela resolveu caminhar à beira-mar. Seguro morreu de velho, deixou a carteira e o celular em casa, levou apenas os chinelos e a canga.

Dois jovens vieram andando em sua direção. Pareciam personagens de novela. Bonitos, vestidos com bermudas de surfe, um olhando para o outro, como se estivessem combinando algo. E estavam. Quando chegaram bem perto, avançaram sobre ela, arrancando sua correntinha de ouro.

Já está mais do que dito que não se deve reagir em caso de assalto, mas ela reagiu.

"Me dá minha correntinha! Não tá vendo que é religião? É religião!", ela gritava, maluca, com os braços abertos, impedindo que os ladrões fugissem.

Ela não sabe de onde tirou essa história de religião. A correntinha carregava uma medalha de Nossa Senhora Aparecida e um pingente do Buda. Foram presentes de dois amigos. Ela os pendurou para demonstrar gratidão, não exatamente fé.

"Dona! Caiu no mar", balbuciavam os jovens, com medo de que a gritaria dela atraísse justiceiros do Leblon, pessoas na praia que lincham ladrões sem dó nem piedade. Ali, ninguém de fora pode roubar.

Os ladrões deram um jeito de sair de fininho e – milagre – já no chuveiro, em casa, ela descobriu que a correntinha tinha ficado agarrada na alça do biquíni. Daquele dia em diante, ficou com a mania de apertar o pingente de Nossa Senhora Aparecida e girar um círculo de metal em volta dele. Era só ficar ansiosa que se acalmava esfregando os dedos na Nossa Senhora.

O chefe a chamou para saber por que ela não respondera à mensagem que ele tinha acabado de enviar. Era sempre assim, paranoide, persecutório. A tal mensagem fora disparada por SMS, e-mail, WhatsApp, tudo ao mesmo tempo. Nada tinha de urgente. A urgência era o desejo dele de ser atendido imediatamente. Não confiava em ninguém, achava que sempre estavam conspirando contra ele, trabalhava no estilo "comando e controle".

Controlava com a ajuda de uma equipe de X9, funcionários fofoqueiros que se mantinham nos cargos graças às delações secretas que faziam sobre os colegas: a fugidinha para pegar o filho na escola e para comprar um lanche fora da firma, a demora para terminar uma determinada tarefa ainda que não se soubesse o motivo... coisas banais que não interferiam no rendimento das equipes.

A preocupação do chefe era com horas trabalhadas, e não com trabalho entregue. Equipes, na cabeça delirante dele, eram totalmente dependentes das suas orientações e determinações.

Ele era o poder, era a força. No fundo, sabia que não era nada. Quem persegue teme ser perseguido.

"Você não viu a minha mensagem?", perguntou, irritado, enquanto pedia que ela fechasse a porta da sala da chefia. Não queria testemunhas, muito menos exposição.

Por mais que já conhecesse o roteiro delirante, ela ficou nervosa e começou a mexer na medalhinha de Nossa Senhora. O que se deu em seguida foi uma pane de ambos os lados. O chefe se levantou da cadeira e arrombou a porta, em fuga. Ela ficou parada, como estátua, onde estava. Haja medalhinha.

Fofoqueiros fofocam. Dias depois, no fim do expediente de uma sexta-feira, ela soube o motivo daquele rompante. O espião da noite explicou a fuga do chefe. Ele cismou que a medalhinha era uma câmera escondida. Teve medo de estar sendo filmado e de o vídeo ir parar no *compliance*, riu o X9, cheio de sarcasmo e malícia.

Em empresas, há um duelo entre atraso e inovação. O atraso se sustenta por motivos diversos, mas principalmente porque é mais "fácil" ficar com o que já é conhecido, ainda que seja antigo. Como lidar com crises financeiras, a inteligência artificial que vem engolindo cargos e funções, demissões em massa, cortes pesados no orçamento?

O chefe manda, obedece quem tem e não tem juízo. A empresa perde com uma gestão obsoleta. A cultura organizacional "comando e controle" que surgiu nos círculos militares ainda se repete em empresas. A estratégia, inclusive, já foi ultrapassada há anos no meio militar.

Foi o general norte-americano Stanley McChrystal que deu visibilidade a uma nova forma de liderança. Ele era o comandante do Joint Special Operations Command, na Guerra do Iraque.

A Al-Qaeda tinha domínio da região e se movia com agilidade, em contraponto com o peso burocrático das tropas americanas. McChrystal adotou um processo de decisão descentralizada para que as informações fluíssem rapidamente, com ênfase na confiança e divisão de trabalho em pequenas equipes, com mais intimidade e com o que ele chama de consciência compartilhada, um objetivo, um propósito em comum.

Quem está na linha de frente sabe mais, e não o general que está lá na ponta, olhando tudo de longe. Quando se fala em inovação em gestão de pessoas, a cultura deve privilegiar indivíduos e equipes, diluindo a figura paternalista do *big boss*.

O local, o menor, deve ser mais importante que o maior, o geral; os gestores devem se reunir individualmente uma vez por semana com cada funcionário para conversar sobre metas, planejamento da semana e avaliações que têm que ser dadas, olhando para a frente e com uma perspectiva positiva.

O líder tóxico deve dar lugar ao líder inclusivo. Funcionários não devem ter medo, mas a certeza e a coragem de saber que a contribuição de cada um deles é valiosa para a empresa.

Líderes tóxicos envenenam equipes, contaminam empresas.

Eu conto, ou você conta?

O grande desafio é fazer com que percebam a própria toxicidade e estejam abertos para o processo de mudança. A evolução deve começar na alta liderança, aceitando inovações nos modelos de comportamento e gestão. Se a alta liderança continuar pensando no formato "comando e controle", não haverá como desencadear o processo de mudança.

Um mapeamento interno pode ajudar a delimitar as deficiências superpoderosas de líderes. RHs fortes e com autonomia podem auxiliar no processo de tomada de consciência e formação de uma nova cultura, humanizada, respeitosa.

Em *Nove mitos sobre o trabalho*,[93] Marcus Buckingham e Ashley Goodall desmontam as teorias de que avaliação de desempenho e feedback são importantes, ou que metas devem vir de cima para baixo e outras mentiras que se sustentam em organizações. Eles defendem formação de equipes excelentes com autonomia e acesso a informações de qualidade da empresa para que possam tomar as melhores decisões. Equipes que se traduzem em um sistema de inteligência, com capacidades de fazer as melhores escolhas. Sai a imagem do funcionário inseguro e o líder com a capa de super-herói, entram equipes sábias e com liberdade para agir. Buckingham e Goodall defendem reuniões semanais de líderes com cada um da equipe. Se um líder não consegue conciliar a agenda com essas reuniões, deve passar o bastão, dividir a liderança. Para os autores, é fundamental o encontro semanal com cada membro das equipes.

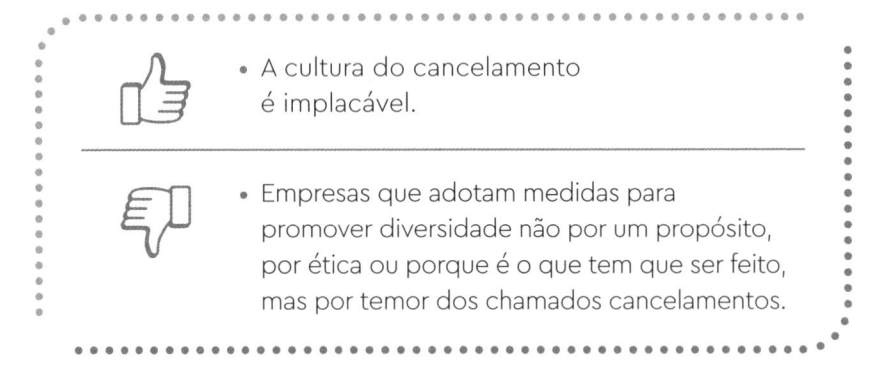

> 👍 • A cultura do cancelamento é implacável.
>
> 👎 • Empresas que adotam medidas para promover diversidade não por um propósito, por ética ou porque é o que tem que ser feito, mas por temor dos chamados cancelamentos.

A hashtag subiu nas redes. A cultura do cancelamento está consolidada, ainda que seu modo de atuação tenha consequências nem sempre eficientes. A estratégia começou sendo usada contra celebridades, quando escorregavam com posicionamentos e ações inadequadas.

---

[93] BUCKINGHAM, Marcus; GOODALL, Ashley. *Nove mitos sobre o trabalho*: uma nova maneira de pensar cultura empresarial e liderança para promover o potencial criativo e a realização profissional das equipes. Rio de Janeiro: Sextante, 2020.

Viu algo errado? Hashtag #forafulano. E aí se dá o cancelamento, com fuga de seguidores, desistência de patrocinadores e punição na internet.

A cultura do cancelamento é derivada da *call-out culture*. A origem foi o movimento #metoo, iniciado nos Estados Unidos em 2017. A atriz Alyssa Milano declarou sobre a acusação de estupro contra Harvey Weinstein feita por Rose McGowan: "Se todas as mulheres que foram abusadas sexualmente escrevessem 'me too', talvez conseguíssemos mostrar a magnitude do problema".

A magnitude foi absoluta. Weinstein foi condenado por abusos sexuais e denúncias explodiram no mundo inteiro. Aqui não foi diferente. A partir daí a cultura do cancelamento se espalhou, atingindo empresas, governos e pessoas.

O ex-presidente dos Estados Unidos Barack Obama fez uma provocação: "Se uso a hashtag sobre algo que você fez errado para depois ir fazer outra coisa e me sentir bem comigo mesmo, isso não é ativismo", disse Obama.

Não é ativismo, mas espelha e reflete crises. O que, no princípio, atingia apenas pessoas e celebridades, rapidamente foi disseminado em reações contra ações inapropriadas de empresas e marcas. A cultura do cancelamento é resposta rápida, ainda que não necessariamente definitiva.

Um erro comum em grandes empresas é se preparar para mitigar e agir em casos de cancelamento, monitorando menções negativas, em vez de investir em uma cultura ética em que a empresa age como fala.

Para avançar em diversidade e inclusão, empresas devem entender profundamente:

- que existem para pessoas e que todas as pessoas devem ser vistas e tratadas com dignidade;
- em que mundo estão, que papel desempenham nesse mundo, sua missão e seu propósito;
- que é preciso inovar com a intenção de melhorar a vida na comunidade e nas equipes da empresa;
- quais são suas vulnerabilidades, seus pontos de fragilidade;
- que é preciso brio, coragem e originalidade na tomada de decisões, sempre com ética.

::: Grupos de afinidade

O modelo vem dos Estados Unidos: *employee resource groups*. Os grupos de afinidade estão presentes em grandes empresas. São um espaço não só para discussão de novas ações, mas também para confirmação do trabalho que já vem sendo feito e conexão. As equipes podem ser formadas exclusivamente por pessoas que representam determinado grupo minorizado, ou também por pessoas que se identificam com aquele segmento de diversidade. Não há uma fórmula certa, com número de encontros ou de participantes. Cabe à empresa incentivar e dar todo o apoio para que os grupos se fortaleçam e prosperem em suas atividades. O objetivo, claro, é dar robustez à diversidade com inclusão.

O convite veio por áudio de WhatsApp, algo não muito comum, dada a informalidade. O cliente, diretor de RH de uma grande empresa baseada em São Paulo, queria contratar uma palestrante para falar sobre diversidade e inclusão. Era um dia chuvoso de julho em São Paulo. Trânsito parado e barulheira na rua de buzinas e sirenes. Não era possível aquele áudio. Aumentou o som, para ver se tinha entendido direito.

Sim, o absurdo estava ali, em um minuto de gravação. O tal diretor de recursos humanos se apresentava, dizendo ter conseguido o contato da palestrante com um amigo em comum, e ia direto ao assunto: queria convidá-la para dar a palestra, com uma condição: "quero uma palestra de diversidade mais genérica, sem essa coisa da LGBTQIA+, combate a racismo, sabe?".

A palestrante bloqueou o contato. Antes, me mostrou o áudio.

Infelizmente, há lideranças que insistem em se apegar a preconceitos e atrasos, com o disfarce de falsas ações pela diversidade. Promovem eventos, convidam oradores, mas a intenção é manter tudo como está internamente e vender a imagem de que houve mudança. Empresas devem ter a coragem de medir e avaliar se escolheram o caminho da maquiagem, do *washing*, ou se estão realmente construindo uma cultura de diversidade e inclusão, com impacto.

Há mais de dez anos, Cida Bento jogou luz sobre a teoria do pacto narcísico da branquitude. Mostrou que, independentemente de posições políticas e sociais, brancos convivem com o privilégio invisível de quem o tem. "Ser branco, numa sociedade racializada, na qual a supremacia é branca, conforma uma visão de mundo muito diferente daquela que têm os que não são brancos."[94]

O que Cida Bento constatou com raça também se repete com ou contra outros marcadores sociais e identitários, como gênero, orientação sexual e naturalidade.

> 👍 • Grupos de afinidade contribuem para o progresso de empresas em questões relativas a diversidade e inclusão.
>
> 👎 • Empresas que estimulam a criação de grupos de afinidade, mas não dão apoio institucional nem financeiro, muito menos autonomia e escuta aos grupos.

Equipes maduras, seguras, encorajadas e autônomas certamente surpreendem com resultados positivos.

---

[94] BENTO, Maria Aparecida Silva. *Pactos narcísicos no racismo*: branquitude e poder nas organizações empresariais e no poder público. 2002. Tese (doutorado) – Instituto de Psicologia da Universidade de São Paulo, 2002.

POLÍTICA: O ESG TEM QUE ACABAR

Quem decide se aprofundar em ESG em algum momento encontra um estudo, discurso de político ou artigo em tom apocalíptico. E Alex Edmans, professor de Finanças da London Business School, caprichou na funesta previsão sobre ESG.

Edmans abriu o ano de 2023 declarando que ESG é extremamente importante, mas que ao mesmo tempo não tem nada de especial e deve acabar. A provocação foi para sustentar que ESG não deve ser nicho, uma janelinha entre tantas janelas corporativas, e deve se tornar estrutural, convencional, estar naturalmente incorporado nas empresas.

Investimentos ESG, segundo ele, são nada mais que investimentos, e só. E conclui que queremos empresas excelentes, não somente empresas excelentes em ESG.

Adams lembra que uma empresa pode alcançar bons indicadores em relação à redução de pegada de carbono e ainda assim provocar danos à sociedade ao não investir em inovação e produtividade, correndo o risco de ficar sucateada e provocar demissões em massa. Ele acha que empresas alcançam criação de valor em longo prazo, gerando externalidades positivas para a sociedade, sem necessariamente usar o rótulo ESG.

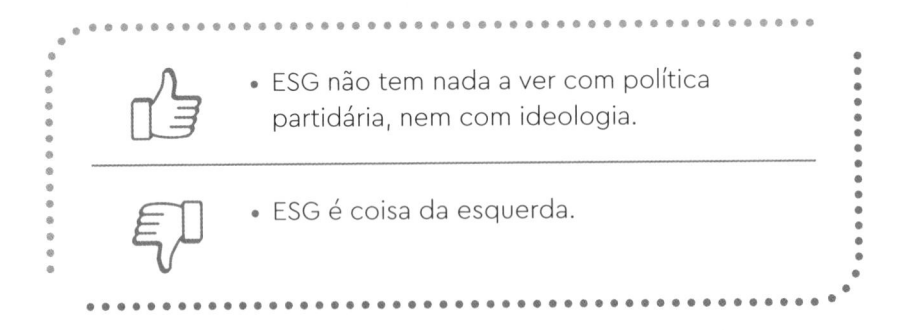

- 👍 ESG não tem nada a ver com política partidária, nem com ideologia.
- 👎 ESG é coisa da esquerda.

Cuidado com a fonte que você escolhe para se informar sobre ESG. Há muitos vieses, torcidas, e também muita desinformação.

Por que ainda existem pessoas que teimam em negar o que a ciência já provou sobre as mudanças climáticas? Uma pesquisa do Cultural

Cognition Project, da Universidade de Yale, ajuda a explicar. O estudo mostrou que pessoas criam percepções que combinam com seus valores.[95] Confirma que a cognição cultural molda opiniões de pessoas sobre mudanças climáticas, destino de rejeitos nucleares e uso de armas. Um republicano raiz – do partido político de direita dos Estados Unidos – deve negar a existência da crise climática, assim como do ESG.

De uns tempos para cá, a polarização na política contaminou corações e mentes, contaminou até mesmo a razão e a percepção das pessoas sobre a natureza e sobre o clima. Terraplanistas se uniram a negacionistas em uma balbúrdia que ensurdeceu habitantes do Leste Europeu ao oeste da América do Norte.

Mudanças climáticas e emissões de gases de efeito estufa saíram da esfera científica para a política. E, no fla-flu político, inventaram que ESG era de esquerda, em contraposição aos ideais da direita. Essa bagunça começou e ganhou corpo nos Estados Unidos.[96] Em estados produtores de combustíveis fósseis e majoritariamente controlados pelo Partido Republicano, pesquisas mostraram a população contrária a ESG. Empresários, como Elon Musk, e grandes empresas petrolíferas contribuíram para botar mais ruído no assunto. A politização se voltou contra as métricas de investimentos ESG e contra a evolução do capitalismo que não beneficia apenas os acionistas.

Aqui no Brasil, esse tipo de contágio não se restringiu ao campo eleitoral. Temos também aqueles que acham que a crise climática é bobagem, que sempre choveu desse jeito, ou que as ondas de calor nunca foram menos intensas. E qual o problema em desmatar a Amazônia? É a tal cognição cultural. Uma ala política vem atacando diretamente o ESG, com investidas contra políticas de direitos humanos e questões

---

95 CAPETILLO, Alicia. How Cultural Values Shape Climate Change Beliefs. *Good*. 27 fev. 2010. Disponível em: https://www.good.is/articles/how-cultural-values-shape-climate-change-beliefs. Acesso em: 5 fev. 2024.

96 MEAGER, Elizabeth. Mapped: The polarisation of ESG in the US. *Capital Monitor*. 3 out. 2022. Disponível em: https://capitalmonitor.ai/regions/america/mapped-the-polarisation-of-esg-in-the-us/. Acesso em: 25 fev. 2024.

básicas ambientais, como o combate ao desmatamento e a proteção de reservas naturais, sem falar numa governança pública desastrosa. Mas essa gritaria não afetou o mercado financeiro, que vem aperfeiçoando metas e métricas em ESG.

- Empresa compra quantidade aleatória de créditos de carbono e destaca aquisições em relatório de sustentabilidade.

- Empresa promete viagem totalmente sustentável, compensando emissão de CO_2 equivalente ao trajeto.

: : : Política, economia e sustentabilidade. Dá para misturar?

O Júnior apareceu aqui em casa com o novo carro com 220 mil quilômetros rodados.

"Tá quase zerado para a idade, dona Giuliana, é de 2005!"

Uma vez por semana, Júnior me ajuda com o jardim. Ele não é exatamente excelente em jardinagem. Também sou péssima, mas somos dedicados e corajosos. Tentamos manter o projeto da paisagista Mariana Siqueira, que se inspirou no holandês Piet Oudolf e criou um jardim permanente aqui em casa, como aqueles que a gente vê na London Eye em Londres e no High Line em NY. O charme aqui é que há também algumas espécies do Cerrado, que são as mais delicadas e sensíveis. Missão difícil demais para mim.

O governo federal está empenhado em ser mais pop e em ajudar a indústria, com o resgate do programa de carros populares. Em 2023, anunciou a isenção de alguns impostos para alguns modelos. Foi um alívio para montadoras e concessionárias diante da queda nas vendas, na produção e na oferta de empregos. Deu algum alívio também à classe média, sufocada pelos juros, pelos preços altos e pela queda de poder aquisitivo.

O carro velho do Júnior foi caríssimo. Ele sabe disso, mas não teve opção. E é uma bomba para o ambiente. Carros antigos, usados com frequência, emitem muito CO_2. Nos estudos para a retomada dos carros populares, a ideia foi investir em etanol, que emite bem menos CO_2 na atmosfera do que a gasolina.

No passado, o Brasil refez as contas e se comprometeu a reduzir as emissões de gases de efeito estufa em 37% até 2025, em relação aos níveis estimados em 2005, ano de fabricação do carro velho do Júnior. Especialistas dizem que a nova meta permite mais emissões de gases poluentes do que a proposta inicial, apresentada no Acordo de Paris. Mas existe uma outra meta: o Brasil vai conseguir reduzir emissões de CO_2 em 50% até 2030? Faltam apenas sete anos.

Países desenvolvidos estão determinados a reduzir o peso do setor de transporte sobre emissões de gases de efeito estufa. O carro elétrico ainda não é a solução. O processo de produção emite muito CO_2 e consome bastante energia, as baterias de lítio continuam caras e a cadeia de fornecedores é limitada. A Europa tem investido principalmente em infraestrutura para transporte público elétrico.

Na capital federal, em Brasília, uma empresa de ônibus acabou de conseguir renovação da concessão, mesmo tendo faltado com a obrigação de renovar a frota. A justificativa foi que havia risco de interrupção dos serviços. Transporte coletivo sucateado é ruim para todos, para as pessoas, para o ambiente e para os governos, além do aumento do risco de acidentes.

Investir, tomar decisões e pensar em soluções que envolvam sustentabilidade no mundo dos negócios é enfrentar paradoxos, contradições e peças que nem sempre se encaixam. A sensação é de cobertor curto. Mas é preciso persistir, com responsabilidade, pensando nas próximas gerações.

Vou cuidar do pepalantus, que é a grande missão do dia para mim.

::: Política e sustentabilidade, é claro que dá para misturar

Em 2023, o governo dos Estados Unidos propôs algo inédito até então: reduzir ao máximo as emissões de CO_2 de usinas movidas a carvão e termelétricas movidas a gás natural. Deverão ser fechadas ou adotar tecnologias para que não poluam mais a atmosfera. Joe Biden lançou um pacote para liberar 383 bilhões de dólares para combater as mudanças climáticas. São 260 bilhões de dólares em abatimentos fiscais para investimentos em energia limpa, 80 bilhões de dólares em devolução tributária para quem comprar carros elétricos e 1,5 bilhão de dólares em incentivos para quem cortar o gás metano. O desafio é cortar pela metade as emissões de gases de efeito estufa dos Estados Unidos até 2030, em comparação com as emissões de 2005. Biden reuniu líderes do Fórum das Principais Economias sobre Energia e Clima e prometeu liberar 500 milhões de dólares para o Fundo Amazônia.

Para chegar a esse número, foi fundamental a participação do assessor especial para assuntos climáticos de Joe Biden. John Kerry foi a Brasília em fevereiro de 2023 para as primeiras tratativas sobre a ajuda financeira ao Fundo Amazônia. Teve várias reuniões com ministros do governo Lula, participou de almoços e jantares com representantes do governo brasileiro. Mas, num momento de descanso, enquanto autoridades tentavam se encontrar com ele, Kerry preferiu o refúgio do clube de *sup* e *windsurf* de Brasília.

Meu irmão, Marcello Morrone, tem vários títulos de campeonatos de *windsurf*. Viveu a vida inteira em Brasília e sempre treinou no Lago Paranoá. As condições específicas no lago – muito vento no meio do ano e quase nenhum em outros períodos – o ajudaram a conquistar muitos pódios, inclusive internacionais. Meu irmão aluga pranchas de *sup*, vela e outros equipamentos náuticos sustentáveis que não poluem o lago. Ele acordou cedo e verificou a lista de clientes que fizeram reservas: Carolina Almeida, João Fontana, John Kerry…

Kerry é um defensor da sustentabilidade e é também velejador, gosta de *windsurf* e de *wingfoil*. Descobriu que em Brasília havia clube de *sup* e se enturmou com meu irmão. Morrone e Kerry passaram a tarde conversando sobre *windsurf*, *wingfoil*, ventos, clima, caminhos possíveis para um mundo melhor. Uma característica comum de altas lideranças que se envolvem com a sustentabilidade é a simplicidade, a espontaneidade, a cordialidade e o desejo de ajudar, viver bem e fazer o bem na sociedade.

O Fundo Amazônia capta recursos para prevenção, monitoramento e combate ao desmatamento. No governo Bolsonaro, ficou desativado pelo desmonte de conselhos federais que formavam a base dessa estrutura de financiamento. Por causa disso, a Noruega chegou a suspender os repasses. Voltou a contribuir com o Fundo em 2023. O Reino Unido também assumiu o compromisso de colaborar com o equivalente a 500 milhões de reais.

Os problemas ambientais no Brasil são gigantescos. Falta fiscalização, sobram interesses dos mais variados em promover o desmatamento. A solução passa por mobilização internacional e uma mão firme de quem comanda o país.

::: Lei Geral de Proteção de Dados (LGPD)

LGPD e ESG? Tudo a ver. É muita letra, mas também com muito significado.

A Lei Geral de Proteção de Dados (LGPD) foi sancionada em 2018 para proteger direitos fundamentais de liberdade e de privacidade. Aborda o tratamento de dados pessoais, em meio físico ou digital, por pessoa física ou jurídica de direito público ou privado. A lei prevê sanções administrativas, ao contrário do ESG, que não está enquadrado em normas legais.

A LGPD se encaixa no G e no S de ESG. Exige transparência de empresas quando estas solicitam dados pessoais. O que vão fazer com esses dados? Como serão protegidos? A privacidade é o valor maior. A confiança entre cliente e empresa também.

Empresas que se esmeram na proteção de dados de consumidores ganham vantagem competitiva e demonstram empenho pela transparência e ética com clientes.

A LGPD foi criada exatamente para proteger dados de pessoas físicas e jurídicas. Os dados são preenchidos com autorização do cliente. O processo tem que ser feito com transparência. Se a empresa vazar dados, está sujeita a punição. A lei é considerada uma ferramenta importante de ESG, pela exigência de transparência, como a Lei de Proteção ao Consumidor da Califórnia.

DINHEIRO QUE DÁ EM ÁRVORE

Em 2003, foi sancionada a lei que permite a comercialização de créditos de carbono em concessões florestais. É um novo marco regulatório de gestão de florestas públicas por meio de concessões.

De acordo com a nova lei, o BNDES poderá habilitar bancos e fintechs para atuar em operações de financiamento com recursos do Fundo Nacional sobre Mudança do Clima (FNMC) para financiar os projetos de recuperação das áreas degradadas ou redução de gases de efeito estufa. Antes, apenas o BNDES, o Banco do Brasil e a Caixa podiam atuar como agentes financeiros.

Concessões florestais são permitidas desde 2006, pela Lei n. 11.284, para incentivar o desenvolvimento de atividades econômicas com o manejo sustentável de florestas públicas federais e estaduais.

A lei deve ajudar o Brasil a avançar para cumprir a meta de redução de gases de efeito estufa e também é estímulo para empresas que querem neutralizar suas emissões de carbono. Se não conseguirem reduzir as emissões de gases de efeito estufa, podem comprar créditos de carbono, que representam mais árvores em pé que vão capturar CO_2.

- 👍 Projeto elimina *cap and trade*, que beneficia empresas mais comprometidas com a sustentabilidade.
- 👎 Permite-se que empresas emitam gases de efeito estufa ao infinito e além. *Cap* é exatamente um teto, um limite de emissões de carbono.

::: Bem antes do ESG...

Uma dor no peito, pressão nos olhos, dor de cabeça, sensação de pânico. Pânico de não haver futuro nem para mim, nem para nenhum de nós.

Dois mil e vinte três foi o ano do medo. Medo de aliens, de robôs, de mentes artificiais capazes de nos dominar. O assunto rondou seminários acadêmicos, congressos de tecnologia e até debates no Congresso. ChatGPT, Bard e outras ferramentas de IA se mostraram competentes para substituir advogados e burocratas e ameaçar vagas no mercado de trabalho de milhares de novos graduados. Fizeram muto mais. Conseguiram preparar minutas e redações e interagir de forma quase natural com humanos. Será possível dar limites, controlar a IA?

Dois mil e vinte dois foi o ano do medo. A guerra entre a Rússia e a Ucrânia desvendou uma crise patente, a do setor energético, dependente de combustíveis fósseis e desprovida de flexibilidade para se sustentar diante de choques políticos.

Dois mil e vinte e um foi o ano do medo. A economia deu sinais de recuperação, mas bem desigual. Os mais pobres ficaram ainda mais pobres. A queda de renda resultou em mais de 100 milhões de pessoas na extrema pobreza.[97]

---

97 GOPALAKRISHNAN, Venkat *et al*. 2021 Year in Review in 11 Charts: The Inequality Pandemic. *The World Bank*. 21 dez. 2021. Disponível em: https://www.worldbank.org/en/news/feature/2021/12/20/year-2021-in-review-the-inequality-pandemic. Acesso em: 25 fev. 2024.

Dois mil e vinte foi o ano do medo. Covas rasas filmadas de longe, corpos saindo em sacos pretos da porta dos fundos de hospitais. A morte. A pandemia de covid-19 provou que nada está sob nosso controle. A China, com todos os seus insumos e hospitais erguidos em questão de dias, não impediu a ação do coronavírus, a Itália não salvou seus idosos, o Brasil chocou o mundo com negacionismo e omissão de políticos na condução de medidas de emergência que resultaram em mais de 700 mil mortes.

Medo, incertezas e perspectivas sombrias, ano após ano, têm aparecido em relatórios de bancos, artigos acadêmicos, corações e mentes de quem pensa sobre o futuro da nossa sociedade. Eventos climáticos extremos e tragédias ambientais também são frequentes. Um relatório do Banco Mundial previu que 216 milhões de pessoas podem ser forçadas a migrar para outros países até 2050 em consequência das mudanças climáticas. Fugirão da seca e da falta de alimentos, de emprego e de água.[98]

Como virar a chave e buscar uma economia mais resiliente, com desenvolvimento, mas sem esgotar os recursos naturais da Terra, combatendo desigualdades, buscando sociedades mais justas?

A Kantar Public desenvolveu o Índice de Liderança Reykjavik,[99] que mensura até que ponto homens e mulheres são vistos no mesmo patamar em termos de posições de poder. A pesquisa mostrou que pessoas mais jovens são menos progressistas. Isso apareceu nos países do G7, as sete maiores economias do mundo. Entre os entrevistados, o grupo com idade entre 18 e 34 anos se mostrou menos progressista que pessoas mais velhas.

---

98 CRITICAL friends: the emerging role of stakeholder panels in corporate governance, reporting and assurance. *AccountAbility*, *Utopies*. mar. 2007. Disponível em: https://utopies.com/wp-content/uploads/2019/12/Critical-Friends_StakeholderPanels_report.pdf. Acesso em: 25 fev. 2024.

99 THE Reykjavik Index for Leadership 2020/2021 Measuring perceptions of equality for men and women in leadership. *Kantar*. Disponível em: https://www.kantar.com/campaigns/reykjavik-index/. Acesso em: 25 fev. 2024.

E a pesquisa chegou a um resultado chocante: os mais jovens acham que mulheres são menos adequadas que homens para assumir cargos de liderança em 23 setores da economia. Comparando homens e mulheres, os jovens entre 18 e 34 anos são mais resistentes às lideranças femininas. É interessante também notar que, entre grupos de homens com idade entre 55 e 65 anos e jovens entre 18 e 34 anos, a rejeição às lideranças femininas é mais alta entre os mais jovens.

A cultura organizacional deve incentivar e exigir a inclusão de mulheres e atuar com energia em processos que contribuam para o crescimento delas nas empresas e levem equidade de gênero também aos postos de liderança.

FALE

Eu tenho o que falar, talvez não deva, não é meu lugar, mas observo e sei que há algo ainda muito errado. Não faz muito tempo, vinte anos ou menos, que o Brasil submergiu num debate raso e equivocado sobre cotas raciais. A tese era que a barreira para a ascensão social no país se limitava à renda, ou à falta dela. Brasileiros que conseguissem furar o teto da pobreza, independentemente da cor, conseguiriam crescer em nossa sociedade.

A tese foi atropelada pela realidade dos fatos.

Metade da minha vida estudantil foi em escola pública e metade no ensino privado. Os dois últimos anos do que se chamava segundo grau – hoje Ensino Médio – foram em uma escola da elite brasiliense da época. Os alunos eram filhos de servidores públicos em postos privilegiados nos Três Poderes, profissionais liberais, uma classe média consistente. A minha sala era formada por alunos com perfil homogêneo, e praticamente todos entraram em universidades públicas, em cursos bastante disputados. Ninguém ficou pelo caminho. Uns foram aprovados em concursos públicos e passaram a viver a vida modorrenta de barnabé com salários acima do teto salarial permitido por lei, fins de semana em clubes de Brasília e meses sem fazer nada todos os anos, entre recessos, férias, feriados, até a aposentadoria integral. Um dos meus colegas se mudou para os Estados Unidos e se tornou executivo da Goldman Sachs, outro estudou no ITA, muitos se tornaram profissionais liberais competentes. Uma colega teve desfecho diferente, virou secretária de ministério. Era do mesmo grupo social que eu, tínhamos notas parecidas na escola, estudamos na mesma universidade, a UnB. Era a única negra daquela turma privilegiada.

O problema não é renda, é racismo. E não há como quebrar essa sina se as empresas não adotarem metas e mensuração de resultados com foco no antirracismo. Quantos CEOs negros você conhece? Quantas lideranças negras? No setor público, quantos negros ocupam posição de destaque?

Com as eleições de 2022, a Câmara dos Deputados passou a ter, de 513 deputados, apenas 27 autodeclarados negros. Ou seja, 5% do total de deputados. Isso porque há uma emenda constitucional que estabeleceu incentivos para candidaturas de negros e de mulheres.[100]

No Brasil, 56% da população se autodeclara negra. Buscar a equidade racial é urgente, um compromisso estratégico de qualquer empresa que pretenda ser séria.

Um dos pontos mais relevantes em empresas brasileiras e que deveria ser foco e prioridade delas é se tornarem parecidas com o país: diverso. Não basta incentivar contratações de negros; a diversidade se dá oferecendo treinamentos, cursos, espaço na empresa para crescimento. É preciso criar uma corrente sustentável para tornar nossa sociedade menos desigual e permitir que futuras gerações encontrem um equilíbrio que reflita quem somos.

---

100 EMENDA constitucional n. 111, de 2021. *Câmara dos Deputados*. 2021. Disponível em: https://www2.camara.leg.br/legin/fed/emecon/2021/emenda constitucional-111-28-setembro-2021-791789-norma-pl.html. Acesso em: 25 fev. 2024.

::: A grande crise

A MIGRAÇÃO DOS GNUS

Uma das imagens mais impactantes que vi em minha vida foi a migração dos gnus. Um gnu é um bicho especialmente desengonçado, parece um boi com cara de antílope e barba de bode. Pelo que vi, gnus não são exatamente inteligentes; seguem o instinto e o líder, que nem sempre sabe liderar.

Estava à beira do rio Maia, na fronteira da Tanzânia com o Quênia, quando vi lá no horizonte uma mancha escura. No período da seca, a savana se parece ainda mais com meu Cerrado do Planalto Central. A vegetação fica num tom amarelado, de tão seca. Árvores, retorcidas, são poucas.

Uma massa de gnus avançou. O líder na frente e centenas correndo atrás, desembestados. Não é à toa que, em inglês, são chamados de *wildbeests*.

A seca em evidência, com a pastagem amarelada e o nível do rio baixinho. Na quietude do Maia, uma família de hipopótamos se refresca, vejo pássaros de cor azul-neon. Sobre as pedras no rio, bem disfarçados, crocodilos do Nilo. Como são enormes. Ali fiquei sabendo que, apesar do tamanho, esses crocodilos têm dentes pequenos. Por isso, afogam as presas até que a carne fique macia.

A mancha se aproximou e a poeira cobriu o céu com a correria dos bichos. O líder avançou sobre as águas rasas do rio. Foi trotando, nadando, tropeçando sobre as pedras até chegar ao outro lado. Os outros o acompanharam. Um tumulto de gnus.

A pedra se mexeu. Não era pedra. O crocodilo suavemente mergulhou. Em meio à agitação de bichos atravessando o rio, um gnu submergiu.

São as regras da vida, a luta pela sobrevivência. Há milhões de anos, gnus migram em busca de comida e água; não medem riscos. Já os crocodilos aproveitam oportunidades.

UM DIA NA FÁBRICA DE CHOCOLATES

O funcionário liga o carro, movido a gasolina, dirige 40 quilômetros, de casa até a fábrica. Quanto CO_2 é emitido no trajeto?

Estaciona, passa o crachá na catraca. De onde vem a energia que mantém o sensor digital ligado?

Vai para o banheiro, veste o uniforme de trabalho (touca, roupa branca, botas de plástico, luvas) e se dirige às pingadeiras, máquinas que recebem chocolate derretido, armazenado em tanques. As pingadeiras, como diz o nome, pingam chocolate na quantidade exata para as forminhas de bombons. De onde sai a energia que mantém a pingadeira funcionando?

Horas de trabalho, chega o intervalo para o almoço. O cheiro de chocolate deixa de ser agradável, de tão intenso e enjoativo. O ar-condicionado no refeitório dissemina ainda mais o aroma. Dá enjoo. De onde vem o gás que faz o ar sair gelado?

Ele usa o micro-ondas do refeitório. Mais energia consumida. Descansa meia hora e volta para a parte central da fábrica, onde esteiras funcionam 24 horas. Os bombons vão para resfriadeiras, esteiras, onde são embalados. Máquinas e motores ligados. Que gás é usado nos refrigeradores que acondicionam o chocolate? Qual o combustível usado nos caminhões que transportaram os ingredientes para os chocolates?

Os bombons embalados são armazenados em caixas de papelão que ficam estocadas em câmaras refrigeradas. Como as caixas de papelão chegaram até a fábrica? Qual o custo do transporte? Quanto combustível é gasto nas empilhadeiras que levam as caixas para serem estocadas?

Tudo isso e muito mais é calculado minuciosamente para identificar os gases de efeito estufa emitidos pela fábrica de bombons.

O protocolo é tão meticuloso que considera emissões diretas e indiretas. Os cálculos levam em conta três alvos:

ESCOPO 1: EMISSÕES DIRETAS DE GASES DE EFEITO ESTUFA (GEE)

Geração de eletricidade: caldeiras, fornos, turbinas, processamento e/ou fabricação de produtos químicos e materiais, como cimento, alumínio e processamento de resíduos. Emissões diretas, resultado das operações da empresa.

Transporte de materiais e produtos como cimento e alumínio.

Uso de equipamentos como aparelhos de ar-condicionado e de refrigeração.

Descargas de gases de efeito estufa na ligação de equipamentos.

ESCOPO 2: EMISSÕES INDIRETAS DE GEE

Aqui entram emissões provenientes da geração da eletricidade adquirida pela empresa, somando-se as emissões que ocorrem no local onde a eletricidade é gerada. Consumo de eletricidade, vapor, calor e refrigeração são contabilizados no escopo 2.

Uma avaliação criteriosa das emissões indiretas pode levar a empresa a reduzir GEE com investimentos em tecnologias de energia limpa e renovável.

ESCOPO 3: É OPCIONAL, NÃO DEVE SER OBRIGATORIAMENTE CONTABILIZADO

É tudo o que não entra nos escopos 1 e 2, mas que entra na cadeia de valor da empresa. São todas as emissões da empresa, além das fontes que a empresa não controla. Exemplos: a energia gasta com a impressora da empresa que fornece as embalagens da fábrica de bombons; as viagens de negócios dos sócios da fábrica; todas as emissões lançadas por fornecedores da fábrica, como os que vendem a matéria-prima, o cacau, a gordura vegetal e o papel da embalagem; o transporte de funcionários; a distribuição de chocolates da fábrica para os postos de revenda; o descarte de lixo da fábrica; o tratamento do lixo e de materiais que serão levados para reciclagem.

O QUE EMPRESAS TÊM A VER COM ISSO?

Empresas que não manejam seus negócios de forma responsável perderão cada vez mais espaço no mercado. Perdem valor para concorrentes aqueles que não se preocupam em reduzir emissões de gases de efeito estufa. Fundos de investimento têm exigido compromissos de empresas voltados para a sustentabilidade, cuidado com o meio ambiente, respeito pelas pessoas e boa governança.

O QUE GOVERNOS TÊM A VER COM ISSO?

> "Porque muitos dos problemas e soluções abordados pela Agenda 21 têm suas raízes em atividades locais, a participação e cooperação das autoridades locais serão fatores determinantes para cumprir seus objetivos... como o nível de governança mais próximo das pessoas, elas desempenham um papel vital na educação, mobilização e resposta ao público para promover o desenvolvimento sustentável."[101]
>
> – UN, 1992.

---

[101] AGENDA 21. *UN Department of Economic and Social Affairs*. Disponível em: https://www.un.org/esa/dsd/agenda21/res_agenda21_28.shtml. Acesso em: 25 fev. 2024. Tradução livre.

QUEM SÃO OS RESPONSÁVEIS E QUAL A RESPONSABILIDADE DELES?

A Corte Internacional de Justiça (CIJ), principal órgão de justiça da ONU, foi provocada pela República de Vanuatu a responder: quais são as obrigações dos Estados para proteger o sistema climático? Quais as consequências jurídicas para Estados que tenham causado danos ao sistema climático por ação ou omissão?

Águas de azul-turquesa, cascatas, rios cristalinos, Vanuatu já foi o arquétipo de paraíso na década de 1980, cenário de um filme água com açúcar chamado *Lagoa azul*. Naquela época, a estrela era Brooke Shields, as discussões sobre aquecimento global ainda eram embrionárias, e Vanuatu era o paraíso.

O arquipélago de oitenta ilhas no Pacífico e menos de 300 mil habitantes virou o símbolo da crise climática. Em 2022, o governo de Vanuatu declarou estado de emergência e queria que a Corte Internacional se posicionasse para socorrer o país ameaçado de afundar e sucumbir às crises climáticas.

Em 2024, o Tribunal Internacional de Direitos Humanos julgou que a ausência de medidas contra as mudanças climáticas podem constituir uma violação de direitos humanos. A ação foi proposta por um grupo de mulheres suíças, que lutam pela defesa do meio ambiente. De forma estereotipada, foram chamadas pela imprensa de Vovós do Clima, pelo fato de terem idade média de 70 anos. Ativistas, com experiência de vida e compreensão de que as ações do ser humano no planeta ferem a humanidade.

Ilhéus percebem, ano após ano, que as faixas de terras estão encolhendo, os ciclones entre novembro e março estão cada vez mais frequentes e as barreiras de corais estão esbranquiçadas, porque as algas que ficam junto aos corais não conseguem fazer fotossíntese com o aumento da temperatura da água, da salinidade e da incidência de luz.

No pequeno arquipélago de Vanuatu, não há espaço para teoria e especulação. A crise climática bate à porta de moradores, afetando as condições de vida e de trabalho. O país assumiu o compromisso de fazer o que pode nas pequenas ilhotas para ter 100% de energia renovável até 2030 e já absorve mais CO_2 do que emite.

Políticas públicas e mudanças na legislação são fundamentais para enfrentar os desafios climáticos. Afinal, as cidades são responsáveis pelo consumo de 78% de toda a energia do mundo e produzem mais de 60% de gases de efeito estufa.

Não faltam bons exemplos.

Até 2025, Chicago terá todos os espaços e prédios públicos operando com energia limpa, incluindo um de seus principais aeroportos.

No Brasil, poucas cidades já adotaram o padrão de cálculo da emissão de gases de efeito estufa. Um grande desafio é a falta de uma padronização nas medições.

::: Dois brasileiros e uma cidade pouco inteligente

A vida de um brasileiro em um dia qualquer em cidade grande: acorda de madrugada, vai para o ponto de ônibus com o celular escondido para não ser furtado. Ônibus lotado. Calorão e o ar-condicionado do ônibus não funciona. No carro, atrás do ônibus, está outro brasileiro, vizinho do primeiro. Acordou cedo, deixou as crianças na escola. Agora, preso no engarrafamento. Gasta uma fortuna com estacionamento. Ambos passam o dia no centro da cidade. Já à noite, voltam para casa. Um no ônibus. Outro no carro. Chove. Acaba a luz na região.

O condomínio foi construído sobre um lençol freático. O brasileiro que foi de carro fica preso no engarrafamento, mas ainda chega primeiro que o outro. Encontra a garagem do prédio alagada. Não há uma vaga no condomínio para estacionar o carro. O outro brasileiro ainda está no ônibus. Não sabe quando nem como vai chegar em casa. Ruas alagadas, pontos de ônibus cobertos de lama. O lixo entorna no contêiner lotado. Garrafas PET e resíduos orgânicos navegam nos rios de lama que se tornaram as ruas do condomínio. As bocas de lobo estão entupidas. Como será o amanhã?

Em cidades inteligentes, tecnologia e inovação resolvem problemas urbanos. Com a IoT, carros compartilhados possuem sensores que identificam pessoas que seguirão a mesma rota, facilitando a mobilidade urbana. Com dados, o planejamento urbano é feito levando em conta a conservação do solo e de nascentes. Sensores detectam alagamentos e emergências no perímetro urbano, facilitando o trabalho de agentes públicos. Lixeiras, também com sensores, informam se estão cheias, melhorando a eficiência do serviço de limpeza urbana. São vários os benefícios da IoT e do *big data* na vida em espaços urbanos.

CIDADES INTELIGENTES

Até 2050, 68% da população mundial morará em áreas urbanas.[102] A dimensão é gigantesca: serão mais 2 bilhões e meio de habitantes vivendo em cidades.

Quando se publica algo sobre cidades inteligentes, para ilustrar, são comuns imagens de arranha-céus iluminados à noite, prédios com varandas arborizadas e hortas nos telhados e passarelas de pedestres com pessoas contemplando um rio no horizonte. O texto, invariavelmente, começa com alguma referência aos *Jetsons*, desenho animado da década de 1960 que antevia um futuro com robôs e carros voadores. Cita também *Star Wars*, ou qualquer outro filme futurista. Em seguida, vêm as vantagens dos prédios inteligentes: acenda a luz de casa com um comando de voz e aproveite a IoT (Internet das Coisas) para economizar energia, para medir a qualidade do ar e para que semáforos funcionem de acordo com o fluxo de carros.

A IoT já é usada para concessionárias de energia, água e esgoto monitorarem as necessidades de bairros e gerenciarem a distribuição de serviços. No trânsito, semáforos inteligentes são realidade em muitos centros urbanos. Conseguem identificar problemas no tráfego e mudar a frequência com que ficam fechados ou abertos para carros. Com sensores, também é possível fazer um melhor gerenciamento de resíduos sólidos, deixando as cidades mais limpas.

Uma cidade inteligente é tudo isso, mas é muito mais. É uma cidade sustentável, conectada e eficiente e que usa tecnologia e inovação para

---

[102] FREM, Joe *et al.* Thriving amid turbulence: Imagining the cities of the future. *McKinsey&Company*. 11 out. 2018. Disponível em: https://www.mckinsey.com/industries/public-sector/our-insights/thriving-amid-turbulence-imagining-the-cities-of-the-future#/. Acesso em: 1º mar. 2024.

melhorar a qualidade de vida de pessoas e do ambiente em que vivem. E ela se mostra realmente inteligente quando traz equidade, combate desigualdades e protege o meio ambiente. Não é e não deve ser voltada para favorecer apenas os que já são favorecidos.

As cidades inteligentes entraram em uma nova fase, aproveitando as inovações tecnológicas. Há muitos e novos exemplos. Na década passada, Medelín, na Colômbia, foi inovadora como cidade inteligente. Medidas simples e eficientes deram dignidade aos moradores da cidade. As favelas ganharam calçadas. Imagine morar em uma localidade na qual não há por onde caminhar. Teleféricos para ligar comunidades nos morros aos centros urbanos depois foram copiados em muitas outras cidades, como Rio de Janeiro, Boston e São Francisco.

SEGURANÇA PÚBLICA

Cidades pequenas nos Estados Unidos já adotam softwares para mapear crimes e agir com mais eficiência. Empresas de tecnologia oferecem controversos programas de policiamento preventivo que usam dados e identificação visual para reconhecer possíveis suspeitos e locais onde poderiam vir a ocorrer crimes.

SAÚDE

Hospitais públicos lotados, pacientes nos corredores, falta de médicos e outros profissionais da área de saúde. Farmácia central desabastecida. Problemas recorrentes de qualquer cidade brasileira podem ser reduzidos com inovação. O monitoramento remoto de pacientes (RPM) permite que profissionais de saúde acompanhem a distância as condições de pacientes em tempo real e sem necessariamente estar na frente deles. Orientações podem ser dadas por aplicativos ou videoconferências.

SUSTENTABILIDADE

Bairros de cidades inteligentes são aqueles planejados e que preservam áreas de proteção ambiental. É fundamental a participação e conexão de todas as partes interessadas na construção civil para evitar desperdício de materiais, buscar matérias-primas sustentáveis e contribuir para mitigar a crise climática.

Para novos bairros, novos prédios, novos condomínios, há muitas partes interessadas:

- clientes (futuros moradores)
- fornecedores
- concorrentes
- governo
- órgãos reguladores
- construtora
- vizinhos da obra
- trabalhadores
- financiadores

Essas partes devem ter o propósito em comum de levar adiante os conceitos que definem cidades inteligentes e buscar soluções e materiais sustentáveis.

- **Pavimento permeável:** em regiões onde há muita concentração de chuva, para evitar enchentes e melhorar a drenagem, uma solução já adotada em muitas cidades são pavimentos de concreto permeáveis, blocos de concreto que substituem o asfalto.
- **Cimento verde:** substitui o clínquer por materiais reutilizados. O clínquer é uma "farinha", um pó granular que é matéria-prima do cimento. Para ser produzido, vai a um forno a altíssimas temperaturas. Os fornos são alimentados com combustíveis fósseis. A indústria cimenteira é responsável por 7% do gás carbônico emitido. A indústria quer atingir a neutralidade de carbono até 2050, com substituição de combustíveis fósseis por resíduos sólidos urbanos.
- **Asfalto permeável:** também feito a partir de combustíveis fósseis, mas composto de uma camada de material poroso que absorve a água da chuva.

- Uso de **cores claras** que refletem a incidência solar e dão mais conforto térmico.
- **Soluções baseadas na natureza:** "Ações para proteger, dar sustentabilidade, restaurar ecossistemas naturais e modificados e enfrentar desafios sociais de forma efetiva e com adaptação, beneficiando pessoas e a natureza".[103] Contribuem para diminuir riscos de enchentes e para atenuar ondas de seca e de calor extremo.

A LUZ

Na área de serviço, fica um armário para guardar as compras do mês: produtos com validade longa e que podem ficar estocados, como vidros de azeite, latas de tomate pelado, azeitonas, velas, muitas velas. São daquelas de sete dias, que supostamente deveriam durar conforme o nome que receberam. Aqui duram menos, porque trabalham muito.

Na minha casa falta luz com regularidade. Moro a dez minutos de distância do Palácio do Planalto, do Congresso Nacional, mas numa região em que a fiação ainda é aérea. Basta uma chuva, às vezes uma ameaça de chuva, e a energia acaba. A minha paciência também. A distribuição de energia já foi de empresa pública, passou para empresa privada, e as oscilações na prestação de serviços não mudaram. Aqui, a empresa distribuidora de energia falha com as partes interessadas, mas as partes interessadas também contribuem para o problema. A responsabilidade pela distribuição, claro, é da empresa, assim como a atualização e manutenção de equipamentos e treinamento de equipes.

Mas há outros envolvidos. Vizinhos plantam árvores robustas, trepadeiras. Elas crescem vigorosas. Os galhos frondosos extrapolam o muro que separa as casas da rua e ficam emaranhados na rede elétrica, em área pública. O governo local não cumpre o que deveria fazer: a poda de árvores. A chuva cai, os transformadores entram em curto-circuito, mais um apagão.

---

[103] NATURE-based Solutions. *IUCN*. Disponível em: https://www.iucn.org/our-work/nature-based-solutions. Acesso em: 1º mar. 2024.

É um ciclo negativo em que todos perdem. Ah, se fosse fácil...

Um dos maiores desafios em empresas é mudar a cultura, a forma como equipes lidam com desafios, buscando inovação, segurança no trabalho e engajamento. De que adianta "apagar incêndios" e resolver emergências quando os problemas estruturais permanecem? Além de buscar soluções basilares para questões essenciais, é preciso mudar para melhor a cultura das empresas.

No dia a dia da rotina de trabalho, equipes devem apreender, compreender, incorporar e treinar a prática dos seguintes mantras organizacionais:[104]

- **Transparência:** respeite você e respeite o outro (colegas, clientes, concorrentes, meio ambiente). Seja honesto e ético.
- **Integridade:** cumpra o que prometeu.
- **Responsabilização:** procure a melhor solução possível, trabalhe com responsabilidade, considerando o que você faz e o que deixa de fazer. Busque gerar valor sustentável de longo prazo, valor financeiro e valor compartilhado.
- **Equidade:** seja justo entre os iguais e os diferentes.
- **Sustentabilidade:** inovação é o seu farol. Inove sempre. Procure soluções tecnológicas que ofereçam o melhor para todos, em diferentes níveis: intelectual, financeiro, ambiental e humano, considerando os três pilares – ambiental, social e econômico.

Mas como convencer equipes e lideranças a seguir esse modelo mental? Na marra, ninguém muda ninguém. A velha tática do "comando e controle" – eu mando e você obedece – não funciona quando se quer aprimorar a cultura de uma empresa. A mudança exige participação, escuta de equipes, parceiros, colaboradores, prestadores de serviço e, com base no resultado do que surgir dessa participação, um plano de ação dos gestores.

---

104 MARTINS, Angelina. Conheça os cinco princípios da governança corporativa. *IBGC*. 19 dez. 2023. Disponível em: https://www.ibgc.org.br/blog/conheca-os-cinco-principios-governanca-corporativa. Acesso em: 1º mar. 2024.

O que as equipes da empresa distribuidora de energia sugerem para diminuir riscos e problemas advindos com as mudanças climáticas, como tempestades e enchentes?

Com que condições de trabalho as equipes enfrentam adversidades?

O que a comunidade tem a dizer e fazer para evitar novos apagões?

Do que colaboradores precisam para realizar efetivamente suas missões?

Como evitar riscos e melhorar serviços, sempre contando com inovação?

É preciso engajar colaboradores, para que fiquem preparados e se sintam encorajados para ajudar na transformação da cultura da empresa, reverberando na sociedade. Não necessariamente fazendo melhor que o outro, mas fazendo melhor com o outro.

USO SUSTENTÁVEL DE MATERIAIS DA CONSTRUÇÃO CIVIL

EM CURITIBA, O FUTURO INTELIGENTE

Um exemplo de bairro inteligente foi planejado em Curitiba. O bairro novo da Caximba promete combater a degradação ambiental e retirar famílias de áreas de preservação às margens dos rios Barigui e Iguaçu. As famílias serão transferidas para novas casas, com energia fotovoltaica e reservatório para captação e reúso de água da chuva. O projeto prevê a recuperação da área degradada. A questão social, de gênero, também foi contemplada. Mulheres são mais vulneráveis em eventos climáticos extremos. O projeto considera que elas assumem o papel de reorganização da casa e o cuidado dos filhos. O documento de posse ficará em nome da mulher da família.[105]

---

105 BAIRRO novo da Caximba. *Por dentro da cidade*. Disponível em: https://www.curitiba.pr.gov.br/noticiasespeciais/bairro-novo-do-caximba/19. Acesso em: 1° mar. 2024.

:::: Desenvolvimento sustentável

Desenvolvimento sustentável é aquele capaz de suprir as necessidades do presente sem comprometer a capacidade das futuras gerações de satisfazerem suas próprias necessidades.[106] O conceito, de 1987, foi resultado de um esforço da ONU para jogar luz sobre padrões de consumo, desenvolvimento e consequências para o planeta.

Releia a frase que abre o parágrafo anterior. Em que aspecto ela faz sentido para a sua realidade, para a realidade de sua empresa, para o progresso de onde você vive?

É fundamental entender o conceito de sustentabilidade, levando em conta as particularidades da empresa, como afeta funcionários e fornecedores, de que modo agrega valor ao negócio. Esse conceito tem que fazer sentido dentro da empresa e ser compreendido entre as pessoas que fazem parte dela. Sustentabilidade é dinâmica, não se resume a algo bom ou ruim; é um processo que envolve todos os setores da empresa, diretos e indiretos.

---

106 REPORT of the World Commission on Environment and Development: Our Common Future. *Sustainable Development*. Disponível em: https://sustainabledevelopment.un.org/content/documents/5987our-common-future.pdf. Acesso em: 1º mar. 2024.

Qual é o verdadeiro impacto de uma empresa de rádio que diz emitir zero carbono? E uma siderúrgica que é plástico zero?

O conceito é complexo, multifatorial e envolve muitas partes. Um grande erro é tentar impor esse conceito sem ouvir os interessados e os envolvidos no negócio. E é crucial usar uma linguagem que seja compreensível e que tenha a ver com a realidade local.

NEM TODA SOLUÇÃO SIMPLES É UMA SOLUÇÃO

Por exemplo, veja o caso das sacolas plásticas de supermercados. Brasília, a capital federal, adotou com atraso histórico uma legislação que proíbe a distribuição ou venda de sacolas de plástico em supermercados e outros estabelecimentos comerciais. Uma exigência bem posterior à medida imposta pelo governo da Tanzânia, que em 2019 proibiu sacolas plásticas, seguindo um modelo global de restrição no uso de plásticos.

E o Distrito Federal ficou mais atrasado ainda, comparado com cidades da Califórnia que baniram sacolas plásticas desde 2007. A legislação da capital brasileira previu a substituição das sacolas tradicionais por outras biodegradáveis, biocompostáveis ou reutilizáveis.

Dizer que a nova lei ajuda a melhorar a sustentabilidade é suficiente para engajar trabalhadores do supermercado e clientes? Nesse caso, além da demora em implantar uma legislação para fazer frente ao desafio ambiental, a solução encontrada foi duvidosa, porque permite o plástico oxibiodegradável, que é eufemismo para plástico.

- É preciso reduzir com urgência o uso de plástico.

- Sacolas ditas biodegradáveis quase nunca são biodegradáveis.

Os plásticos oxibiodegradáveis são plásticos convencionais, feitos de petróleo, que recebem aditivos oxibiodegradáveis. Esses aditivos fragmentam o plástico no fim de sua vida em microplásticos, contaminando o solo e a atmosfera. Já foram encontrados microplásticos em peixes, mexilhões, amostras de sangue e até na placenta de mulheres.[107]

A Agência Europeia de Químicos alerta que, por ano, 42 mil toneladas de microplásticos são lançadas no meio ambiente. Não são biodegradáveis. A Europa discute uma legislação que impeça a liberação de microplásticos. O caminho, por óbvio, é reduzir drasticamente o uso de plástico e adotar alternativas realmente sustentáveis.

QUER UMA SACOLINHA?

A compra, na farmácia, é de um protetor de lábios, um bastão do tamanho do dedo indicador. Recuso a sacolinha. A atendente não me ouve e bota o protetor numa sacolinha. Eu, gentilmente, agradeço e devolvo a sacolinha. Digo que não precisa, que o protetor labial cabe na minha bolsa e, mesmo que não coubesse, tenho sacola de reúso na bolsa. Ela levanta as sobrancelhas e joga no lixo a sacolinha que acabei de dispensar pensando justamente em evitar que ela fosse parar no lixo e, consequentemente, no aterro sanitário.

A primeira coisa a ser vista pelo comércio, antes de comprar sacola de bioplástico, é identificar a origem, isto é, se o plástico tem origem renovável, como cana-de-açúcar ou mandioca. Depois, é preciso saber qual é o processo de degradação. A maioria das sacolas plásticas ditas biodegradáveis é formada por 49% de plástico, produzido com petróleo, e leva mais de duzentos anos para se degradar. O plástico oxibiodegradável nem pode ser reciclado.

---

107 MICROPLÁSTICOS são encontrados na placenta de mulheres grávidas, diz estudo. *G1*. Disponível em: https://g1.globo.com/ciencia-e-saude/noticia/2020/12/23/microplasticos-sao-encontrados-a-placenta-de-mulheres-gravidas-diz-estudo.ghtml. Acesso em: 29 jul. 2024.

Há boas soluções, como plásticos feitos à base de plantas e que viram adubo em condições de compostagem. Esses plásticos podem ser identificados por certificações internacionais, como a EN13432, que foi criada pelo Comitê Europeu de Normalização e serve como uma ferramenta de padronização. O plástico totalmente compostável custa alguns centavos a mais que o plástico biodegradável, mas a diferença para o meio ambiente é valiosa. Empresas devem privilegiar plásticos compostáveis e ajudar a orientar o consumidor a usar menos plásticos. Consumidores devem aprender a usar sacolas de reúso e exigir plásticos compostáveis em embalagens.

No Congresso, avançam as discussões para exigir que a partir de dezembro de 2029 todas as embalagens plásticas colocadas no mercado sejam retornáveis e comprovadamente recicláveis ou substituídas por embalagens confeccionadas por materiais integralmente compostáveis, feitos a partir de matérias-primas renováveis.[108]

LIXO ZERO

Empresas que dependem de plásticos podem repensar, refletir, reconsiderar e reorganizar estratégias para reduzir resíduos. Empresas de aviação, por exemplo, fornecem centenas de milhares de copos de plástico por dia para passageiros. Uma solução é comprar copos de plástico compostável. Sim, são mais caros, alguns centavos mais caros, mas esse custo pode ser minimizado com trabalho de conscientização com clientes (passageiros) e funcionários (comissários), reduzindo o consumo.

Se quiserem ir além, podem providenciar composteiras para receber esses copos de plástico compostável e, em questão de tempo, transformar copos em adubo. Nos Estados Unidos e na União Europeia, há várias composteiras que aceitam bioplásticos. Aqui, o processo está

---

[108] PROJETO de Lei n. 2.524, de 2022. *Senado Federal*. Disponível em: https://www25.senado.leg.br/web/atividade/materias/-/materia/154790. Acesso em: 1º mar. 2024.

apenas começando e os progressos dependem da mão na massa da iniciativa privada, mas também do apoio do poder público.

NA AUSTRÁLIA, O PLÁSTICO TRIUNFOU

O governo australiano proibiu o uso de sacolas plásticas em 2011. Um estudo sobre a legislação adotada na Austrália indicou que o impacto não foi efetivo para reduzir o consumo de sacolas plásticas ou de sacos de lixo. Foram sete anos de análise – de 2011 a 2018 – sobre a quantidade de sacolas de polietileno consumidas no país.

O estudo mostrou que o consumo foi transferido para outros tipos de plástico e outras sacolas. Houve uma redução significativa de sacolas individuais, porém, um aumento considerável de utilização de outros tipos de sacolas de polietileno de alta densidade e de polietileno de baixa densidade. A redução de plástico foi mínima (275 toneladas), mesmo com o apoio de 68% da população.

Como explicar a incongruência? A população apoiou a proibição de sacolas plásticas, mas o efeito no meio ambiente foi modesto. Os pesquisadores concluíram que sacolas plásticas podem ser um símbolo de desperdício e problema ambiental, mas a proibição não levará a um resultado positivo efetivo se não houver uma comunicação clara sobre a necessidade de reduzir o uso de plástico de modo geral.[109]

A mensagem tem que ser clara e coerente com o tipo de negócio. Caso contrário, vira marketing, ou enganação. É importante levar em conta o perfil da empresa e identificar os potenciais para que a sustentabilidade tenha uma inclinação mais social, financeira ou ambiental.

Kevin Wilhelm é consultor de sustentabilidade para empresas nos Estados Unidos há mais de vinte anos. Já prestou consultoria em sustentabilidade para gigantes do mercado, além de cidades. Ele ensina

---

109 MACINTOSH, Andrew *et al*. Plastic bag bans: Lessons from the Australian Capital Territory. *Resources, Conservation and Recycling*, v. 154, mar. 2020. Disponível em: https://www.sciencedirect.com/science/article/abs/pii/S0921344919305440. Acesso em: 1º mar. 2024.

que um passo fundamental é fazer com que os funcionários da empresa assimilem o conceito de sustentabilidade, o que esse conceito significa para o trabalho deles, numa linguagem acessível.[110] O que é importante para este funcionário e como podemos falar de sustentabilidade de uma forma que ele possa relacioná-la com o seu trabalho e sua própria vida?

"Se o objetivo é fazer com que funcionários adotem a sustentabilidade, pense no que isso tem a ver com a vida deles e explique como a sustentabilidade vai ajudá-los a ser mais bem-sucedidos no dia a dia e melhorar a performance da empresa", diz Wilhelm. Ele sugere, como ponto de partida, uma pesquisa para saber qual o nível de informação, envolvimento e percepção de funcionários sobre o que é sustentabilidade na empresa:

- O que sustentabilidade significa para você?
- O que sustentabilidade significa para a sua empresa?
- Você já teve ideias para inovação e sustentabilidade ou para melhorar a eficiência da empresa?
- O que você acha que a empresa deveria fazer para reduzir as emissões de carbono e impacto ambiental?
- O que você faz no trabalho e em casa ligado à sustentabilidade?

Eu acrescentaria outras, ainda mais básicas. Será que você sabe:

- O que é emissão de carbono?
- Para onde vai o lixo da sua casa?
- O que ocorre com os rejeitos da empresa?
- Quais as fontes de energia usadas na empresa?
- Para onde vai a água da torneira aberta?
- Qual a história dos fornecedores e qual o compromisso deles com o meio ambiente?

---

110 WILHELM, Kevin. *Making Sustainability Stick*: The Blueprint for Successful Implementation. Londres: FT Press, 2013.

PARA REFORÇAR E GUARDAR

Desenvolvimento sustentável é um conceito que começou a ser moldado há mais de cinquenta anos. Sustentabilidade é dinâmica e deve contar com todos os envolvidos, direta ou indiretamente, no negócio.

As métricas exigem protocolos de medição de gases de efeito estufa. Empresas, instituições e governos responsáveis devem medir quanto de gases de efeito estufa lançam no ambiente e o que fazem para ter um desempenho mais sustentável. Existem inventários robustos em que é possível medir as emissões de gases de efeito estufa de empresas, fornecedores diretos e indiretos, governos, cidades e instituições.

Ano após ano, líderes mundiais têm avançado em metas em direção ao desenvolvimento sustentável. Ainda há pouco cumprimento do que é prometido.

- 👍 Aumenta a importância de agências de *rating* que avaliam a performance de empresas em relação a questões ambientais, sociais e de governança.

- 👎 Agências usam diferentes parâmetros que podem conduzir a resultados diferentes. No pilar social, por exemplo, podem focar na materialidade financeira – as consequências para a empresa de não buscar a diversidade –, ou na materialidade de impacto – no que a busca por diversidade vai provocar na sociedade. São duas perspectivas que levam a resultados diversos.

::: A roda

Eu me achava razoavelmente consciente do meu papel de consumidora, no que diz respeito a questões ambientais, pela minha relação com o lixo que produzo em casa. Por mim, não produziria lixo nenhum. Sou do tipo que leva as garrafas de vidro para a lixeira de uma empresa especializada em reciclagem de vidros, faço compostagem com o lixo orgânico, não uso sacolas plásticas, evito até as biodegradáveis, separo o lixo em diferentes lixeiras, mesmo sabendo que a empresa responsável pela coleta, no fim das contas, vai misturar tudo. Borra de café vira adubo de plantas, uso roupas que comprei vinte anos atrás, fujo do estilo *fast fashion*, roupas com cores e cortes lançados para determinada estação. Uso produtos de limpeza biodegradáveis, ainda que muito mais caros. Ao comparar meus esforços com as premissas da Economia Circular, descobri que o pouco que faço é nada. Entendi também como há desinformação e até enganação no mundo dos negócios quando se trata de economia circular.

O modelo hoje ainda é degenerar. Precisamos evoluir para regenerar.

Para começo de conversa, economia circular não tem a ver com reciclagem. A reciclagem deve ser o último dos últimos recursos a serem usados antes do descarte de um produto. Para reciclar uma embalagem de shampoo, por exemplo, a embalagem é guardada, junto com outras embalagens plásticas e de papelão, em sacos que devem ser biodegradáveis. O caminhão da coleta seletiva passa para recolher o material reciclado. Aqui, há liberação de gases de efeito estufa, com o uso de combustíveis fósseis. Catadores fazem a separação do lixo. No processo de triagem, retiram rótulos e separam embalagens por cor.

A reciclagem pode ser química, mecânica ou energética. Seja qual for o processo, há consumo energético e emissão de gases poluentes. O material (a embalagem de shampoo) mantém seu valor em parte. A energia e os recursos para fabricar aquela embalagem não são aproveitados.

A confusão é comum e, às vezes, até intencional. Nem sempre o que uma empresa divulga como adoção de economia circular é realmente o que se diz. O conceito de economia circular é usado de forma equivocada e reducionista, como se fosse o uso de algumas práticas sustentáveis.

Fica mais fácil entender do que se trata quando se olha para o passado. Os princípios da economia circular existem desde que o homem é homem e aparecem principalmente em economias onde há escassez de recursos. A minha bisavó certamente seguia alguns princípios da economia circular. As coisas eram feitas para durar para sempre. Se estragavam, eram reparadas. A geladeira vermelha da fazenda gelou durante várias gerações. Durou cem anos. Quando finalmente perdeu a função, foi rebatizada de armário da cozinha. Armário bonito, vintage, que deve durar mais cem anos.

Eram outros tempos. O crescimento econômico e os novos padrões de consumo que se espalharam pelo planeta com a globalização levaram a uma demanda explosiva por recursos naturais. Quem não quer ter seu carro novo, ar-condicionado, computador, geladeira que vem com um aplicativo que faz as compras automaticamente quando a manteiga e os ovos acabam nas prateleiras? Conforto, bens, mais igualdade, tudo de bom, mas, para ter tudo isso, muita energia é consumida, muitos minérios, muita exploração de recursos naturais. E, junto com isso, muita tralha, uma explosão de consumo imensurável.

ECONOMIA CIRCULAR

Segundo a Fundação Ellen MacArthur, na economia circular é fundamental afastar a atividade econômica do consumo de recursos finitos e eliminar resíduos do sistema por princípio. O modelo circular é montado sobre três princípios:

1. eliminação de resíduos e poluição desde o princípio;
2. manutenção de produtos e materiais em uso;
3. regeneração de sistemas naturais.

RECICLAGEM NÃO É ECONOMIA CIRCULAR

Você usou o amaciante de roupas, misturou até com água para render mais. Quando o amaciante acabou, lavou a embalagem, guardou-a num saco de lixo, juntou outros plásticos e, no dia certo, entregou para o pessoal que recolhe o material de coleta seletiva. Fez tudo certo, mas isso não é economia circular.

Ora, se foi usada água para lavar a embalagem de amaciante que vai para a reciclagem, energia elétrica para fazer o maquinário de prensagem do plástico funcionar e combustível para transporte da embalagem, foram associados recursos finitos ao processo de reciclagem. O processo foi linear.

DESIGN

Outra questão é eliminar resíduos do sistema desde o princípio. Aqui, a lógica se inverte. Não se deve pensar no que fazer com o resíduo, com a embalagem, com o que vai para o lixo, mas, sim, desenvolver um produto que não gere sobra, resíduo, nada que vá parar no lixo. Essa conta não é do consumidor. É preciso criar produtos já considerando a otimização da utilização dos recursos, para que circulem cada vez mais e não tenham um ou poucos ciclos de vida.

A economia circular também está em processo de evolução. Ainda em 1990, pressionada pelo crescimento explosivo e predatório, a China decidiu pensar em alternativas e passou a estimular estudos sobre o uso da economia circular. No entanto, as escolas de pensamento que serviram de fundação para a economia circular surgiram de cabeças europeias e dos Estados Unidos.

AS TENDAS DE BALI

No roteiro de viagem, estava programado subir o monte Batur. É um vulcão que entrou em erupção pela última vez no ano 2000. A trilha é fácil. O desafio é sair de madrugada para assistir ao nascer do sol lá na boca da cratera. É lindo, como tudo em Bali.

A outra programação era conhecer um *sala* em Ubud, onde haveria um workshop de yoga. Nas andanças por Ubud, fiquei sabendo de um lugar cinematográfico, um hotel sustentável, com quartos sem paredes e cercado de natureza. Fui ver de perto e eram tendas, que lembravam muito as do Saara, ou aquelas onde me hospedei no Serengeti. A proposta é não destruir o ambiente, mas viver nele. As tendas de lona são elegantes, mobiliário padrão cinco estrelas; a proposta é ecológica e sustentável. O design foi pensado para consumir o mínimo de energia e deixar a temperatura sempre agradável, com muita ventilação. As tendas podem ser instaladas em qualquer lugar do mundo, com prazo de validade de 25 anos. Depois de retiradas do local, o solo onde foram instaladas estará preservado e a lona poderá ser aproveitada para outro fim. As tendas são disputadas por blogueiras que as reservam por algumas horas apenas para fazer fotos. Melhor mesmo é tirar uns dias e se entregar ao conforto e luxo do local.[111]

A criadora do projeto fez história, ainda na década de 1980. A holandesa Anneke Van Waesberghe foi morar em Nova York e ali desenvolveu o conceito de *design for the environment*. As diretrizes viriam a se tornar uma das escolas inspiradoras da economia circular. O foco eram a saúde das pessoas e o impacto ambiental sobre um produto, dando prioridade às pessoas e ao planeta, em vez do lucro.

ECOLOGIA INDUSTRIAL

A outra escola, inspiração para a economia circular, adota a ecologia industrial. Em 1989, Robert Frosch e Nicholas Gallopoulos provocaram a ciência propondo um ecossistema industrial em que o uso de energia e de materiais é otimizado, resíduos e poluição são minimizados e o processo de fabricação de cada produto é economicamente viável.[112]

---

111 DESIGN. *Escape nomade*. 2024. Disponível em: https://escapenomade.com/about. Acesso em: 2 mar. 2024.
112 HISTORY. International Society for Industrial Ecology. 2024. Disponível em: https://is4ie.org/about/history. Acesso em: 2 mar. 2024.

::: Do berço ao berço

Há vinte anos, um autor alemão e um americano fizeram um manifesto revolucionário contra o modo de pensar a economia. A dupla engatinhou sobre o chão da economia do futuro, do berço ao berço.

Fazia frio aqui em Brasília. O inverno no Planalto Central reserva algumas surpresas. É extremamente seco. De dia, a temperatura chega a 30 °C. Cai, de uma vez, quando o sol se vai. Moro em um lugar afastado da cidade, uma região de chácaras, cercada por Cerrado. Aqui, sem prédios por perto, o vento corre livre, faz muito mais frio: 5 °C, 6 °C à noite. Foi numa noite dessas que me escondi embaixo do pijama e me sentei na poltrona para encarar o livro da semana.

Você finalmente encontrou tempo para se afundar na poltrona, relaxar e pegar seu livro. Seu filho está no quarto ao lado, usando o computador. O cachorro está se distraindo com seu brinquedo de plástico. Poderia haver uma cena mais gostosa, confortável e pacífica do que essa?

Olhei à minha frente e pensei: *É comigo, esses autores querem falar para mim*. Os parágrafos seguintes são uma descrição interminável de produtos químicos, metais, tintas, usados para fabricar a minha poltrona, os milhares de produtos necessários para fabricar o computador do meu filho – gases tóxicos, metais tóxicos, cádmium, mercúrio, plásticos, ácidos, aditivos...

Os autores seguem, eu me afundando cada vez mais na poltrona. Lembram-me de que esse computador ficará velho em cinco anos e terá que ser jogado fora e que eu, ainda que de forma não intencional, estarei fazendo parte de um processo de desperdício e destruição.

Moro num setor de chácaras isolado e perto de uma reserva ambiental. Já vi raposinhas por aqui, lobo-guará, as araras-canindé exibindo a barrigona amarela nos galhos dos pequizeiros. Tem cobra também, claro. Na época de chuva, então... cobra e sapo, como o que estava na minha sala. Eu achava que fazia o que podia para causar o mínimo possível de impacto no ambiente. O sentimento de culpa bateu forte.

E só não continuou no parágrafo seguinte porque eu estava descalça. Uma descrição dos sapatos que eu estaria usando, provavelmente fabricados por trabalhadores de algum lugar sem leis trabalhistas, expostos a produtos químicos.

Entre largar o tablet na poltrona e esquecer o livro e continuar, quis ver aonde tudo aquilo iria chegar.

Foi aqui no Brasil, na Rio-92, que McDonough e Braungart botaram a mão na massa no primeiro projeto que fizeram. Foram avaliar uma primeira versão de um jardim sobre resíduos. Segundo eles, o local era considerado pela comunidade um grande intestino. McDonough e Braungart desenvolveram a ideia de eliminar o conceito de resíduo: para que tudo possa ser aproveitado, é preciso pensá-lo desde a criação, do design. E evoluíram esse pensamento com uma fantástica relação com a natureza, onde tudo, rigorosamente, é aproveitado.

A natureza não tem problema de design. Nós, humanos, é que temos.

Os dois brincaram com o velho modelo econômico em que a indústria pega recursos na natureza, inventa objetos, nós os consumimos e depois os jogamos foram, os enterramos em algum lugar: do berço ao túmulo. E batizaram o novo modelo: do berço ao berço.

Dali surgiu a ideia dos R, que ao longo dos anos vêm se multiplicando.

Na primeira versão, McDonough e Braungart apresentaram os 4 R como pilares da economia circular:

1. Reduzir
2. Reusar
3. Reciclar
4. Regular

Aqui, a prioridade era cortar a quantidade de resíduos tóxicos criados ou emitidos, ou a quantidade de materiais usados, buscando ecoeficiência. Soluções aparentemente sustentáveis esbarraram nos 4 R. De que adianta evitar jogar lixo no aterro sanitário e incinerá-lo, se a incineração libera substâncias tóxicas no ar?

O papel que vai para a reciclagem exige processos químicos que também afetam o ambiente. Donough e Braungart acabaram com a visão romântica da reciclagem, mostrando que o material reciclado não traz necessariamente benefício ecológico. Fazer *downcycling* no processo de reciclagem pode não só provocar perda de valor de materiais, mas também ameaças ao meio ambiente, com o uso de produtos químicos.

Criticaram também o modelo antigo de ecoeficiência, que adotava o mesmo sistema causador de nossos problemas. O fim é o túmulo, apenas posterga a morte de produtos e recursos. Seria algo como fazer menos mal ao ambiente. Os autores propuseram, então, fazer 100% bem.

Do berço ao berço foi um grande passo para uma compreensão de que na confecção, na criação de produtos, é essencial que sejam usados materiais de base biológica, para que possam voltar ao berço e ao solo e regenerar sistemas naturais em segurança.

Passos maiores, com muita pesquisa, foram dados nos últimos anos. Os 4 R deram frutos. Foi uma holandesa com nome de português que juntou ciência e prática, levando em conta pressões ambientais sobre a cadeia de suprimentos.

José Potting elaborou uma estratégia de circularidade, com 10 R:

1. **Recuse:** recuse produtos redundantes, ou que tenham a mesma função de outros.
2. **Repense:** inove, oferecendo produtos compartilhados ou produtos multifuncionais.
3. **Reduza:** aumente a eficiência na fabricação de um produto reduzindo a quantidade de recursos naturais a serem usados.
4. **Reúse:** permita que reúsem um produto, dispensado por um consumidor.
5. **Repare:** leve o produto para o conserto, para a assistência técnica.

6. **Reforme:** modernize um produto e deixe-o atualizado.
7. **Remanufature:** use partes de um produto para fazer um novo, com a mesma função.
8. **Ressignifique:** use produtos descartados para fabricar outros, com novas funções.
9. **Recicle:** processe materiais para obter a mesma qualidade ou inferior.
10. **Recupere:** recupere energia com incineração; a recuperação energética se dá com um método que queima resíduos e os transforma em energia.

Os últimos R se encaixam no sistema linear da economia, do berço ao túmulo. Os primeiros remetem a uma economia circular, com menor uso de recursos naturais e menor pressão sobre o ambiente.

Foi por mera coincidência que seu Camurça escolheu como ofício algo que remete ao nome dele. Os quarenta anos de prática lhe deram confiança e sabedoria para inovar e aperfeiçoar seu trabalho com maestria. Com retalhinhos, cola e paciência, ele repara, reforma, refaz, recria sapatos. O que a União Europeia tenta agora, com regulação, incutir na cabeça de consumidores, do mercado, de fabricantes, seu Camurça já domina há tempos. Com vinte reais, deixa novos meus sapatos de quinze anos.

Mas a economia circular vai além de contar com seu Camurça. A ideia é que a indústria busque tecnologia e inovação e desenvolva produtos que possam, inclusive, ser reparados pelo próprio consumidor. Já existem no mercado europeu celulares que podem ser atualizados, com troca de peças pelo próprio consumidor. Aqui no Brasil, quem tem alguma experiência com computadores pode montar o seu e ir trocando peças, conforme os avanços tecnológicos.

A SOMA

Não basta imaginar que empresários bonzinhos vão se unir a consumidores conscientes e os aterros sanitários e lixões não mais ficarão entupidos de quinquilharias. Desde 2015, a União Europeia tem um Plano de Ação para a Economia Circular. Esse plano vem sendo atualizado e leva em conta que os recursos naturais estão cada vez mais escassos e que a resposta deve conter recursos tecnológicos cada vez mais presentes.

Em 2019, a Europa adotou o Green Deal, com previsão de novos investimentos e padronização dos conceitos da economia circular com metas e áreas de ações prioritárias nos setores da construção civil, plásticos, matérias-primas críticas, biomassa e bioprodutos. É ainda um começo, mas com legislação, métricas e planejamento de uma transição para a economia circular.

Aqui no Brasil, os esforços começam a aparecer. Há um ou outro projeto de lei em tramitação no Congresso que patina sobre economia circular, sem se aprofundar efetivamente nas reais necessidades de regulamentação.

Tenho uma blusa de casca de laranja. A blusa foi uma excentricidade, custou uma fortuna e – convenhamos – visualmente não passa de uma camiseta básica branca. Eu a visto e sonho com o perfume das laranjeiras da Sicília. Viajo para Catânia, Taormina, Pompeia. Minha camiseta é feita com cascas de laranja da Sicília. O projeto, fantástico, foi incorporado por uma marca italiana de roupas de alto luxo e combina comigo, combina com este livro. Quando a camiseta estiver pra lá de surrada, voltará para a natureza, como adubo orgânico. O material é totalmente sustentável, desenvolvido com as fibras da casca da laranja.

Foi num impulso que botei a calça no carrinho virtual e comprei. Desde quando comecei a estudar economia circular, fiquei com uma certa fobia de consumo. Tentei adotar o sistema do berço ao berço e foi impossível, mas a calça me pareceu uma boa oportunidade. Foi quando me vesti de cogumelo. Na verdade, a calça é feita de raiz de cogumelo, o micélio, a parte vegetativa do cogumelo. Não é bem meu estilo, vou usar pouco e devo cuidar bem dela, não pode ser lavada com água, nem alvejada. Desde quando foi idealizada, o destino da minha calça já tinha sido planejado; a escolha do tecido de micélio foi intencional, pensando que no futuro minha calça voltará ao solo e vai fazer bem ao ambiente. Vai demorar. Um dia, minha calça vai voltar para o berço e vai virar adubo de outros cogumelos.

Tenho uns óculos que me dão trabalho. Fazem sucesso demais. O modelo é muito particular, quase invisível e ao mesmo tempo muito marcante. A armação é levíssima. Pudera! É feita de fibra de algodão. Uma técnica avançada para que, também no futuro, se junte à camiseta e à calça de cogumelos e volte para a Terra, sem prejudicar o ambiente.

DO BERÇO AO BERÇO, MUITA COISA JÁ MUDOU

No prefácio do livro, McDonough e Braungart jogam na cara do leitor como já estavam avançados lá em 2002: "Este livro não é uma árvore. Foi impresso em papel sintético, desenvolvido sem fibra de algodão, nem polpa de madeira, mas com resina plástica. É à prova d'água, durável, reciclável, é um protótipo que tem um nutriente técnico que pode ser quebrado e usado indefinidamente nos ciclos da indústria".[113]

Mal sabem eles que vinte anos depois cá estou com um tablet que é a síntese de um dos conceitos mais avançados de economia circular: a desmaterialização. Desmaterializar é o que diz a palavra: não usar materiais e recursos naturais e substituí-los por tecnológicos. No meu tablet, já li mais de trezentos livros. Não precisei comprar uma estante de madeira para guardá-los, não tive que contar com a resina plástica reciclável, não fui corresponsável pela derrubada de árvores que se tornariam folhas de papel, está tudo no tablet. É bem verdade que ele já está desatualizado, algum dia vai virar lixo eletrônico, mas tenho a promessa do fabricante de que o destino dele vai respeitar 5 R. Vão desmontar o tablet e as peças seguirão a esteira da economia circular: reduzir, reutilizar, recuperar, renovar, reciclar.

A Fundação Ellen MacArthur está à frente de pesquisas e investimentos em economia circular e adota três pilares.

---

[113] MCDONOUGH, William; BRAUNGART, Michael. *Cradle to Cradle*: Remaking the Way We Make Things. Nova York: North Point Press, 2002. p. 5.

PRINCÍPIO 1

Preservar e aprimorar o capital natural, controlando estoques finitos e equilibrando os fluxos de recursos renováveis. É aqui que entra a chamada desmaterialização de produtos e serviços. Se é possível ter trezentos livros em um tablet, por que não comprar livros virtuais? LPs têm qualidade de áudio excelente, mas é possível melhorar o áudio de *webplayers* e evitar compras e transporte e, no futuro, resíduos, lixo?

Desmaterialização não é um conceito novo: ele elimina a necessidade de um produto físico e economiza energia que seria gasta para transportar aquele produto. "Não é sempre verdade que usar bits em vez de átomos reduz emissões de carbono, mas quase sempre é assim. É possível fazer produtos com design mais simples e economizar energias e materiais, evitando o transporte de produtos."[114]

A pandemia forçou brasileiros a inovar e, ainda que não intencionalmente, adotar esse princípio potente da economia circular. Com o lockdown, escritórios ficaram fechados, funcionários passaram a trabalhar em home office, ninguém podia viajar para reuniões. Foi ali que ficaram populares as reuniões por videoconferência, sem gastos com passagens aéreas e transporte para endereços físicos, sem necessidade de compras de roupas novas para encontros presenciais.

A Fundação Ellen MacArthur reforça ainda que a economia circular também aprimora o capital natural, estimulando fluxos de nutrientes dentro do sistema e criando as condições necessárias para a regeneração, por exemplo, do solo, como a minha calça de micélio.

PRINCÍPIO 2

Otimizar o rendimento de recursos fazendo circular produtos, componentes e materiais no mais alto nível de utilidade o tempo todo, tanto no ciclo técnico quanto no biológico.

---

[114] KOOMEY, Jonathan G. *et al.* Smart Everything: Will Intelligent Systems Reduce Resource Use? *Annu. Rev. Environ. Resour.*, n. 38, p. 332. 2013. Disponível em: https://files.ifi.uzh.ch/hilty/t/Literature_by_RQs/RQ%20004/2013_Koomey_Matthews_Williams_Smart_Everything.pdf. Acesso em: 2 mar. 2024.

O ciclo técnico considera materiais finitos, não renováveis, de maneira que circulem em ciclos industriais fechados. Já o ciclo biológico usa materiais biodegradáveis e seu valor volta para o solo como nutrientes biológicos. Ou seja, na indústria, desde o design do produto, é preciso levar em conta a remanufatura e a reciclagem para que os materiais circulem.

PRINCÍPIO 3

Estimular a efetividade do sistema, revelando e excluindo as externalidades negativas desde o princípio. Isso inclui a redução de danos a sistemas e áreas como alimentos, mobilidade, habitação, educação, saúde e entretenimento, e a gestão de externalidades, como uso da terra, ar, água e poluição sonora, e da liberação de substâncias tóxicas.

A Fundação Ellen MacArthur desenvolveu um diagrama que lembra um desenho de criança de asas de borboleta. As asas são feitas de ciclos. Quanto menor o ciclo, mais circular é o sistema. Reparar é melhor que reciclar.

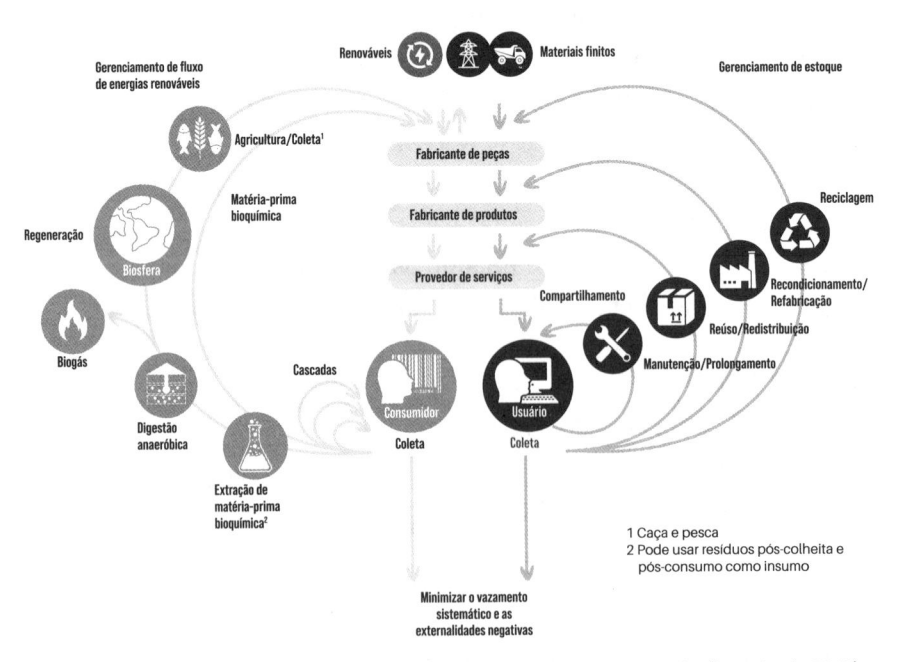

1 Caça e pesca
2 Pode usar resíduos pós-colheita e pós-consumo como insumo

Fonte: adaptada de Diagrama de sistemas de economia circular (fevereiro de 2019). Fundação Ellen MacArthur. Disponível em: www.ellenmacarthurfoudation.org. Acesso em: 19 jun. 2024. Desenho baseado em Braungart & McDonough, Crade to Cradle (C2C).

Nesse diagrama, as asas indicam o fluxo de materiais em economia circular. Esse ciclo se refere a produtos que serão consumidos, principalmente alimentos. Aqui, entra o processo de compostagem, com a obtenção de biogás a partir de resíduos orgânicos.

A asa esquerda da borboleta indica o ciclo biológico de materiais, ou seja, que serão biodegradados e voltarão para a terra. Já a asa direita da borboleta indica o ciclo técnico de produtos que são usados, e não consumidos. Usar, prolongar a vida do produto, reusar, renovar. Veja que a reciclagem é uma das últimas opções. Primeiro, é preciso aproveitar ao máximo os produtos.

::: Passaporte

O meu está bem usado. Em cada folha – poderia estar mais bem organizado – há registros de onde passei nos últimos anos. Viagens para os Estados Unidos, para a África, para a Indonésia. Carimbo das autoridades islandesas, lugares por onde andei.

O passaporte de materiais não é como um rótulo de embalagem, com descrição de recursos usados. Tem esse nome porque segue o objetivo de um passaporte: indicar por onde aquele material passou, de ciclo em ciclo, sendo reaproveitado, usado, modificado. Informa também dados completos sobre materiais e recursos usados. As características dos produtos são informadas no passaporte ainda na fase de produção. Quando o produto estiver no fim do ciclo de vida, as informações sobre ele estarão registradas para melhor aproveitamento no reúso e na reciclagem. Os materiais aproveitados de produtos que chegaram ao fim e foram descartados também carregarão sua história, de onde vieram, suas características.

A indústria da construção civil já começa a trabalhar com o passaporte de materiais.

REFORMA

O despertador nem tocou e a barulheira já tomava conta do prédio inteiro. Vinha do quarto andar. O proprietário resolveu mudar tudo do apartamento que acabara de ser entregue pela construtora. Não gostou da disposição dos cômodos, do material usado no banheiro, da bancada da pia da cozinha. Mandou derrubar tudo. O martelo histórico ia removendo camadas e mais camadas de concreto, azulejo, mármore, tijolos, porcelanato... tudo para a caçamba de entulho. Esse sistema antiquado, linear, é o oposto do que prega a economia circular. Até pregos devem ser reaproveitados.

O setor da construção civil é responsável por 35% dos resíduos em aterros no mundo.[115] A ideia do passaporte de materiais vem sendo desenvolvida no Projeto Bamb,[116] Edifícios como Bancos de Materiais.

Os prédios e outras edificações são vistos como bancos ou depósitos onde materiais valiosos são empilhados, agrupados. São repositórios temporários de produtos e materiais que podem ser aproveitados em outro momento. Como uma casa de blocos de montar em que as pecinhas são retiradas e usadas em outra casa. O ponto de partida deve ser o projeto arquitetônico. Nesse momento, já se deve pensar nos materiais que serão usados, como serão aplicados e com que facilidade poderão ser retirados para, no futuro, ser aproveitados em outra construção. Os desafios são grandes: evitar materiais tóxicos, garantir a qualidade dos materiais no reúso. O passaporte eletrônico de materiais pode contar com nanossensores que captam informações do produto sobre a sua funcionalidade, qualidade, onde e como foi usado, indicações de como pode ser desmontado e como deve ser usado.

POLÍTICAS PÚBLICAS PENSANDO NO FUTURO

Por que o arquiteto, a construtora, o fabricante de porcelanato, o produtor de argamassa, o concorrente e os clientes iriam querer produtos

---

[115] AJAYI, Saheed O. *et al*. Reducing waste to landfill: A need for cultural change in the UK construction industry. *Journal of Building Engineering*, v. 5, p. 185-193, mar. 2016. Disponível em: https://www.sciencedirect.com/science/article/abs/pii/S2352710215300590. Acesso em: 2 mar. 2024.

[116] WHAT we do. *BAMB*: buildings as material banks. 2020. Disponível em: https://www.bamb2020.eu/. Acesso em: 2 mar. 2024.

rastreáveis, dotados de um passaporte com informações completas sobre suas origens e destinos? Por altruísmo, consciência ambiental, como uma consequência da evolução da sociedade, porque sim?

O passaporte de materiais e o incentivo à economia circular dependem de políticas públicas que incentivem e deem parâmetros para as partes interessadas. As políticas públicas são adotadas exatamente para garantir direitos aos cidadãos e melhorar a sociedade. Elas devem dar a estrutura para viabilizar os passaportes de materiais. É um processo complexo que pode incluir:

- isenções tributárias para produtos recuperados;
- instrumentos regulatórios que padronizem o passaporte;
- educação, instrução às partes interessadas sobre a importância da economia circular;
- padronização;
- bônus e benefícios para quem busca soluções que evitem a saída linear de jogar resíduos em aterros;
- incentivos financeiros para quem adotar o passaporte de materiais.

A SOLUÇÃO LOCAL, AQUI E AGORA

Enquanto o futuro não chega e os nanossensores não são instalados em vigas de alumínio, há como praticar economia circular aqui e agora.

Ah, o sonho de juntar um grupo de amigos e construir uma comunidade em harmonia com o planeta, com as pessoas e com os negócios...

Já deixou de ser sonho em Amsterdã. A realidade surgiu há dezesseis anos, quando um grupo decidiu criar um bairro flutuante totalmente sustentável.

Foram necessários dois anos apenas para encontrar um local adequado para o novo bairro. Fica no Canal Johan van Hasselt, em Buiksloterham. Foi um longo processo para planejar, projetar, construir as casas flutuantes adaptadas às mudanças climáticas. Os futuros moradores tiveram que assinar um manifesto, se comprometendo a usar somente materiais que não causam danos ambientais, até mesmo no isolamento térmico e na impermeabilização de paredes.

São 46 casas, onde habitam pouco mais de 100 pessoas. Tudo, rigorosamente tudo, foi planejado para assegurar a sustentabilidade. Com apoio técnico científico da Universidade de Amsterdã e financiamento público, o bairro foi planejado para ser carbono neutro e compartilhar energia solar entre todas as casas. O bairro produz sua própria energia com quinhentos painéis solares. Produz até a comida consumida pelos moradores. O projeto inclui uma horta comunitária, com grande variedade de hortaliças e legumes, de acordo com as estações do ano.

A maioria dos moradores tem filhos pequenos e muita camaradagem com os vizinhos, o que me faz lembrar dos primeiros anos de Brasília, em que casais jovens, como meus pais, se mudaram para a nova capital em busca de realização pessoal e profissional. Na superquadra, o conjunto de prédios onde minha família morava, a meninada ficava na rua brincando, quando não estava na escola. Cada um dos seus jeitos, todos se ajudavam para lidar com a nova vida. Uns ofereciam carona para levar crianças para a escola, outros acompanhavam a meninada no parquinho. Tinha aquela coisa de pedir xícara de açúcar, para devolver depois meio tabuleiro de bolo, era uma camaradagem que dava segurança psicológica e alegria para aquela comunidade. Schoonschip somou o espírito solidário com sustentabilidade. Bicicletas elétricas e carros são compartilhados, tudo planejado para adaptar e abrandar as consequências do caos ecológico.

Um efeito das mudanças climáticas é o aquecimento dos oceanos. Em 2024, foi registrado um recorde de temperatura média nos oceanos, a mais alta temperatura já registrada por cientistas, uma ameaça para a vida marinha. Outro efeito é o aumento do nível do mar.

O bairro de Schoonschip[117] foi construído sobre as águas. As casas poderão ser removidas sem prejudicar o ambiente.

---

117 ABOUT Schoonschip. *Schoonship Amsterdam*. 2019. Disponível em: https://schoonschipamsterdam.org/en/#wat-is-schoonschip. Acesso em: 2 mar. 2024.

Lembram, no conceito, as palafitas do nosso Amazonas, ou o modelo de habitação dos urus, povo que mora em ilhas flutuantes no Lago Titicaca. A diferença é que as casas holandesas são, do piso ao telhado, completamente sustentáveis. Não há desperdício e a energia é recuperada ali mesmo. A produção de alimentos é feita em telhados e terraços verdes. O objetivo é atingir ciclos infinitos de vida de recursos naturais.

Por aqui, precisamos mudar a lógica de consumo. Em vez de limpar, não sujar, não criar resíduos. Ainda não temos políticas públicas de incentivo à economia circular, não temos passaportes de materiais, não temos maturidade do setor empresarial e do consumidor, mas podemos começar em casa. Use os 10 R:

1. Recuse (vale para embalagens de uso único: garrafas PET, sacolas, talheres e copos descartáveis)
2. Repense
3. Reduza
4. Reúse
5. Repare
6. Reforme
7. Remanufature
8. Ressignifique
9. Recicle
10. Recupere

KIEL, NA ALEMANHA, O PARAÍSO CIRCULAR

Troque fraldas descartáveis por fraldas de pano e ganhe um bônus de 200 euros por ano. A inovação que deu praticidade a famílias com seus bebês é uma fonte poluente. As fraldas descartáveis são de difícil e onerosa reciclagem. Vão parar no aterro.

Kiel, na Alemanha, decidiu premiar pais e mães de bebês que deixassem de comprar fraldas descartáveis. Mais de cem medidas foram adotadas na cidade, que foi a primeira a ganhar o certificado europeu de lixo zero.[118]

Na escola, crianças aprenderam noções de economia circular. Nos bares e restaurantes, foram eliminados utensílios de uso único, como talheres, copos e pratos de plástico. Os salões de beleza de Kiel recolhem cabelos que caem no chão depois do corte das madeixas dos clientes. Os fios são transformados num tecido que serve de filtro para sistemas de eliminação de águas residuais da indústria.[119]

CASHBACK DE GARRAFAS

Em Kiel, consumidores podem continuar com o velho esquema de compre, jogue fora e os outros que se lixem, mas, para isso, têm que pagar. O casco custa até quinze centavos de euro. O cliente devolve a garrafa, depois do uso, e recebe o dinheiro de volta. Kiel também conta com o trabalho de catadores que recolhem garrafas depositadas por moradores em lixeiras específicas para vidros.

O que chama mais atenção em Kiel, entre tantas inovações, é a cultura e a conscientização de consumidores, fornecedores, provedores, lojistas, fabricantes e governos de que é preciso reduzir o consumo de materiais e de resíduos.

---

118 KIEL ist zertifizierte Zero Waste City. *KIEL*. Disponível em: https://www.kiel.de/de/umwelt_verkehr/zerowaste/Zero_Waste_Certified_City_.php. Acesso em: 2 mar. 2024.

119 CHENXI, Yang *et al*. Novel fabrication of hydrophobic/oleophilic human hair fiber for efficient oil/water separation through one-pot dip-coating synthesis route. *Scientific Reports*, v. 12, n. 7.632, 10 maio 2022. Disponível em: https://www.nature.com/articles/s41598-022-11511-2. Acesso em: 2 mar. 2024.

::: Inovação e disrupção digital

SMACIT

Ainda estão frescos na memória dos brasileiros o luto, a dor, a angústia e os transtornos decorrentes da pandemia de covid-19. As barreiras pareciam intransponíveis: a agressividade do vírus, o negacionismo do governo federal que demorou a comprar vacinas, a picuinha do Brasil com a Organização Mundial da Saúde.

Nesses tempos tão adversos, um ponto positivo foi a tecnologia que se fez presente, ainda que também ausente. Em meio ao caos e sob pressão, o governo federal usou SMACIT para fornecer aos brasileiros serviços relativos à pandemia. A sigla foi absorvida no ambiente de negócios e é essencial para aprimorar serviços públicos.

- **S** (*Social*): compartilhamento de informações, opiniões
- **M** (*Mobile*): mobilidade que alterou a nossa forma de consumo
- **A** (*Analytics*): analisa comportamentos e faz prognósticos
- **C** (*Cloud*): a nuvem que armazena, processa dados, compartilha recursos
- **IT** (*Internet of Things*): dispositivos físicos conectados e inteligentes

Foi assim que surgiu o certificado nacional de vacinação, disponibilizado no Conecte SUS, plataforma digital do Sistema Único de Saúde. Com investimentos baixos, a plataforma falhou algumas vezes, quando brasileiros precisaram dela para acessar o certificado de vacinação. A plataforma apresentou problemas técnicos e sofreu ataques de hackers que mostraram a fragilidade dessa nova aplicação tecnológica. Ainda assim, foi fundamental. Com ela, cidadãos usaram o certificado digital para comprovar vacinação contra a covid-19 em viagens internacionais e em locais onde era exigido.

Há alguns anos, o governo federal vem se apropriando de SMACIT para melhorar os serviços governamentais. Um bom exemplo é o site gov.br, que tem permitido atalhos para enfrentar a burocracia. Por meio dele, é possível baixar certidões, assinar documentos de forma digital e acessar documentos de cidadãos emitidos por órgãos governamentais.

Desde 2019, existe a Secretaria de Governo Digital, ligada ao Ministério da Economia. A secretaria investe em TD (Transformação Digital) de serviços públicos, otimizando recursos de TI, com a consolidação de canais digitais. Com um orçamento ainda tímido, a Secretaria procura avançar no uso de *blockchain*, nuvens digitais e aumento de segurança cibernética, furando o bloqueio da burocracia e da ineficiência governamentais.

Outro avanço tecnológico que facilitou relações com o governo federal foi a criação do PagTesouro. É um meio de processamento de pagamentos digitais criado pela Secretaria do Tesouro Nacional. O PagTesouro está sendo integrado para que contribuintes paguem taxas de serviços governamentais por cartão de crédito, ou Pix (este último o mais popular da família SMACIT). Apenas no primeiro ano do Pix, foram cadastradas mais de 330 milhões de chaves para identificação do usuário. E as transações passaram de 559 milhões de reais.

O que tudo isso tem a ver com ESG?

O G, de Governança, se sobressai nas ações federais para investir em novas tecnologias e permitir que o governo federal se relacione com o cidadão e com o contribuinte de forma inovadora, com S (compartilhamento de informações), M (mobilidade na forma de consumir e acessar dados públicos), C (nuvem que já está sendo usada em órgãos do governo federal) e IT (a ainda desafiadora Internet das Coisas).

O E, ligado a questões ambientais, também aparece, com redução drástica no consumo de papel usado para fazer frente à burocracia e redução do uso de combustíveis fósseis, visto que novas tecnologias eliminam a necessidade de transporte até repartições públicas para resolver problemas pessoalmente.

O S, de Social, é causa e consequência do aprimoramento de canais digitais para permitir uma relação moderna e ótima do cidadão com o Estado.

G

Nos últimos tempos, mudaram as relações de pessoas com pessoas, de pessoas com empresas, de empresas com pessoas, de empresas com o mundo, de pessoas com o mundo.

A chamada Quarta Revolução Industrial foi e está sendo decisiva para essa mudança. Inteligência Artificial, *blockchain*, Internet das Coisas, mundo digital, *bitcoins*, *big data*, tudo isso ampliou o acesso à informação. Ações e reações passaram a ter impacto imediato, e erros e acertos agora aparecem praticamente em tempo real. É como se tudo ficasse instantâneo e cristalino. Estão mais evidentes o ativismo, as desigualdades sociais, a crise climática, a polarização de pensamentos e a pressão de novas gerações, que têm mais consciência de valores ambientais e repelem o consumo pelo consumo.

É seu último dia de trabalho. Acordo assinado, momento da aposentadoria. Que liderança você terá sido? A que mandou, comandou, determinou e pouco ouviu? A que cortou custos trabalhistas, sem transparência, sem buscar alternativas em momentos de crise? Soube de tudo o tempo todo, ou levou humildade para a liderança? Foi liderança que soube usar o tempo para refletir e quebrar vieses, preconceitos e prejulgamentos? Abriu espaço para a inovação, criando valor para a empresa, ou seguiu o piloto automático? E, por fim, sua carreira teve alto propósito?

Regras claras e límpidas e propósito são essenciais para uma boa governança. É como pontua Alexandre Di Miceli: "O impacto da governança corporativa sobre o valor das companhias se baseia na hipótese de que as empresas com boa governança são mais procuradas pelos investidores, acarretando a redução do seu custo de capital e a valorização de seus papéis".[120]

Não basta dizer que faz. É preciso fazer, prestar contas, implantar na empresa uma cultura ética que torne natural o cumprimento de regras e o respeito pelo outro e pelos valores da corporação.

---

120 SILVEIRA, Alexandre di Miceli da. *Governança Corporativa*. Curso de Pós--graduação Lato Sensu – Sustentare Escola de Negócios. Abr. 2011. Disponível em: https://pt.slideshare.net/Sustentare/governana-corporativa-prof-dr-alexandre-di-miceli-da-silveira-sustentare-8415874. Acesso em: 2 mar. 2024.

::: Governança corporativa

Não existe mudança efetiva sem o pulso da governança. Enfeitar relatórios com promessas e cartas de boas intenções sem que essa seja a cultura da empresa é fake, é perda de tempo, conversa para investidor dormir.

A conta sai cara. A empresa não se adapta, mascara a realidade, e todos os que estão em volta saem perdendo: clientes, comunidade, fornecedores, concorrentes etc. A comunicação com o mercado tem que ser transparente. E clareza inclui admitir vulnerabilidades, limitações, sem omitir informações.

Não faltam softwares de gestão ESG, ferramentas que prometem trabalho autônomo, desenvolvido por inteligência artificial para dar soluções e gestão de sustentabilidade empresarial. A questão é que, ainda que tenham surgido processos de simplificação, alguns simplórios, nada vai adiante sem governança que dê direção, incentivo e a possibilidade de monitoramento para que tudo seja auditado com clareza.

- *Compliance*.
- Diversidade e inclusão.
- Resíduos sólidos.
- Logística reversa, reaproveitamento ou descarte adequado.
- Combate à pobreza.
- Análise de riscos e oportunidades.
- Cadeia de fornecedores.
- Governança corporativa.

- Empresas que entendem que sustentabilidade se limita apenas a cortar emissões de CO_2.

Não existe ESG sem governança, e não existe boa governança sem *compliance*, *due diligence* e transparência.

TRANSPARÊNCIA

Alexandre Di Miceli explica que mudanças estruturais exigem soluções estruturais que vão muito além de regras e controles. É como se fosse necessário criar pilares de sustentação da cultura ética da empresa, com liderança consciente e princípios concretos. Di Miceli enumera esses princípios:

1. tom e comportamento ético das lideranças;
2. transparência e integridade das informações;
3. sustentabilidade e visão de longo prazo na condução do negócio;
4. vontade de prestar contas e assumir a responsabilidade;
5. avaliação regular e formal de desempenho com remuneração adequada;
6. contrapesos efetivos no processo decisório;

7. respeito às formalidades e aos controles independentes;
8. cooperação e interesse coletivo sobre interesses específicos;
9. diversidade interna para criação de ambiente meritocrático;
10. equidade e participação ativa de todos os sócios.

::: A lavanderia

Aqui no Brasil, também não faltam exemplos de "maquiagem" que fica borrada e "lavagem" cheia de manchas, envolvendo questões ambientais e sociais e de governança. Façamos de conta que é tudo ficção.

Companhia contrata negros e cita contratações em relatórios, mas negros não fazem parte de cargos de chefia ou direção.

Empresa lança shampoo vegano. Saúde para o cabelo e para o planeta. Nas letras miúdas do rótulo, aparecem vários produtos químicos. Não há produtos de origem animal, mas daí a não fazer mal ao planeta... Todo o processo, da confecção de embalagens ao funcionamento das máquinas, ao uso de conservantes, tudo depende de combustíveis fósseis.

Há vagas para pessoas com deficiência, mas falta estrutura na empresa para acomodá-las.

Empresa do setor de mineração transforma bairro em queijo suíço. Escavações para extração de minério provocam crateras nas ruas.

Frigorífico divulga metas de sustentabilidade, mas esconde a procedência da carne bovina.

Banco promove inclusão, mas há apenas homens e brancos na direção.

Empresa estatal é assaltada por administradores corruptos. O Conselho de Administração não tem contrapesos aos acionistas. Supervisão aos administradores é medíocre.

Não é de hoje que existem ferramentas e molduras que ajudam a enquadrar lideranças para uma boa governança. Um mecanismo consolidado para evitar conflitos de interesses é a Teoria da Agência, criada ainda em 1976.[121] É tão antiga quanto eficiente. A virtude dessa teoria é mostrar que em organizações há contratos explícitos e velados, com direitos e deveres de todos os que têm alguma relação com essas organizações. Mesmo com regras, os conflitos de interesses aparecem. O que o acionista quer é o mesmo que o funcionário? O sócio tem o mesmo propósito que o gestor? Concentrar poder leva à priorização de interesses pessoais? Quais são os custos advindos das relações entre acionistas e gestores?

Mudar é difícil, mas a mudança só é efetiva quando vai além da aparência, do que é exibido para fora, e atinge a essência da corporação. É aqui que se destaca o papel fundamental das lideranças.

NÃO É ESG, MAS DEVERIA SER

As histórias pessoais que meu pai contava me fascinavam muito mais que as dos livros de princesas. Papai era de Mondragone, uma cidade da Campânia italiana com vocação agrícola e à beira-mar. Meu avô era agricultor quando estourou a Segunda Guerra Mundial. Papai era adolescente. Navios americanos ficavam atracados na região e meu pai ia nadando até eles, de farra. Disse que aprendeu duas coisas com os americanos: a fumar e a mascar chiclete.

Papai contava que a família se escondia em um abrigo subterrâneo durante ações militares e comia pão embolorado. Uma bomba atingiu parte da casa dele. O irmão mais velho do papai foi recrutado para servir às forças de Mussolini; depois, foi capturado e preso por soldados de Churchill. Conheci Zio Epifanio já velhinho e com a saúde bem debilitada. Tinha as pernas tortas. Um primo me disse que fora consequência da guerra. Usava uma boina que só os velhinhos italianos sabem usar e andava por toda a cidade de bicicleta.

---

121 JENSEN, Michael C.; MECKLING, William H. Theory of the firm: Managerial behavior, agency costs and ownership structure. *Journal of Financial Economics*, v. 3, n. 4, p. 305-360, out. 1976. Disponível em: https://www.sciencedirect.com/science/article/pii/0304405X7690026X. Acesso em: 2 mar. 2024.

Eu o conheci quando morei na Itália. Não havia um sinal de globalização naquela terra. Almoço era como deve ser. *Primo piatto*, uma pratada de macarrão, servida pela tia. Depois, carne e verdura, depois salada. Para finalizar, uma bola de *mozzarella di* búfala, a melhor do mundo. Dieta mediterrânea regada a azeite das oliveiras da região.

Zio Epifanio chorava. Chorava copiosamente, em qualquer conversa. Bastava cumprimentá-lo e ele começava a chorar. Era trauma de guerra, diziam. A casa, muito simples, não tinha registros da globalização. Hoje, Mondragone é uma das bases da Otan, onde fica um centro de comando antiatômico subterrâneo para casos de guerra.

Papai deixou a Itália por falta de emprego e por desejo de aventura. Veio de navio para o Brasil. Conheceu minha mãe num baile em Belo Horizonte e a chamou para dançar. Inovador, inventou que tinha uma câmera fotográfica secreta na gravata e iria fotografá-la. Minha mãe caiu. A aventura teve novos capítulos e eles se mudaram para a nova capital federal.

Nasci em Brasília. Uma das lembranças que tenho de meu pai é de muito trabalho. Quando ele conseguiu se organizar financeiramente, realizou um sonho: comprou um apartamento à beira-mar para a família passar férias.

Foram tempos felizes em Guarapari, no Espírito Santo. O nosso apartamento ficava num prédio pequeno, de três andares, sem elevador. Chegava o período de férias, meu pai enchia o carro de compras de supermercado, malas e bicicletas, e a gente encarava 1.200 quilômetros de estradas esburacadas até Guarapari. O apartamento ficava na praia do Morro. Havia poucos prédios na orla. A praia era limpíssima, areia muito branca, mar gelado de ondas perfeitas.

Meu pai sempre foi um exímio nadador. Minha mãe passou vergonha nessa época em Guarapari. Ela se desesperava e chamava a guarda costeira quando ele desaparecia no horizonte, nadando, e dava braçadas lentas e ritmadas, até sumir de nossas vistas. Era interceptado por salva-vidas, dava um sorrisão, dizia que preferia voltar nadando, não precisava de ajuda, nem de resgate.

Minhas férias em Guarapari se resumiam a correr na praia vazia, caminhar pelo morro que ficava no canto esquerdo da praia, até chegar a um trecho em que a única possibilidade de continuar era seguir nadando. Jogava xadrez com os primos, lia os clássicos que minha mãe deixava de prontidão na estante da sala. Machado de Assis, Cecília Meireles, crônicas de Drummond e Rubem Braga eram a minha diversão.

O tempo passou, a praia foi invadida por empreendimentos imobiliários. As águas limpas e geladas passaram a receber descarga de cocô. Ligações clandestinas na rede pluvial levavam esgoto para o mar. Nos últimos anos, foram várias denúncias e ações na justiça. Nosso apartamento foi vendido, não fazia mais sentido para nós.

> "É mais fácil fazer da tolice um regalo do que da sensatez. Tudo que não invento é falso."
> — MANOEL DE BARROS

ESG nasceu, cresceu e permanece no mercado de capitais. O olhar é de fora para dentro das empresas e procura identificar riscos e oportunidades, levando em conta questões ambientais, sociais e de governança.

Mas eu gosto de imaginar ESG na "empresa" Guarapari. Durante décadas, o poder público fez pouco caso, não soube mapear riscos que poderiam vir com a invasão imobiliária. Novos prédios foram surgindo, uns mais altos que os outros, e sufocaram a praia do Morro com a sombra do concreto. Nenhum planejamento urbanístico, nenhuma estrutura. E cocô no mar. A ocupação desordenada da orla trouxe problemas ambientais sérios, que afetam a população fixa e afasta turistas.

Poderia ter sido diferente. Imagine se o poder público, representado por prefeitos e lideranças políticas da comunidade, tivesse avaliado riscos e aproveitado oportunidades? Como estaria Guarapari hoje? Um plano urbanístico bem-feito poderia ter atraído empreendimentos imobiliários responsáveis, voltados para o turismo sustentável, gerando uma relação ganha-ganha, com maior arrecadação de impostos e mais dinheiro público que poderia ter voltado para a comunidade.

Desenvolvimento não significa declínio. Pelo contrário. É possível e é desejável gerar riqueza sem agredir a natureza.

O setor público deve seguir e perseguir as dezessete metas de desenvolvimento sustentável. Existe um ranking de competitividade dos Municípios que relaciona parâmetros ESG e ODS, além de dados internacionais de países-membros da OCDE.[122] Segundo o Centro de Liderança Pública (CLP), o ranking conta com camadas adaptadas aos parâmetros ESG e ODS.

Lideranças políticas e comunitárias, a população, empreendedores locais, fornecedores e comerciantes devem entender e cobrar a busca por oportunidades e mensuração de riscos em seus municípios.

Desejo que Guarapari seja recuperada e preservada.

---

[122] RANKING de Competitividade dos Estados e dos Municípios 2022. *CLP*. Disponível em: https://conteudo.clp.org.br/rankings-de-competitividade-dos-estados-e-dos-municipios-2022. Acesso em: 2 mar. 2024.

- Não há cultura ética na empresa. Falhas graves na comunicação com *stakeholders*.
- Empresa cria departamento de *compliance*.
- Não há cultura ética na empresa. Falhas graves na comunicação com *stakeholders*.

- Em relatórios, empresa anuncia que existe para melhorar a vida das pessoas. Diz que mantém relacionamento transparente com *stakeholders* e que busca igualdade na escolha de fornecedores. Promete ser transparente e cumprir rigorosamente preceitos éticos. A palavra "ética" aparece inúmeras vezes em frases feitas de relatórios da empresa.
- Empresa estrutura departamento de *compliance*.
- O *compliance* se torna uma central de queixas de RH. Funcionários não se sentem seguros do ponto de vista psicológico para levar adiante denúncias mais graves.

::: Compliance

> "A regra é clara, mas os critérios são malucos."
> — ARNALDO CEZAR COELHO

Compliance nada mais é que estar em conformidade com regras, leis, normas e códigos éticos. O *compliance* interno observa valores e regramentos da empresa. A ideia é que todas as equipes e todos os departamentos de uma empresa sigam padrões uniformes de conduta.

As origens do *compliance* remontam à década de 1950, com a ação da SEC, o órgão do mercado de capitais dos Estados Unidos que criou princípios regulatórios.

Já a primeira lei anticorrupção no Brasil, acredite, foi sancionada apenas em 2013,[123] quando eu já havia preenchido incontáveis cadernos de apurações jornalísticas que resultaram em escândalos de corrupção com o meu, o seu, o nosso dinheiro, dinheiro do contribuinte. A lei inovou, prevendo punição não apenas para o corrupto, mas para o corruptor, com responsabilização de pessoas jurídicas.

---

[123] LEI n. 12.846, de 1º de agosto de 2013. Câmara dos Deputados. Disponível em: https://www2.camara.leg.br/legin/fed/lei/2013/lei-12846-1-agosto-2013-776664-normaatualizada-pl.pdf. Acesso em: 2 mar. 2024.

A lei foi aprovada depois do escândalo do Mensalão e seguindo os princípios auspiciosos da Convenção das Nações Unidas contra a Corrupção, da qual o Brasil é signatário. Foi sancionada menos de um ano antes da Copa do Mundo de Futebol que revelaria mais tarde outro escândalo, o dos estádios de futebol superfaturados.

Com a lei anticorrupção, surgiu o Cadastro de empresas que se envolveram em crimes. O CNEP traz a relação de empresas pegas pela lei anticorrupção.[124]

O artigo 7º da lei previu que serão levados em consideração na aplicação de sanções "a existência de mecanismos e procedimentos internos de integridade, auditoria e incentivo à denúncia de irregularidades e a aplicação efetiva de códigos de ética e de conduta no âmbito da pessoa jurídica".

Empresas que desejam assinar contratos com entes públicos são obrigadas a ter um programa de *compliance*.

Em 2022, um decreto regulamentou a lei anticorrupção e passou a exigir diligências baseadas em risco na contratação de terceiros, envolvendo também despachantes, representantes comerciais e consultores, abarcando todos da cadeia de suprimentos. O decreto incentiva empresas a adotar programas de integridade de verdade se quiserem fechar contratos públicos.[125] Ele preconiza:

I. Prevenir, detectar e sanar desvios, fraudes, irregularidades e atos ilícitos praticados contra a administração pública, nacional ou estrangeira; e
II. Fomentar e manter uma cultura de integridade no ambiente organizacional.

---

124 EMPRESAS punidas. *Portal da Transparência*. Disponível em: https://portaldatransparencia.gov.br/download-de-dados/cnep. Acesso em: 2 mar. 2024.
125 DECRETO nº 11.129, de 11 de julho de 2022. *Diário Oficial da União*. Disponível em: https://www.in.gov.br/en/web/dou/-/decreto-n-11.129-de-11-de-julho-de-2022-414406006. Acesso em: 2 mar. 2024.

Em caso de multa por transgressão da lei anticorrupção, empresas terão desconto se provarem que fazem *due diligence*:

> v. até cinco por cento no caso de comprovação de a pessoa jurídica possuir e aplicar um programa de integridade, conforme os parâmetros estabelecidos no Capítulo V.

DUE DILIGENCE

A devida diligência se complementa com o *compliance*. É mais que auditoria, é uma investigação de toda a cadeia de fornecedores e levantamento de informações pertinentes à empresa com previsão de cenários.

Investigar antes para não se arrepender depois. Em ESG, *due diligence* é fundamental para avaliar riscos e oportunidades ambientais, sociais e de governança antes de fechar negócios. Um bom processo de *due diligence* ajuda a conhecer a fundo quem são os potenciais fornecedores e a evitar parceiros maculados por práticas inadequadas e ou até criminosas.

DIREITOS HUMANOS E A DEVIDA DILIGÊNCIA

A Comissão Europeia reformulou regras de *due diligence* na proteção aos direitos humanos e meio ambiente. As regras valem para empresas com pelo menos 250 funcionários e incluem operações diretas e indiretas, ou seja, empresas terceirizadas. A expectativa é que as regras passem a ser obrigatórias em 2025, depois da aprovação do Parlamento Europeu.[126] São elas:

- integrar a devida diligência nas políticas;
- identificar impactos reais ou potenciais adversos aos direitos humanos e ao meio ambiente;

---

126 JUST and sustainable economy: Commission lays down rules for companies to respect human rights and environment in global value chains. *European Commission*. Bruxelas. 23 fev. 2022. Disponível em: https://ec.europa.eu/commission/presscorner/detail/en/ip_22_1145. Acesso em: 2 mar. 2024.

- prevenir ou mitigar impactos potenciais;
- encerrar ou minimizar impactos reais;
- estabelecer e manter um procedimento de reclamações;
- monitorar a eficácia da política de devida diligência e das medidas;
- comunicar publicamente sobre a devida diligência.

Aqui no Brasil, escândalos recentes marcaram grandes empresas por desrespeito aos direitos humanos. Denúncias de desrespeito a trabalhadores atingiram diferentes setores: redes de supermercados, cooperativas agrícolas e redes de *fast fashion*.

A devida diligência, literalmente diligente, poderia ter evitado esses casos. A alegação de que os problemas ocorreram com empresas terceirizadas não se justifica. Em todo e qualquer processo de *due diligence*, o norte deve ser:

- Objetivos do Desenvolvimento Sustentável (ODS);
- Princípios Orientadores sobre Empresas e Direitos Humanos da ONU;
- Normas Trabalhistas da Organização Internacional do Trabalho (OIT);
- Pacto Global da ONU;
- e, evidentemente, a legislação trabalhista brasileira.

Com a *due diligence*, é possível combater e evitar:

- o uso de mão de obra infantil ou de trabalhadores em condições análogas à escravidão;
- a ausência de licenças ambientais;
- o envolvimento com casos de corrupção e fraudes em contratos e licitações;
- condutas preconceituosas e racistas e muito mais.

IMPACTOS ADVERSOS
PRINCIPLE ADVERSE IMPACTS (PAI)

A sigla trata de impactos negativos provocados pelo mercado financeiro no ambiente e na sociedade. A União Europeia tem um sistema próprio de regulação para integrar sustentabilidade no mercado financeiro e guiar o fluxo de capital para investimentos sustentáveis, o SFDR.

Desde junho de 2023, o SFDR passou a exigir que empresas comuniquem essas consequências potencialmente negativas de investimentos e, não bastando, informem como essas consequências podem ser mitigadas. A SFDR exige que instituições divulguem a integração de riscos de sustentabilidade com decisões de investimentos.

As empresas têm que declarar os efeitos negativos que um investimento pode causar ao ambiente, por exemplo, mais poluição ou mais emissão de CO_2. São obrigadas a comunicar também efeitos adversos em questões de direitos humanos e de governança.

Os principais PAI são:

- emissões de gases de efeito estufa (GEE);
- pegada de carbono;
- intensidade de GEE das empresas investidas;
- exposição a empresas ativas no setor de combustíveis fósseis;
- participação no consumo e na produção de energia não renovável;
- intensidade de consumo de energia por setores de alto impacto climático;
- atividades que afetam negativamente áreas sensíveis à biodiversidade;
- emissões na água;
- proporção de resíduos perigosos;
- violações das diretrizes da ONU Global Compact/OECD;
- sistema de monitoramento de conformidade com as Diretrizes da ONU Global Compact/OECD;
- diferença salarial de gênero não ajustada;

- ausência de diversidade de gênero e raça no conselho de administração;
- exposição a armas controversas (munições de fragmentação, armas químicas e biológicas).

Os PAI são um avanço importante para o ESG e podem ajudar a solucionar uma das (ou a) principal vulnerabilidade do ESG: a falta de dados disponíveis, a falta de transparência no cumprimento de métricas relevantes. Os PAI cobram uma resposta sincera para a pergunta: quais impactos no ambiente e na sociedade são provocados por determinado investimento?

CORPORATE SUSTAINABILITY DUE DILIGENCE DIRECTIVE (CSDDD)

O Parlamento Europeu aprovou um projeto que obriga grandes empresas a checarem se seus fornecedores estão envolvidos com abusos contra direitos humanos, como trabalho infantil, ou agressões ambientais. As empresas terão ainda que publicar metas de como vão buscar a transição para uma economia de zero carbono, cortando emissões de gases de efeito estufa. Empresas estrangeiras que vendem produtos para a Europa, em consequência, teriam que se adaptar ao CSDDD, seguir o mesmo roteiro de monitoramento da cadeia de valor e adotar ações de mitigação, em caso de alguma violação de direitos humanos ou ambiental.

Aqui no Brasil, a Federação Brasileira de Bancos (Febraban) divulgou um protocolo orientando bancos signatários a negar crédito para frigoríficos que comprarem gado de áreas desmatadas. O protocolo foi aprovado pelo Conselho de Autorregulação da Febraban. Frigoríficos, na Amazônia Legal e no Maranhão, terão que implementar um sistema de rastreabilidade e monitoramento que permita demonstrar, até dezembro de 2025, a não aquisição de gado associado ao desmatamento ilegal por fornecedores diretos e indiretos. A norma não inclui frigoríficos que recebem gado criado em áreas de Cerrado. O gado sai de fazendas que desmataram o Cerrado e vai para frigoríficos.

Tem gente que treme quando interage com alguém famoso, alguma celebridade. Na minha longa estrada, entrevistei Madonna e Sophia Loren, dividi aparelho de *leg press* com Bradley Cooper, fiz perguntas a políticos e autoridades, mas só fiquei com as pernas bambas quando entrevistei a primatóloga Jane Goodall. E foi uma entrevista por videoconferência. Goodall falava e eu me tremia toda, de emoção.

Para mim, Jane Goodall é Rihanna, é Paul McCartney, é Gil, Chico e Caetano e quem mais chegar. É a maior estrela de todas.

Eu estive na reserva de Gombe, na Tanzânia, refazendo os passos de Goodall. Novinha, ela se mudou para a África e arrumou um emprego de observadora de chimpanzés. Até então, acreditávamos que apenas nós, humanos, éramos capazes de desenvolver ferramentas, fundamentais para a nossa evolução. Goodall, em anos de observação, comprovou que chimpanzés também fabricavam suas ferramentas. Ela viu, por exemplo, a habilidade de um chimpanzé em fazer de um galho um talher para pegar cupins no cupinzeiro. Ou um copinho feito de folha para coletar água.

Subi o morro até o local, escolhido por Jane Goodall, para observar chimpanzés. Guardas florestais me contaram que até hoje, com 80 e tantos anos, ela se aventura a subir até lá. Leva uma garrafa de café e dispensa ajuda. Aquela terra é casa dela.

> "Cada um de nós importa. Cada um tem um papel a desempenhar. Cada um faz a diferença."
> — JANE GOODALL

Goodall é uma das ativistas mais respeitadas do mundo, e para onde vai leva a mensagem de esperança e o conceito de que somos todos responsáveis e capazes de atuar no processo de mudança. Pequena ações, do local para o global, podem fazer a diferença.

::: A nós, consumidores

O ESG é nosso. Também temos responsabilidades, na hora em que compramos uma mercadoria e decidimos de quem compramos, como usamos, que fim damos quando não nos serve mais. Somos corresponsáveis.

Faz parte do nosso crescimento e amadurecimento criar sistemas próprios de avaliação, seja na leitura de jornais, seja acompanhando notícias das empresas, seja verificando os sites das corporações.

Não dá para ficar com pena da tartaruga que engoliu canudo de plástico e continuar comprando e consumindo como nos velhos tempos. Defender a sustentabilidade e sair comprando pilhas de roupas baratinhas de empresas que contam na sua cadeia de fornecedores com empresas que adotam condições de trabalho análogas à escravidão. Não, não dá.

Denuncie empresas que violam direitos humanos, que são racistas, homofóbicas, misóginas. Boicote quem faz o malfeito e conte para os outros por que está boicotando. Aprenda a usar a sua voz, a nossa voz. Todos sairemos ganhando.

> "Se as coisas são inatingíveis... ora!
> Não é motivo para não querê-las.
> Que tristes os caminhos, se não fora
> A mágica presença das estrelas."
>
> — MARIO QUINTANA, "DAS UTOPIAS"

: : : sem fim

Quando comecei a escrever este livro, eu sabia que o fim ficaria em aberto. A ideia surgiu ainda na febre ESG, quando instituições acadêmicas, governos e até o mercado passaram a tratar de metas sociais, ambientais e de governança como se fossem a panaceia para nossa crise climática.

Escrevo neste momento, na capital federal, cruzando os dedos para que a bateria do computador não acabe. Na minha casa, falta energia. Uma tempestade derrubou um pau-brasil que foi plantado há anos por uma vizinha. A árvore bloqueia a rua. Ninguém entra, ninguém sai. O comentário na vizinhança é: nunca vi chuva igual.

Em São Paulo, um apagão deixou 1,5 milhão de casas sem energia depois de um temporal. E houve quem reclamasse que o problema era o excesso de árvores plantadas.

Eventos extremos climáticos serão, infelizmente, cada vez mais frequentes e, pior, sem precedentes. Não é previsão de bola de cristal. São dados científicos. Reações que negam a realidade, infelizmente, continuarão se repetindo, em discursos delirantes. Essa, pode botar na minha conta, é minha intuição.

O acrônimo ESG foi alvejado pela politização e talvez não se livre dessa sina. Já a sustentabilidade empresarial tem caminho promissor. Muda o nome, ficam os princípios.

Na minha mesa de cabeceira, Rutger Bregman pede: "seja realista, não cínico. Seja corajoso, seja verdadeiro".

É esse o meu compromisso.

Eu sei que é grande a pressão por resultados de curto prazo, como se não houvesse futuro. E as distrações são muitas.

"Alguém já viu o preço do carro elétrico?"

De onde virá o lítio da bateria? Do Malawi, uma das economias mais pobres do mundo, no continente mais explorado do planeta? As mineradoras do Malawi respeitarão os direitos dos trabalhadores? Das Minas Gerais? Teremos estrutura para a exploração de lítio com segurança e sem chances de acidentes ambientais?

E para onde irá a bateria de íons de lítio quando não servir mais e tiver que ser descartada? Num processo de reciclagem, que segurança terão os funcionários para não serem contaminados por produtos tóxicos?

Mas será que a fórmula mágica é carro elétrico, num país com etanol e onde o transporte público tem potencial para melhorar muito e, ainda assim, ser menos ruim?

"Estudos sobre diversidade de gênero têm falhas metodológicas e não provam que diversidade melhora desempenho financeiro de empresas." Que tal estudar a composição da diretoria de empresas que fracassam? Afinal, em organizações, principalmente no Brasil, sabemos que a maioria dos cargos de direção é ocupada por homens brancos.

"Investimentos ESG performam mal." E outros fundos, performam continuamente bem?

Ninguém mais discute que empresas devem considerar questões ambientais sociais e de governança antes de tomar decisões. Chame como quiser – ESG, sustentabilidade empresarial –, mas faça o que tem que ser feito: reduza as emissões de carbono, dê dignidade e respeito às pessoas e ao meio ambiente, seja íntegro.

Rutger Bregman lembra que tudo que damos como certo hoje já foi utopia em algum momento, como a democracia e a abolição da escravidão. Por que não acreditar na utopia da sustentabilidade nos negócios?

ESG é processo, sempre haverá falhas, incongruências, decepções. Quanto mais se falar dos compromissos, dos sucessos e dos fracassos, quanto mais forem assumidas as imperfeições, com transparência, honestidade e desejo de mudança, mais progressos faremos. ESG é estrada e o céu está estrelado.

::: Posfácio

Tive o privilégio de ler a obra de Giuliana Morrone em primeira mão e fiquei encantada. A autora trata do tema com leveza e pitadas de humor ácido, e suas experiências pessoais enriquecem e problematizam as questões que envolvem práticas de ESG.

Percebemos, assim, com uma leitura crítica, que o ESG é mais do que um acrônimo, cuja preocupação não deveria se limitar a algum departamento da empresa, como o jurídico, o *compliance* ou – pior – o marketing.

ESG pode ser uma faca de dois gumes. Pelo aspecto positivo, pode trazer o tema da sustentabilidade para as práticas diárias empresariais, diretas e indiretas. Pelo aspecto negativo, pode ser interpretado como mera ferramenta de marketing com vistas a garantir mais selos, indicadores e credenciamentos, os quais, por sua vez, não garantem a nossa sobrevivência no planeta.

Aprofundamento, reflexão e ações concretas é o que faz a diferença. E é isso que a autora busca fomentar. Suas histórias pessoais nos colocam mais próximos do tema, compartilhando suas próprias reflexões, escolhas e "dores" que a sustentabilidade real nos impõe.

A obra de Giuliana visa auxiliar na satisfação de uma necessidade premente de nossa sociedade para que, cada vez mais, geremos uma ampliação de consciência individual e coletiva.

Sua ressonância trará mais consciência a respeito do assunto abordado nestas páginas, com leveza e criticidade, quesitos fundamentais para cada leitora ou leitor continuar sua jornada de aprofundamento sobre o tema.

Essa ampliação de consciência é crucial para culminar em diferentes ações diárias – individuais e coletivas – a fim de mudar nosso destino, para que tenhamos um futuro próspero, sustentável e justo para todas as pessoas.

PROFA. DRA. ANGELA DONAGGIO
é palestrante, consultora e professora dedicada a ESG, Ética e Diversidade desde 2004. Fundadora da Virtuous Company Consultoria, coordena o Programa Lideranças Virtuosas e o Programa FemLeader. É Doutora em Direito (USP), Visiting Researcher e Scholar (Harvard e Cornell, EUA) e Mestra em Direito (FGV-SP). Professora nos cursos para conselheiros do IBGC e Fundação Dom Cabral e diversos cursos para executivos. Membra da Comissão de Pessoas do IBGC, Conselheira do Instituto Pactuá e Embaixadora da iniciativa The Female Lead. Autora do livro *Governança corporativa e novo mercado* (Saraiva, 2012) e coautora de livros sobre ESG, além de documentos-referência, como: "Women in Business Leadership Boost ESG Performance" (IFC-World Bank, 2019).

**Acreditamos
nos livros**

Este livro foi composto em Apollo MT Std
e impresso pela gráfica Santa Marta para a
Editora Planeta do Brasil em agosto de 2024.